◎西安外国语大学学术著作出版专项资助
◎西安外国语大学商学院学术著作出版基金资助

"一带一路"生产网络
结构特征与形成机制

刘 敏 著

西北大学出版社
·西安·

图书在版编目（CIP）数据

"一带一路"生产网络：结构特征与形成机制／刘敏著. -- 西安：西北大学出版社，2024.8. -- ISBN 978-7-5604-5408-5

Ⅰ.F125

中国国家版本馆 CIP 数据核字第 2024LF4362 号

"一带一路"生产网络：结构特征与形成机制

著　　者	刘　敏
出版发行	西北大学出版社
地　　址	西安市太白北路 229 号
邮　　编	710069
电　　话	029-88303404
经　　销	全国新华书店
印　　装	西安日报社印务中心
开　　本	710mm×1000mm　1/16
印　　张	14
字　　数	240 千字
版　　次	2024 年 8 月第 1 版　2024 年 8 月第 1 次印刷
书　　号	ISBN 978-7-5604-5408-5
定　　价	57.00 元

本版图书如有印装质量问题，请拨打电话 029-88302966 予以调换。

前　言

"一带一路"生产网络迎合了沿线发展中国家借助外力实现突破式发展的需求,同时能充分发挥不同国家的比较优势,有助于构建新的价值链体系,对于创建"一带一路"区域新的增长具有重大现实意义,解析"一带一路"生产网络的结构特征与形成机制具有极大的研究价值。依托于国际分工、地缘经济、空间结构、社会网络的经典理论及社会网络分析的科学方法,本书从"宏观—中观""现象—机理—检验"两条路径,构建具有嵌套性与连续性特征的"一带一路"生产网络研究框架,探讨"一带一路"生产网络的结构特征与形成机制。本书的主要工作及创新包括以下四个方面:

第一,系统地分析了"一带一路"生产网络形成的特征事实。现有研究分析"一带一路"生产网络的特征事实不够充分,本书在分析"一带一路"的全球化与区域化特征的基础上,从国际分工视角辨析了"一带一路"生产网络的差异化特征,并通过主要跨国长产业链条的刻画,给出了"一带一路"生产网络在细分行业层面的具体例证。研究发现:①"一带一路"的商品生产已成为影响世界市场的一股重要力量。同时,沿线国家间的贸易与投资关系呈现区域化发展趋势。②和成熟国际生产网络不同的是,"一带一路"的国际分工以产业间分工为主导,且产品内分工的"生产分割"现象更为突出。③"一带一路"增加值快速提升,价值链体系具有内向化发展的趋势,使沿线国家快速融入到"一带一路"价值链分工体系中。"一带一路"形成了以"中国—电气和光学仪器""中国—基本金属及金属制品""俄罗斯—采矿和采石业"为枢纽的跨国长产业链条。

第二,运用社会网络分析法,动态刻画了"一带一路"生产网络的结构特征。现有"一带一路"生产网络研究停留在总体层面,本书基于国内增加值数据,构建了"一带一路"生产网络无权及加权两类模拟网络,从"总体—国家"和"行业—国家"两个层级以及整体、群体、个体三个层面刻画"一带一路"生产网络的结构特征,拓展了当前研究的层级。研究发现,在整体层面上的沿线国家在"一带一路"生产网络中合作的"距离"越来越小,互惠特征日益明显,生产分工与合作关系日趋紧密,并倾向于"抱团合作"。群体层面:"一带一路"生产网络内形成了以中国为首的东—南亚洲社团和以俄罗斯为首的欧洲—中亚—西亚社团,社团成员构成相对稳定。在细分行业中,多数行业的社团构成也极具地域特征。个体层面:①中国、俄罗斯等国的核心地位正趋于稳固;②中国、俄罗斯、印度尼西亚、印度、马来西亚等国在网络中拥有较高的中心地位,中国、俄罗斯、印度、马来西亚、土耳其等国是与其他国家接近程度最高的国家;③中国、俄罗斯、印度、波兰、土耳其等国是"中间人"优势最高的国家;④中国、俄罗斯、新加坡、印度尼西亚、印度等国是影响力最大的国家。

第三,剖析并检验了"一带一路"生产网络形成的内生机制。现有研究缺乏对国际生产网络内生机制的分析,本书从网络形成的自组织过程出发,提出"一带一路"生产网络形成具有互惠、扩张、传递闭合和时间依赖效应。利用TERGM模型实证检验发现:①互惠性对"一带一路"生产网络的形成产生了正向影响;②"一带一路"生产网络的形成存在扩张性,且沿线国家间的合作关系没有被少数国家垄断;③"一带一路"生产网络趋于闭合,各国倾向于"抱团合作";④各国构建的合作关系不会随着时间变化而产生太大的变动,"一带一路"生产网络呈现出稳定发展的趋势。

第四,从机理分析和实证检验两个方面对"一带一路"生产网络形成的外生机制展开研究。在考察一般性因素影响的基础上,分析了新合作机制推动、中国影响力提升、中美战略竞争对"一带一路"生产网络形成的影响机理。此外,使用前沿的TERGM模型对"一带一路"生产网络的形成机制进行实证检验与仿真。研究发现,除马太效应不显著外,同配性、互补效应、制度的邻近性、地理邻近效应、双边政治关系影响、交通基础设施联通能力提升、新合作机制推动、中国影响力提升、中美战略竞争都对"一带一路"生产网络的形成产生了显著影响。扩展分析发现,在"一带一路"倡议提出后:①沿线国家间的互惠性大幅提升;②沿线国家转变为更倾向于与制度环境差异小的国家构建生产分工与合作关系;③中国的影响力对"一带一路"生产网络形成的正向作用大幅提升;④中美战略竞争对"一带一路"生产网络形成的影响变得更为明显。

目 录

第一章 绪论 ... 1
 第一节 研究背景与意义 ... 1
 第二节 研究的目标、内容及关键问题 ... 3
 第三节 研究方法与技术路线 ... 6

第二章 理论基础与文献综述 ... 10
 第一节 理论基础 ... 10
 第二节 国际生产网络相关研究 ... 17
 第三节 "一带一路"跨国经贸合作相关研究 ... 22
 第四节 社会网络分析方法的应用研究及适用性分析 ... 24
 第五节 文献述评 ... 28

第三章 理论分析框架 ... 31
 第一节 核心概念界定 ... 31
 第二节 理论分析框架的构建逻辑与支撑理论 ... 33
 第三节 理论分析框架的解析 ... 36
 第四节 本章小节 ... 42

第四章 "一带一路"生产网络形成的特征事实 ... 44
 第一节 "一带一路"的全球化与区域化 ... 44
 第二节 "一带一路"跨国分工的表现特征与变化趋势 ... 53
 第三节 "一带一路"价值链体系变化与典型跨国长产业链条刻画 ... 67
 第四节 本章小结 ... 83

第五章 "一带一路"生产网络的结构特征分析　　86
第一节 "一带一路"生产网络的衡量指标及网络模型构建　　86
第二节 基于整体层面的网络结构特征分析　　89
第三节 基于群体层面的网络结构特征分析　　97
第四节 基于个体层面的网络结构特征分析　　106
第五节 本章小结　　127

第六章 "一带一路"生产网络形成的内生机制　　130
第一节 机理分析与研究假设　　130
第二节 变量选取与模型构建　　133
第三节 实证结果分析　　137
第四节 本章小结　　142

第七章 "一带一路"生产网络形成的外生机制　　143
第一节 机理分析与研究假设　　143
第二节 变量选取与模型构建　　156
第三节 实证结果分析　　164
第四节 本章小结　　177

第八章 结论、启示与展望　　179
第一节 研究结论　　179
第二节 政策启示　　182
第三节 研究展望　　187

参考文献　　189

附录　　211
附录1　　211
附录2　　215

第一章 绪 论

第一节 研究背景与意义

国际金融危机的爆发以及随之而来的大停滞(Great Stagnation),促使保守主义和封闭主义大行其道,作为两者的产物——"逆全球化"正在以不容忽视的姿态重登世界舞台[1]。"逆全球化"的一个具体表现在于,发达经济体推行"再工业化",将高端制造业和资金撤离发展中经济体并回流本国。此举是否能带来发达经济体经济回暖尚不明朗,但对于自身经济增长乏力且工业化刚刚起步的发展中经济体来说无疑是沉重一击。在此背景下,中国提出与"一带一路"沿线国家开展多时空、多维度和多领域合作的战略构想,旨在打通亚洲、北非以及欧洲地区的合作通道,构建"一带一路"区域内统一市场,提升沿线国家全球价值链地位,促进各沿线国家经济增长和福利增加。这一构想顺应了世界经济的"区域主义浪潮",将构建出新的全球治理模式并重塑世界经济地理格局[2]。

经济一体化、国际生产分割和贸易自由化的发展使得跨越国界的生产网络的形成与深化成为"一带一路"区域经济发展不可逆的趋势,并对"一带一路"沿线国家(后简称沿线国家)经济发展产生了巨大的影响。一方面,新兴经济体和发展中经济体企业通过"被俘获"的方式不断嵌入到发达经济体主导的生产网络;另一方面,有实力的新兴经济体和发展中经济体借助对外直接投资,着手构建自主的跨越国界的生产网络,这种跨越国界的生产网络的迅速发展终将影响国际生产和分工格局以及贸易利得的分配。

"一带一路"沿线国家内部具有建设生产网络的强烈动机,且拥有生产网络发展的有利条件。一方面,沿线国家多为新兴的发展中经济体,在金融危机后迫切希望通过基础设施建设和提高工业化水平获得经济上的飞速发展,"一带一路"生产网络的构建正好迎合了广大发展中经济体借助外力实现突破式发展的需求。另一方面,沿线国家具有差异化的资源禀赋和互补程度较高的产业结构,"一带一路"生产网络的发展能充分发挥不同经济体的比较优势,有助于构建新的价值链关联,对于创造"一带一路"区域新的增长极具重大现实意义。但是,相比于东亚生产网络、北美生产网络和欧洲生产网络等成熟的国际生产网络,"一带一路"生产网络的覆盖广度和纵深发展还没有达到成熟生产网络的发展水平。所以,解析"一带一路"生产网络的结构特征和形成机制具有极大的研究价值。

然而,学术界对"一带一路"生产网络的研究十分有限。当前国际生产网络方面的研究按照研究主体的不同大致可分为三类:第一类研究以国际生产网络中各经济体为研究主体,侧重于研究各经济体在国际生产网络中的生产分工[3-7]以及国际生产网络对地方社会和经济发展的影响[8-9];第二类研究以具体产业为研究主体,主要研究各产业在国际生产网络背景下的集聚与升级[10-11];第三类研究以跨国公司为研究主体,主要研究跨国公司在国际生产网络中的权利关系[12-17]、生产优化[14,18-25]、风险管控[24,26]以及环境、资源和制度等因素对跨国公司行为的影响[27-33]。

上述多数研究并未涉及"一带一路"生产网络的具体情况。而针对"一带一路"的研究虽然日渐丰富,但多聚焦于解读"一带一路"倡议的战略思路[34-37]、"一带一路"的贸易格局[38-40]、中国对"一带一路"的投资区位选择与影响效应[41-43]和"一带一路"的产业升级与价值链地位提升[44-47]。鲜有研究从国家和行业两个维度,系统研究"一带一路"生产网络的网络结构,并论证其形成机制。

当前,网络日渐成为经济学和管理学领域的研究热点,而针对关系数据的跨学科分析方法——社会网络分析方法,在经济学和管理学领域已成为国际经济系统、组织行为研究、消费行为研究的新范式[48]。鉴于此,本研究在论述"一带一路"生产网络形成的特征事实的基础上,以社会网络分析方法为研究工具,以基于增加值核算体系分解得到的国内增加值数据为衡量指标,构建了"一带一路"生产网络无权及加权两类模拟网络,并从"总体—国家"和"行业—国家"两个层级,以及整体、群体和个体三个层面,动态刻画"一带一路"生产网络的结构特征。之后,从"一带一路"生产网络形成的内、外生机制两个方面展开分析。其中,内生机制主要由"自组织机制"做出解释,外生机制则主要从社会性选择机制、关系嵌入机制和外在驱动因素的影响机制三个方面展开深入分析。最后,运用网络形成机制研究中前沿的时间指数随机图模型(TERGM)对"一带一路"生产网络的形成机制进行实证检验与仿真,并结合指数随机图模型(ERGM)进行扩展分析。

第二节 研究的目标、内容及关键问题

1. 研究目标

本书的研究目标主要包括:

(1)论证"一带一路"生产网络形成的特征事实

首先从"一带一路"的全球化与区域化两个层面陈述"一带一路"生产网络形成的特征事实。之后,详细考察"一带一路"区域内的产业间分工、产业内分工与产品内分工的具体情况,并辨析其与东亚、欧洲和北美三大成熟国际生产网络的差异化特征。进一步地运用投入产出法从价值链的角度考察"一带一路"国际分工中的利益分配,并刻画出区域内重点行业的典型跨国长产业链条。

(2)揭示"一带一路"生产网络的结构特征和演化规律

以社会网络分析方法为研究工具,以基于增加值核算体系分解得到的国内增加值数据为衡量指标,构建了"一带一路"生产网络无权及加权两类模拟网络,并从"总体—国家"和"行业—国家"两个层级,以及整体、群体和个体三个层面,动态刻画"一带一路"生产网络的结构特征。

(3)剖析"一带一路"生产网络形成的内生机制

将"一带一路"生产网络形成的自组织过程视作"一带一路"生产网络形成的内生机制,并从互惠效应、扩张效应、传递闭合效应、时间依赖效应四个方面入手,对"一带一路"生产网络形成的自组织机制展开分析并提出研究假设。之后,运用 TERGM 模型对"一带一路"生产网络形成的自组织机制进行实证检验。

(4)探索"一带一路"生产网络形成的外生机制

融合国际分工、社会网络、地缘经济等多学科领域研究成果,从社会性选择机制、关系嵌入机制和外在驱动因素的影响机制三个方面入手,对"一带一路"生产网络形成的外生机制及其作用机理展开分析并提出研究假设。进一步地,使用 TERGM 模型对"一带一路"生产网络的形成机制进行实证检验与仿真,并结合 ERGM 模型进行扩展分析。

2. 研究内容

本书内容由四个部分组成,分为八章,具体研究内容如下所述。

第一部分是绪论、理论基础与文献综述和理论分析框架,由三章组成,为本书的第一章、第二章、第三章。

第一章是绪论。介绍了本书的研究背景和选题意义,接着介绍了本书的研究目标、研究内容和关键问题,并对研究方法和技术路线进行了说明。最后,提出了本书的创新点。

第二章是理论基础与文献综述。从国际生产网络相关研究、"一带一路"跨国经贸合作相关研究和社会网络分析方法的应用研究及适用性分析三个方面对论文研究的相关文献进行总结及评述,提出了本书的立足点。

第三章是理论分析框架。界定了"一带一路"沿线国家的研究边界和"一带一路"生产网络的内涵。从"宏观—中观""现象—机理—检验"两条路径构建具有嵌套性与连续性特征的理论分析框架,并按照"逻辑起点—探寻原理—实证检验"的思路确定本书研究的三个核心内容为:①"一带一路"生产网络形成的特征事实与网络结构特征;②"一带一路"生产网络的形成机制;③"一带一路"生产网络形成机制的实证检验。

第二部分是"一带一路"生产网络分工特征与网络结构刻画,由两章组成,为本书的第四章、第五章。

第四章是"一带一路"生产网络形成的特征事实研究。从"一带一路"的全球化与区域化两个层面陈述了"一带一路"生产网络形成的特征事实。之后,详细考察了"一带一路"区域内的产业间分工、产业内分工与产品内分工情况,并辨析了其与东亚、欧洲和北美三大成熟国际生产网络的差异化特征。其次,运用投入产出法,考察了"一带一路"价值链体系的表现特征及变化趋势,并刻画出区域内重点行业的典型跨国长产业链条。

第五章是"一带一路"生产网络的结构特征分析。以基于增加值核算体系分解得到的国内增加值数据为衡量指标,运用社会网络分析方法构建了"一带一路"生产网络无权及加权两类模拟网络,并运用密度分析、派系分析、聚类系数、社团结构探测、核心—边缘模型、中心性分析、结构洞分析及哈贝尔(Hubbel)影响力分析等方法,从"总体—国家"和"行业—国家"两个层级,以及整体、群体和个体三个层面,动态刻画"一带一路"生产网络的结构特征。

第三部分是"一带一路"生产网络的形成机制研究,为本书的第六章、第七章。

第六章是"一带一路"生产网络形成的内生机制研究。将"一带一路"生产网络形成的自组织过程视作"一带一路"生产网络形成的内生机制,并从互惠效应、扩张效应、传递闭合效应、时间依赖效应四个方面入手,对"一带一路"生产网络形成自组织机制展开分析并提出研究假设。之后,基于数据资料,运用 TERGM 模型对"一带一路"生产网络形成的自组织机制进行实证检验。

第七章是"一带一路"生产网络形成的外生机制研究。从社会性选择机制、关系嵌入机制和外在驱动因素的影响机制三个方面入手,对"一带一路"生产网络形成的外生机制及其作用机理展开分析并提出研究假设。其中,社会性选择行为效应包括马太效应、经济属性的同配性和制度的邻近性,关系嵌入机制包括地理邻近效应、互补效应和双边政治关系影响,外生驱动因素包括"一带一路"交通基础设施联通能力提升、新合作机制推动、中国影响力提升、中美战略竞争的影响。进一步地,使用 TERGM 模型对"一带一路"生产网络的形成机制进行实证检验与仿真,并结合 ERGM 模型对"一带一路"倡议提出前后网络形成机制构成要素的作用力变化进行扩展分析。

第四部分为本书的第八章,本章对全文进行了内容总结,得出了研究结论和政策启示,并进一步探讨本书未来的研究方向。

3. 关键问题

本书的关键问题包括:

(1)"一带一路"生产网络是否已经形成?

若已形成,"一带一路"生产网络具有哪些区别于其他国际生产网络的特征?描述"一带一路"生产网络形成的特征事实,辨析"一带一路"生产网络区别于其他生产网络的特征,是后文开展网络结构分析、形成机制分析及实证检验的前提保证。

(2)"一带一路"生产网络具有怎样的结构特征? 网络中沿线国家的地位及影响力如何变化?

"一带一路"沿线国家经济、科技发展水平不同,比较优势不同,生产能力也不同,使得各国在"一带一路"生产网络中扮演的角色也各不相同。厘清各国在"一带一路"生产网络中的网络地位、影响力及其变化,能更全面地刻画"一带一路"生产网络的结构特征。因此,明晰各国在"一带一路"生产网络中的网络地位及影响力是本研究的一个关键点。

(3)在"一带一路"生产网络形成及发展过程中,自组织过程如何发挥作用?

网络关系的形成除受外生机制影响外,还受内生机制的影响,而当前尚缺乏对国际生产网络关系形成的内生机制的探讨。因此,厘清"一带一路"生产网络形成的内生机制既是本书分析的要点,也是本书的创新点之一。

(4)基于网络视角,在"一带一路"生产网络形成及发展过程中,有哪些一般性的因素会对网络关系的形成产生影响?影响机制是什么?

"一带一路"新合作机制推动、中国影响力提升、中美战略竞争是否对"一带一路"生产网络形成产生影响?影响机制又是什么?其中,研究"一带一路"以发展为导向的合作机制、中美战略竞争是否及如何影响"一带一路"生产网络的形成与发展是本研究的重点所在。

(5)总体层面和细分行业层面,网络形成的内生机制和外生机制是否存在显著不同?

各类驱动、影响"一带一路"生产网络形成的要素在"一带一路"倡议提出前后的作用力大小是否存在显著差异?上述问题的解答对"一带一路"生产网络未来发展预测及战略布局规划具有重要指导意义。

第三节　研究方法与技术路线

1. 研究方法

本书遵循科学性、创新性原则,将定性分析与定量分析相结合,并综合采用多类研究方法。如使用定性分析法及文献研究法确定研究问题,确保研究问题的理论价值和现实意义;使用比较分析法对"一带一路"生产网络的主要国际分工形式与网络形态进行纵向比较,辨析其与东亚、欧洲和北美三大发展成熟的国际生产网络的差异化特征;结合社会网络分析法、逻辑推演法等构建"一带一路"生产网络拓扑、权重和社团结构的网络模型,保证所建模型的客观性、合理性和有效性;使用前沿的 TERGM 模型和 ERGM 模型对"一带一路"生产网络的形成机制进行实证检验与仿真,以验证机理分析的准确性。主要研究方法介绍如下:

(1)比较分析法

一方面,使用比较分析法对"一带一路"生产网络的主要国际分工形式与网络形态进行纵向比较,刻画了"一带一路"生产网络的动态演化特征;另一方面,使用比较分析法对"一带一路"生产网络的发展规模与国际分工特征进行横向比较,辨析了其与东亚、欧洲和北美三大发展成熟的国际生产网络的差异化特征。

(2)社会网络分析方法

首先,以基于增加值核算体系分解得到的国内增加值数据为衡量指标,运用社会网络分析方法构建了"一带一路"生产网络无权及加权两类模拟网络,并运用密度分析、聚类系数、社团结构探测、核心—边缘模型、中心性分析、结构洞分析及哈贝尔(Hubbel)影响力分析等方法,从"总体—国家"和"行业—国家"两个层级,以及整体、群体和个体三个层面,动态刻画"一带一路"生产网络的结构特征。

(3)指数随机图模型

指数随机图模型(TERGE模型和ERGM模型)是目前复杂网络研究中新兴发展起来的关系数据计量模型,其能同时考虑行为者属性在社会选择中发挥的作用及外部环境对网络产生的影响,被认为是分析网络形成机制的最为有效的工具之一[49]。本书主要运用TERGE模型对"一带一路"生产网络的形成机制进行实证检验与仿真,并结合ERGM模型进行扩展分析。

2. 技术路线

本书的技术路线如图1-1所示。

(1)系统、全面地分析了"一带一路"生产网络的特征

"一带一路"生产网络的研究相对较少。现有研究停留在总体层面,且未深入辨析"一带一路"生产网络与成熟国际生产网络的区别。本书从全球化与区域化两个层面论述了"一带一路"生产网络形成的特征事实,从国际分工视角辨析了"一带一路"生产网络区别于其他生产网络的特征,并通过"一带一路"区域内的主要跨国长产业链条刻画,给出了"一带一路"生产网络在细分行业层面的具体例证。进一步地,从"总体—国家"和"行业—国家"两个层级以及整体、群体和个体三个层面,动态刻画"一带一路"生产网络的结构特征,拓展当前"一带一路"生产网络研究的层级。

(2)首次探讨了"一带一路"生产网络形成的内生机制

在国际生产网络形成机制的相关研究中,学者多从要素禀赋优势、区位优势、规模经济以及贸易自由化政策等因素出发,探讨这些因素对国际生产网络形成和发展的影响。在社会网络理论中,网络关系的形成除受上述外生机制影响外,还受到内生机制的影响,而当前研究尚缺乏对国际生产网络形成的内生机制

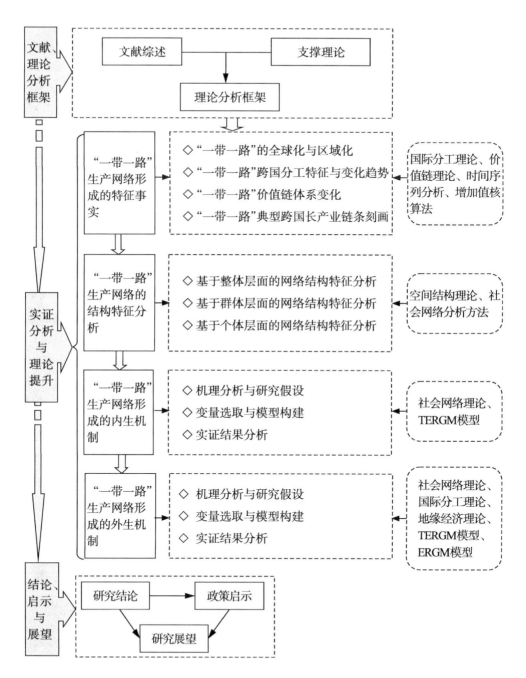

图 1-1 技术路线图

的探讨。本书依托社会网络理论,从网络形成的自组织过程出发,创新性地提出"一带一路"生产网络形成具有互惠效应、扩张效应、传递闭合效应和时间依赖效应,弥补了国际生产网络研究仅对外生机制进行考察的研究"留白"。

(3) 拓宽了"一带一路"生产网络形成的外生机制研究的理论框架

以往研究着重于探讨要素禀赋优势、区位优势等因素对国际生产网络形成和发展的影响。在"一带一路"生产网络形成与发展的过程中,伴随着"一带一路"倡议提出、中国崛起与中美战略竞争加剧等外部情境的出现,这些外部情境是否影响以及如何影响"一带一路"生产网络的形成与发展具有很大的研究价值。本书在考察一般性因素影响的基础上,融合国际分工、社会网络、地缘经济等多学科领域研究成果,首次探究了"一带一路"新合作机制推动、中国影响力提升、中美战略竞争对"一带一路"生产网络形成的影响机理,研究成果是对"一带一路"生产网络乃至国际生产网络研究的补充和完善。

(4) 首次将前沿的时间指数随机图 TERGM 模型运用于"一带一路"生产网络形成机制研究

以往国际生产网络的研究多使用引力模型、拓展的引力模型和传统计量经济学模型检验各因素对生产网络形成的影响。TERGM 模型可以同时考虑多个层次的网络结构变量,并以此探究网络关系及其形成过程,因此被认为是对网络科学相关理论进行实证检验的最为有效的工具之一[49]。本书首次将 TERGM 模型引入"一带一路"生产网络的形成机制研究,实证研究过程较以往研究更为科学,且拓展了 TERGM 模型的应用范围。

第二章 理论基础与文献综述

第一节 理论基础

1. 国际分工理论

国际分工理论最早由亚当·斯密(Adam Smith)提出。在《国富论》一书中，Smith指出，国际分工是社会生产力提高的必然产物，国际分工带来的效率提升会进一步推动生产力提高，由此形成分工与生产力相互交织、彼此促进的关系。国际分工理论一经提出便受到了极大的关注。之后，国际分工理论在一代又一代学者的完善下逐渐发展成熟。依照理论提出时间、分工类型及特征的差异，可将国际分工理论进一步划分为产业间分工理论、产业内分工理论、产品内分工理论和全球价值链理论。

（1）产业间分工理论

产业间分工主要指发生于不同国家以及不同产业间的国际分工。产业间分工的形式主要出现在二战以前，多见于宗主国与殖民地之间以及发达国家与发展中国家之间的分工。产业间分工理论的理论基础包括：绝对优势理论、比较优势理论及要素禀赋理论。其中，绝对优势理论最早由Smith于1776年在《国富论》中提出，其核心思想是：一国依靠自然禀赋或生产条件形成的"绝对优势"是国际分工发生的本质原因，各国应生产并出口本国拥有绝对优势的商品，进口他国拥有绝对优势的商品，如此，两国的劳动生产率都能从国际贸易中得以提高。Smith的国际分工理论具有划时代的意义，但理论仍然存在一定的局限性——当一国没有一种商品处于绝对优势，它是否能参与到国际分工中？这一问题最终由里卡多(Ricardo,1821)[50]提出的比较优势理论做出了解释。Ricardo指出，各国间的"相对成本"差异而非"绝对成本"差异才是国际分工的基石。一国即便没有一种商品处于绝对优势,只要其专注于生产那些利益相对较大或是不利因素相对较小的商品,进而通过与他国交换贸易商品,最终该国的生产总量及社会福利都会从中获得提高。换而言之,无论一国处于何种生产水平与发展阶段,都能凭借"两利相权取其重,两害相权取其轻"的原则参与国际分工。奥尔林(Ohlin,1935)[51]进一步指出,比较优势主要来自各国要素禀赋的差异。各国只要出口要素丰裕度高的商品,进口要素丰裕度低的商品,都能从国际分工中收获利益。要素禀赋理论挣脱了单一要素投入的限制,成为新古典贸易理论的重要基石。

产业间分工理论能够较好地解释发生于不同国家不同产业间的国际分工,尤其是经济发达国家与发展中国家之间的分工。但这一理论也存在一定的局限性,即它没有办法清晰地阐述二战后各国就同一产业内相同种类商品进行贸易的现象,"里昂惕夫之谜"由此而产生。

(2)产业内分工理论

产业内分工主要指发生于同一产业内相同种类商品的国际分工。这种因商品性能、外观、质量等因素的不同而产生的差异化分工形式主要发生于二战之后的发达国家之间。比如,日本既向美国出口汽车,也从美国进口汽车。产业间分工理论无法对这种相同种类商品的国际分工做出解释,于是产业内分工理论便应运而生。具体来看,产业内分工又分为水平型产业内分工和垂直型产业内分工两种分工形式。水平型产业内分工主要指发生于价格接近的相同种类商品间的分工,垂直型产业内分工主要指发生于价格悬殊的相同种类商品间的分工。克鲁格曼(Krugman,1979)[52]首次提出了水平型产业内分工模型,并通过规模经济与消费者偏好阐述了产业内贸易的动因。就生产者而言,减少商品种类,专注于生产具有相对优势的商品,更有利于实现规模经济;就消费者而言,能够以同等价格甚至是更低廉的价格消费更多种类的商品,更有利于提高效用。水平型产业内分工模型为发达国家间相同种类商品间的分工提供了合理的解释。与Krugman的研究不同,法利(Falvey,1981)[53]的研究主要聚焦于发达国家与发展中国家间的垂直型产业内分工。法利(Falvey,1981)指出同一产业相同种类商品的质量差异能够用资本—劳动比来反映。通常,质量好、价值高的商品对应着更高的资本要素投入,因此,资本要素充裕的发达国家在国际分工中负责提供高质量的商品;而资本要素相对匮乏,但劳动力相对充裕的发展中国家则在国际分工中负责提供质量水平相对较低的产品。由此便产生了垂直型产业内分工。总的来看,产业内分工理论更强调规模经济、不完全竞争以及消费多样化的作用,对二战后的国际分工现象更具有说服力。

(3) *产品内分工理论*

产品内分工主要兴起于 20 世纪 80 年代，主要指同一产品不同生产阶段被分置于不同国家完成的情形。随着技术的提升以及运输成本的下降，同一产品内部的生产工序划分越来越细致，生产工序的拆分也变得更为细致，其在全球层面的重新配置变得更为频繁，逐渐产生了精细的零部件专业化生产。比较优势理论和规模经济理论能够为宏观视角下的产品内分工现象提供理论支撑，但却无法很好地解释跨国公司内部的产品内分工现象。直到梅里兹（Melitz，2003）[54]创新性地构建了异质性企业模型才解决了这一难题。梅里兹（Melitz，2003）指出生产率才是企业国际化决策的动因，并由此开创了新新贸易理论。新新贸易理论认为，生产率高的跨国公司倾向于选择跨国直接投资（FDI）的方式，生产率居中的跨国公司倾向于选择海外外包的方式，而生产率低的跨国公司则倾向于把生产活动置于本国国内。进一步来看，依照投入要素及资源禀赋的不同，可将生产的中间产品或生产工序分为资本密集型、劳动密集型以及技术密集型中间环节。阿恩特和基尔兹科夫斯基（Arndt & Kierzkowski，2001）[55]指出，技术水平较高的美国、德国、日本等发达国家主要负责技术密集型中间品的生产，而中国、印度、墨西哥等劳动力充裕但技术水平相对较低的发展中国家主要负责劳动密集型中间产品的生产。各国可以依据本国的要素禀赋及比较优势，以不同的分工角色参与到全球产品内分工体系中。

总体来看，产品内分工理论是对产业间分工和产业内分工理论的延伸，三种分工形式的具体比较如表 2-1 所列。

表 2-1 产业间、产业内、产品内分工形式比较

	分工形式		
	产业间分工	产业内分工	产品内分工
表现特征	不同产业间的分工	同一产业内的分工	同一产品不同工序间的分工
贸易模式	发达国家出口工业制成品，发展中国家出口初级产品	各国互相出口同类、差异化产品	发达国家出口高附加值工序产品，发展中国家出口低附加值工序产品
主要贸易商品	最终品	最终品	中间品
商品主要流动方向	单向流动	双向流动	单向或双向流动

续表

	分工形式		
	产业间分工	产业内分工	产品内分工
复杂程度	产业单一，分工简单	产业差异化，分工相互重叠交织	产品环节、区段、工序错综复杂，分工呈网络化、链条状变化
理论依据	古典贸易理论、新古典贸易理论	新贸易理论	新新贸易理论

资料来源：作者根据相关文献整理所得。

（4）全球价值链理论

全球价值链理论脱胎于价值链(Value Chain)理论，并历经从价值链到价值增值链，再到全球商品链，最后到全球价值链的发展历程。波特(Poter)是最早提出价值链概念的学者。Poter 于 1985 年在其专著《竞争优势》中指出，企业的生产经营活动涵盖设计、制造、销售、售后等一系列环节，各个环节创造的价值不尽相同，但又彼此联系，最终一起构成了企业的价值链。科格特(Kogut,1985)[56]提出了价值增值链(Value-added Chain)的概念，尽管概念与 Poter 提出的价值链概念相似，但 Kogut 提出的价值增值链更强调商品从制造到销售的价值增值过程。科格特(Kogut,1985)将国家相对优势和企业竞争优势结合，并指出了企业的竞争优势主要从其核心制造环节或技术水平中体现，企业可以外包其他制造环节，并专注于核心制造环节和技术水平的提升，以此来维持或提升企业竞争优势。

格列夫和基尔兹科夫斯基(Gereffi & Korzeniewicz,1994)[57]依托全球产业组织理论，在 Kogut 提出的价值增值链的基础上，创新性地提出了全球商品链(Global Commodity Chain,GCC)的概念。格列夫和基尔兹科夫斯基(Gereffi & Korzeniewicz,1994)指出分布于全球不同地理位置的企业在同一商品生产和销售过程中的互相协作组成了全球商品链，而跨国公司在主导 GCC 及协调跨国生产活动中扮演了至关重要的作用。格列夫和基尔兹科夫斯基(Gereffi & Korzeniewicz,1994)将全球商品链划分为生产者驱动及采购者驱动两种类型。在生产者驱动的 GCC 中，控制着技术、资本等关键要素的跨国公司发挥着主导作用；而在采购者驱动的 GCC 中，则是控制设计、营销等要素的采购者发挥主导作用。在 GCC 的基础上，格列夫和汉弗莱(Gereffi & Humphrey,2005)[58]汲取过往研究的精华,聚焦于各个生产环节及最终品中体现出的价值增值和利益分配,创新性地提出了全球价值链(Global Value Chain,GVC)的概念。全球价值链刻画了产品从研发到最终使用的过程中每一个环节的价值创造。各个环节的价值分配并不均等,掌控了高级生产要素或占据关键生产环节的企业能从分工中获得更多的利益分割。全球价值链理论从分工的动因、类型以及利益分割等层面对当今的国际分工新特征做出了合理的解释,可视为国际分工理论在当代的延伸与发展。

2. 地缘经济理论

法国经济地理学家布德维尔(Boudeville,1966)[59]是首位提出地缘经济(Geo-economics)概念的学者,他将跨越国界的区域经济合作称作地缘经济。美国战略和国际问题研究中心高级研究员勒特韦克(Luttwak,1990)[60]则从国家层面来界定地缘经济的内涵。在他的观点中,诸如国家为产业发展提供资金、引导投资与资本配置、规划产业布局、管控产品生产等任何国家对市场的干预行为都是一种地缘经济。在地缘经济时代,争抢市场和资源成为各国的关注点。国家为产业发展提供资金、引导投资与资本配置、规划产业布局等对市场的干预行为如同战争中的"军火",而其支持的产业升级、产品研发则如同"鸟枪换炮"。提升国家"外交影响"的行为从过去在国外布置军事基地的军事行为逐渐转变为支持国内产业发展并对市场进行干预的经济行为。尽管地缘经济时代也沿袭了地缘政治中的空间冲突逻辑,但与地缘政治时代不同的是,地缘经济时代国家更关注经济领域,而非地缘政治时代的外交与军事领域。

与美国学者更看重地缘经济中的空间冲突逻辑不一样的是,卡尔罗·让、保罗·萨翁纳等意大利学者更强调各国间的经济竞争与合作。他们指出,国家才是地缘经济真正意义上的主体,而非跨国公司(蒋小荣,2018)[61]。而俄罗斯学者则把地缘经济与国家战略结合起来,并将地缘经济看作是经济活动的区域化。A. 涅克列萨从政治与经济融合的视角出发,提出了全球地缘经济六角模型,认为全球地缘经济格局主要由以下六个区域构成:出口高技术产品和服务的北大西洋以西地区,出口新兴工业产品的太平洋大环地区,出口原料产品的印度洋地区,地缘经济地位模糊的欧亚大陆北方地区,提供金融产品和服务的北大西洋以北地区和被边缘化的南方深洋列岛(李敦瑞,2009)[62]。Э. Г. 科切托夫则指出能源才是地缘经济的关切点,他提出构建全球能源网络系统有助于全球再生产过程的和谐发展(Э. Г. 科切托夫,2007)[63]。

"冷战"结束后,地缘经济的竞争与合作逻辑逐渐替代了政治冲突逻辑,在经济竞争中赶超对手成为各国发展的重要目标,抢占新兴市场的重要性甚至远胜于占据他国国土。一国通过为产业发展提供资金、引导投资与资本配置、规划产业布局、管控产品生产等对市场的干预行为参与地缘经济竞争,胜出的一方将在全球价值分割中俘获高额的收益和较高的分工地位,而败下阵的一方则只能拿走附加值较低的生产环节。由此可见,地缘经济时代依然存在冲突,国家间的竞赛甚至可能比"冷战"时代的军备竞赛更为激烈。

3. 空间结构理论

国际生产网络与区位、空间之间存在密不可分的联系。一方面,国际生产网络的浮现,使得生产环节的"分散化"和产业群的"扎堆"式集聚同时出现,即呈现出"大区域离散,小区域集聚"的空间特征;另一方面,在国际生产网络中,发达国家通常占据了高附加值的生产环节,发展中国家则主要承担原材料供应和低技术含量、低附加值环节的生产,在国际分工中表现出"核心—边缘"式的空间结构特征。上述两种特征表明,空间结构理论是解释国际生产网络空间分布与协调发展的关键理论依托。

(1)增长极理论

法国学者弗朗索瓦·佩鲁(Francois Perroux)于1950年首次提出了增长极理论。佩鲁在增长极理论中指出,经济增长并不均衡,而是具有极化趋势。他利用磁场内部运动在磁极最强的物理定律做类比,将经济增长中的区域极化称为增长极,并进一步指出,增长并不会同一时间在所有经济空间出现,而是以不同的强度以增长点或增长极的形式出现,之后再借由不同渠道向外扩散,进而对整个经济空间产生影响(颜鹏飞和邵秋芬,2001)[64]。佩鲁将增长极对其他经济体的影响概括为四种效应:①支配效应:增长极通常拥有更大的资源支配能力,在经济空间中占据了支配地位。②乘数效应:具有较高生产率的推进型产业发展能带动区域经济增长。③极化效应(也称为回波效应):增长极的推进型产业对各种要素和创新主体具有较高的吸引力,会牵引资金、资源、技术等要素和创新主体向增长极聚集,而由此产生的规模经济效应又会进一步推动极化效应扩大。④扩散效应(也称为涓滴效应):依靠一系列的联动机制,增长极带动周围落后地区快速发展,进而逐渐缩小与发达地区的经济差距。

(2)核心—边缘理论

核心—边缘理论最早由美国著名学者J. 弗里德曼(J. Friedmann)提出。这一理论的主要观点包括:地理空间组织系统的发展动力来源于核心地区的创新。核心地区在地理空间组织系统中位于支配地位,拥有形成及吸纳资金、技术、劳动力等要素的能力。在核心区域的发展过程中,核心区域的资源要素和创新主体会逐渐向边缘区域扩散,带动了边缘区域的发展,也让边缘区域对核心区域产生了依赖。区域"核心"通常因为拥有别的地区所没有的优势条件而获得优先发展的机会,而其他地区因为不具备良好的先决条件而发展缓慢,随着发展差距的扩大,逐渐在空间中表现出一种"核心—边缘"式的非均衡结构。核心地区居于区域系统的中心位置,一方面,具有资金、技术、劳动力等要素和创新主体的比较优势;另一方面,还能对边缘地区的要素和创新主体产生吸引力,吸纳各种资源要素和创新主体从边缘地区流向核心地区,进而产生正反馈效应。所以,从等级层次性的角度看,核心地区对边缘地区产生了极强的控制力,区域系统的发展进程都由核心地区所主导。但是,当各种资源要素和创新主体集聚形成的边际效应递减时,核心地区又将对边缘地区产生涓滴效应,即核心地区的资金、技术、劳动力等要素和创新主体会流向边缘地区,进而带动边缘地区的发展。边缘地区的发展既受制于核心地区,又深深地依赖于核心地区。

4. 社会网络理论

社会网络理论起源于"关系论",以数学中的图论为基础,通过梳理系统中各要素的关系,将现实中的复杂系统简化成由节点和连边构成的网络结构。网络中的节点表示系统中的个体,而节点之间的连边则表示系统中个体间的关系。社会网络理论能够从"关系"的动态视角对系统中的个体及个体间的关系进行解释与说明,同时还能对建构在个体间"关系"基础上的"网络结构"加以解释与研究。

社会网络理论的研究最早见于18世纪的哥尼斯堡七桥问题。20世纪50年代,保罗·埃尔德什和阿尔弗雷特·雷尼(Paul Erdos & Alfred Renyi)首次构建了ER随机图模型,并使之成为社会网络研究的重要方法。但是,ER随机图模型无法很好地对现实中真实的复杂系统做出诠释,很多现实中的复杂网络也无法通过ER随机图模型求解。为了弥补ER随机图模型的不足,斯特罗加茨(Strogatz)和巴拉巴斯(Barabasi)两位学者进一步构建了WS小世界网络模型和BA无标度网络模型,拓宽了社会网络理论和实证研究方法的边界(刘军,2009)[65]。

当前,社会网络理论主要聚焦于系统网络结构、节点、内外部影响因素的复杂性等几个方面。就网络结构的复杂性来看,由于网络中的节点数量众多,节点属性与功能各不相同,且节点之间连边的方向或权重也不尽相同,加上很多网络存在不同层次,随着时间变化,节点间的关系也会发生改变,这就造成了网络结构的复杂性。常用的研究整体网络结构的指标包括:出度、入度、出强度、入强度、密度、聚类系数、凝聚子群、社团等(刘军,2009)[65];就节点的复杂性来看,由于节点的属性和作用各不相同,节点具有复杂的动力学行为。同时,节点的角色通常还与复杂的网络结构紧密相关,这就造成了节点也具有复杂性。例如,网络中的部分节点会因为具有较高的连通度扮演网络枢纽的角色,部分节点则因为连通度较低处于网络边缘,进而使整个网络表现出核心—边缘结构。伯特(Burt,1992)[66]指出,处于网络边缘的节点也不意味着贡献较低,部分节点即使处于网络边缘,却有可能因为占据"结构洞"位置,在网络中扮演重要的"中间人"角色,发挥着"联结"其他节点的重要作用。另外,通常网络并不是均匀分布的,特别是在节点数量较多的网络中,可能会出现一些内部联系紧密而外部联系相对稀疏的小团体,即"子群"或"社团"。节点间关系的形成与演化通常也不是均衡进行的,一般情况下,节点更倾向于与"明星节点"(度值较高的节点)建立连接关系,因此,网络节点具有复杂性;就内外部影响因素的复杂性来看,网络本身的形成与演化存在自组织效应(内生变量),与节点属性相关的特征以及其他相关的关系网络、空间因素等外部环境因素(外生变量)也会对网络的形成与演化造成影响,这就造成网络的内外部影响因素也具有复杂性。

社会网络理论的出现为复杂系统的研究提供了一种全新的视角和研究方法,借助于网络结构、节点特征、形成机制等方面的研究,能够从更深层面揭示复杂系统的全貌和功能。最近几年,数据收集技术和计算技术大幅度提升,专业的网络分析工具推陈出新,使得社会网络理论在现实复杂系统中的应用越来越广泛,涉及的应用领域包括但不局限于国际贸易、经济管理、社交关系、技术流动等领域。将现实网络与社会网络理论相结合,有助于学者更深入地挖掘现实网络中蕴含的信息,也能够让研究者更有效地分析和管理这些网络系统。

第二节 国际生产网络相关研究

1. 国际生产网络的测度

基于国际生产网络测度的研究主要分为宏观和微观两个层面。宏观层面,现有研究主要依据国家层面的贸易数据和跨国投入产出表对国际生产网络进行测度。由于跨国贸易是国际生产网络最具代表性的构成要素,较为全面地反馈了国际生产网络中各主体间紧密联系、相互依存的经济系统,因此,贸易数据最早被运用于国际生产网络测度,贸易数据构建的相关指标也是所有指标中运用最为广泛的。就贸易数据构建的相关指标运用来看,近年来不少学者从国际生产网络的贸易结构[67-69]、贸易规模[70-71]、贸易格局[72-73]和贸易稳定性[67,74]等几个方面描绘国际生产网络的发展情况。代表性的研究包括:赫布尔(Helble, 2016)[4]对东亚生产网络的贸易结构和贸易方向做了研究,分析指出,东亚中间产品贸易占世界贸易份额快速增长,从2000年的14%迅速增长到2014的50%以上,东亚对这种新型国际专业化的依赖程度比世界上其他地方大得多,这一观点与Ando et al.(2005)[68]、阿图科罗拉和普雷玛(Athukorala & Prema, 2011)[70]等多位学者一致。奥巴西(Obashi,2010)[67]从产品层面的双边贸易关系的持续性和生存性两个角度分析发现,在东亚生产网络中机械零部件贸易比机械成品贸易的稳定性更强。陈俊营和方俊智(2020)[71]基于制造业半成品或成品的贸易数据,运用社会网络分析方法对全球制造业总体生产网络进行量化模型,研究发现全球制造业总体生产网络中各国间的生产关联逐年提升,生产协作也较之前更为深入。

随着跨国投入产出表的日益丰富以及投入产出方法的成熟,很多学者开始使用投入产出表衡量国际生产网络,代表研究有:卡瓦略(Carvalho,2014)[75]运用美国详细的投入产出数据,从网络的角度探讨了美国大规模生产网络的经验特性。黎峰(2014)[76]通过投入产出模型分解出中国在国际生产网络中创造的国内增加值,研究发现,中国的出口数据被高估,在国际生产网络的出口额中大部分实现的是外国的收益。张同斌和周宗莉(2021)[77]利用世界投入产出表测度了国际生产网络视角下中美双边增加值结构,研究发现中国在国际分工体系中的出口获利能力低于美国。Suder et al.(2015)[78]采用投入产出技术,从价值链的角度分析了1990—2005年期间东亚生产网络的演变,并指出在1990—2005年间,日本一直是东亚地区生产网络的主导国家。兰德斯曼和斯托林格尔(Landesmann & Stöllinger,2019)[79]采用国家间的投入产出表追溯增加值的来源后指出,以中国为首的新兴经济体在国际生产网络中出口的增加值取得了强劲的增长。事实上,2000—2014年期间,金砖四国在国际生产网络中的出口增加值贡献中约四分之三来自中国。基于投入产出表衡量国际生产网络的方法应用虽不如贸易数据广泛,但是由于投入产出表分解得到的增加值较好地弥补了贸易数据的缺陷,它不仅充分考虑到各国在分工中的真实贡献,且数据消除了双重征税的问题,更为重要的是,增加值数据体现出的是一个生产概念而不仅仅是贸易(Wang et al.,2017)[80],因此使用基于投入产出表分解得到增加值逐渐成为最近几年衡量国际生产网络的主流指标。

随着企业数据及海关数据逐渐完善,不少学者开始从微观层面描述国际生产网络。代表性的研究表包括:米尔滕伯格(Miltenburg,2015)[81]使用来自亨氏公司、其他公司以及政府和非政府机构的财务文件、新闻报道和采访得到的信息和数据,利用国际生产网络框架和制造战略框架揭示了亨氏如何以及为何将其传统的多国生产网络转变为现代的国际生产网络。杨(Yang,2017)[82]基于对企业、政府官员的观察和通过深访收集到的信息和数据研究发现,中国重庆的笔记本电脑生产网络快速发展的原因可归功于主导企业的战略伙伴企业即台湾富士康的实力上升。刘清等(2020)[83]基于苹果公司供应商总部与分支所在国之间的数量关系构建了苹果手机的国际生产网络,并详细分析了美国、日本、韩国、中国供应商在国际生产网络中的辐射力与吸引力。综上可见,微观层面的国际生产网络研究起步相对较晚,且由于研究样本的局限,这类研究通常只聚焦于某一跨国企业或少数跨国企业的生产、经营所覆盖地域,无法全面反映出各国间的跨国生产分工全貌。尽管不适用于本研究,但基于微观层面描述国际生产网络的研究极具价值,是国际生产网络未来研究的重点方向之一。

2. 国际生产网络形成的影响因素

尽管当前尚无系统论述国际生产网络形成机制的研究,但关于国际生产网络的形成动因与影响因素的研究并不鲜见,很多学者从要素禀赋优势、区位优势、规模经济以及贸易自由化政策等视角对国际生产网络的形成动因与影响因素展开了有益的探讨。世界银行2005年的报告中也曾指出,东亚地区的生产网络比其他地方的生产网络更为发达的主要原因在于:合适的政策、先发优势、各国间劳动力成本的差距较大以及出色的物流保障系统。由此可见,国际生产网络的形成动因与影响因素包含很多方面,本小节从不同角度梳理了国际生产网络的形成动因与影响因素的相关文献。

(1)要素禀赋

很多研究指出,以东亚、北美生产网络为代表的国际生产网络表现出以要素禀赋优势为基础的垂直专业化分工的特征[68,70,84],且各国的要素禀赋情况决定了国际生产网络的复杂形态[85-87]。代表性的研究包括：阿图科罗拉（Athukorala，2011）[70]指出，东亚生产网络与欧洲生产网络差异较大，而与北美生产网络较为相似。东亚生产网络与北美生产网络中各国都是基于要素禀赋差异在生产过程的不同环节进行专业化分工，表现出典型的垂直专业化特征。杨文龙等（2021）[87]进一步指出，生产要素禀赋是全球地缘经济合作的内生动力，对全球地缘经济合作的空间依赖性起到传导与驱动作用。洪俊杰等（2019）[86]也认为，一国优势要素对其是否能改善在国际贸易网络中的地位起到决定性作用。

（2）区位优势

学者们通过经验分析、比较分析等多种方法研究了区位优势与国际生产网络形成与深化的关系[88-89]。研究发现，区位优势主要通过要素禀赋、比较优势、文化吸引力等途径间接影响国际生产网络的分工格局[90-91]。随着引力模型的引入，不少学者精确衡量了国际生产网络中贸易流量及投资流量与各国间地理距离存在的负向影响关系[92-94]。其中，代表性的研究有：罗伯逊和罗比泰尔（Robertson & Robitaille，2015）[90]研究指出，在铁矿石产业中，巴西等南半球国家由于远离国际主要市场，其要素禀赋优势未能得以发挥；反观澳大利亚等国家则由于区位优势，使其要素禀赋优势在国际分工中得以充分发挥。迪斯迪耶和黑德（Disdier & Head，2004）[92]对历史文献进行归纳，提取出103篇相关实证论文，发现地理距离影响贸易流量的弹性系数的均值为0.91，多数取值位于0.28和1.55之间。许和连等（2012）[93]与杨珍增（2017）[94]使用引力模型，在不同案例中证实了地理距离对国际生产网络中的投资流量存在显著负向影响。

（3）比较优势

以东亚生产网络、北美生产网络为代表的国际生产网络呈现出典型的垂直专业化分工特征。在李嘉图和H-O模型框架下，学者们研究了垂直专业化分工体系不同阶段的分工，发现生产工序的划分是依据比较优势进行的，于是指出比较优势是国际生产网络垂直专业化分工的主要影响因素，其中，比较优势具体表现在各国产业特征、制度环境、经营成本等方面的差异[83,95-97]。琼斯（Jones，1988）[95]深入研究了垂直专业化分工的基本原理，指出比较优势是影响生产过程分散化的关键因素。迪尔多夫（Deardorff，2000）[96]在H-O模型框架下进行研究，并进一步指出生产分割取决于由于要素价格低廉带来的成本降低与使用额外资源引致的成本提升之间的权衡。刘德伟和李连芬（2016）[97]从宏观层面开展研究，指出比较优势与规模经济一起塑造了国际生产网络的空间格局，其中，比较优势发挥了基础性作用。刘清等(2020)[83]则以苹果手机生产的空间组织为例,从微观层面论述了以成本—能力比率为代表的比较优势是国际生产网络产生和演化的重要动力。

(4)政府的作用

对于政府在国际生产网络形成与发展中的作用,学者在不同时期、不同研究案例下得出了不一样的观点。在20世纪末至今的一段时间里,很多基于东亚生产网络的研究指出,东亚生产网络的崛起并非自然形成,很大程度上得益于政府支持(Ozawa,2003)[98]。通常,后发国家的工业化进程是从进口替代开始,然后逐步过渡到出口导向,而东亚各国或地区大多推行的是以出口为中心的工业化战略。福罗卡(Furuoka,2005)[99]指出,东亚生产网络的产业转移起源于日本政府推行的"废旧建新产业重构",日本政府采取对外援助的方式,快速推动日本企业完成对东亚市场的渗透。因此,在东亚生产网络的形成与发展过程中,强大的东亚国家政府扮演了极其关键的角色。不同于早期东亚生产网络发展研究中提到的"强大的发展型国家劝说国内企业"是东亚生产网络的形成动因,近些年,以经济地理学家为代表的学者指出政府作为"中介者""立法者"和"监管者",在国际生产网络的形成与发展过程中发挥着重要作用。Lee et al.(2014)[100]指出,韩国政府在支持其国内液晶显示器行业与国际生产网络的衔接方面发挥着中介作用。阿尔福德(Alford,2016)[30]、尼维亚多姆斯基(Niewiadomski,2017)[101]则指出,政府通过立法框架和执法制度监管,对一国特定行业融入国际生产网络发挥着重要影响。

(5)产业政策、制度环境、国际环境及其他因素

除上述因素外,产业政策调整、制度环境变化、国际环境波动等重大突发事件都能对国际生产网络形成、发展及空间格局重塑产生重要影响[79,102]。就产业政策影响的代表研究来看,Lall et al.(2004)[102]指出,东亚生产网络迅速崛起的重要原因在于东亚各国产业政策及多边贸易协调政策发挥了强有力的推动作用。Landesmann et al.(2019)[79]通过比较分析指出适当产业政策对处于不同发展阶段国家的重要性。就制度环境影响的代表研究来看,Grossman et al.(2008)[103]、Bernard et al.(2010)[104]与Azmeh et al.(2014)[105]的研究表明,制度环境不仅会对国际生产网络中各个国家经济的发展产生影响,而且制度环境的差异会带来各国截然不同的分工绩效。就国际环境影响的代表研究来看,很多学者认为国际生产网络的形成与发展变化与国际形势密切相关。中村隆英

(1997)[106]指出,东亚生产网络兴起于二战后美国对日本政策的改变。黎峰等(2019)[107]、刘洪钟(2020)[108]、李俊久和许唯聪(2021)[109]相继指出,"特朗普冲击"、中美贸易摩擦、全球价值链增速放缓以及中国经济转型等因素直接影响着东亚生产网络重构以及跨国公司的全球产业布局。就其他因素影响的代表研究来看,马海涛等(2021)[88]基于广东省纺织服装行业生产网络的空间结构演化研究指出,信任关系是维系生产网络稳定发展的重要因素之一。高翔等(2021)[110]则以新型冠状病毒感染对中国及上下游经济体的冲击为例,指出重大突发事件会对国际生产网络产生极大的冲击。

第三节 "一带一路"跨国经贸合作相关研究

1. "一带一路"跨国贸易的规模与格局

就"一带一路"跨国贸易的规模与格局来看,很多学者定量分析了"一带一路"跨国贸易规模的历史演化,发现"一带一路"沿线国家间的贸易规模逐年提升,其中,中国与沿线国家的贸易规模增长尤其显著[38,111-115]。学者们使用简单统计描述或社会网络分析方法进一步分析了"一带一路"贸易格局,具有代表性的研究包括:杨文龙等(2018)[111]使用社会网络分析方法分析发现,沿线国家贸易呈现出明显的"核心—边缘"等级结构,中国居于核心地位,对沿线国家的贸易增长和产业升级具有显著的带动作用。程中海等(2022)[112]同样使用社会网络分析方法对"一带一路"产业内贸易格局进行分析发现,中国在贸易中居于主导地位,发挥着"一带一路"产业内贸易的枢纽作用。

除对"一带一路"总体贸易规模与格局的分析外,不少学者还对"一带一路"粮食贸易格局[116-117]、能源贸易[114,118]和数字贸易[115]等具体贸易类别的规模与格局展开分析。具有代表性的研究包括:韩冬等(2021)[117]使用历年粮食贸易数据分析发现,中国是粮食进口大国,"一带一路"倡议显著扩大了中国的粮食进口规模和进口来源。进一步运用核心—边缘模型分析发现,中国在"一带一路"粮食贸易中的核心度有所提高,但尚未处于粮食贸易网络的核心,且中国的粮食贸易量与影响力也不匹配。李优树和冉丹(2021)[118]构建了2010、2013、2016、2019年"一带一路"沿线国家的石油产业链,分析后发现"一带一路"能源贸易规模提升显著,沿线国家间的能源贸易联系越来越紧密。原油贸易中地位较高的国家主要是掌控石油资源以及石油运输通道的国家,原油、有机化学产品和合成产品贸易中地位较高的国家则主要是工业基础夯实的国家。

2. "一带一路"跨国经贸合作的影响因素

在"一带一路"跨国贸易影响因素的相关研究中,学者们使用空间面板模型、引力扩展模型、QAP回归等实证分析方法研究发现,沿线国家的经济发展水平差距[119]、制度距离[120]、文化距离[121]、地理距离[118]、基础设施建设[122]、贸易便利化程度[123]、双边政治关系[124]、中美博弈[125]都是影响"一带一路"跨国贸易的关键因素。具有代表性的研究包括:许家云等(2017)[120]使用空间面板模型研究发现,制度距离对中国与"一带一路"沿线国家的双边贸易具有显著的抑制作用,且制度距离会通过增强相邻效应的"竞争"作用,进一步对双边贸易产生影响。张鹏飞(2018)[122]使用引力扩展模型研究发现,交通基础设施和通信基础设施建设水平对"一带一路"沿线国家的贸易具有显著影响。丛海彬等(2021)[119]、李优树和冉丹(2021)[118]使用QAP回归方法分别对"一带一路"沿线国家的新能源汽车贸易和石油产业链贸易影响因素进行分析,发现经济发展水平差距、地理邻近、贸易便利化程度等因素都能对双边贸易强度产生显著影响。孙泽生和严亚萍(2021)[124]基于引力模型来构建基础模型,实证检验后发现,除地理距离、自由贸易协定等常见影响因素外,良好的双边政治关系有益于促进双边贸易额增长。

现有"一带一路"跨国投资影响因素的研究主要聚焦于中国对沿线国家的投资风险及影响因素等方面。其中,很大一部分研究重点关注中国对"一带一路"沿线国家投资所面临的风险。具有代表性的研究包括:周五七(2015)[126]的研究认为,沿线国家对"一带一路"倡议的认同感、中美博弈、沿线国家发展程度不一等因素会给中国在"一带一路"的投资带来极大的投资风险。陈继勇和李知睿(2018)[127]研究认为,中国与"一带一路"沿线国家的投资合作存在来源于经济、文化、政治和信仰等方面的挑战。Duan et al.(2018)[128]从经济发展水平、政治风险、投资环境、资源储备等层面构建评价指标体系,对"一带一路"国家能源项目的投资风险进行了综合评价。郭周明等(2019)[129]指出,中国对外投资合作将面临经济、政治、法律、安全、文化等诸多风险。唐晓彬和崔茂生(2020)[130]综合考虑了经济、政治、信用、社会维度的风险,测算出投资"一带一路"沿线各国的风险水平。Hussain et al.(2020)[131]综合考虑了经济水平、政治风险、环境风险以及资源禀赋等维度的信息,全面评估了中国在沿线各国投资的风险。

与此同时,一些研究者重点关注沿线国家的具体投资风险[132-133]、制度差异[134-135]、基础设施质量[136]、金融开放度[137]、投资便利化[113,139]等因素对中国投资沿线国家的影响,并采用投资引力模型、空间计量模型、双重差分空间滞后模型等方法对各影响因素的作用情况进行实证分析。具有代表性的研究包括:赵明亮(2017)[132]基于扩展投资引力模型的实证检验发现,除汇率波动、国际政治动荡等风险变量会显著影响中国对沿线国家的投资外,经济规模也会显著影响中国对沿线国家的投资。与前人认为政治风险会抑制投资不同的是,唐礼智和刘玉(2017)[140]、朱兰亭和杨蓉(2019)[141]相继指出,中国对外直接投资更青睐于"一带一路"沿线具有较高政治风险的国家或区域。李世杰等(2021)[134]使用"一步法"的投资非效率模型检验了沿线国家制度质量对中国对其投资效率的影响,研究表明:沿线国家制度质量会对中国对其投资效率产生显著影响。比较而言,政治制度和法治制度的影响最大,经济制度的影响略小。何俊勇等(2021)[137]基于投资引力模型发现沿线国家金融开放度与中国对其投资额存在正相关关系。刘春艳等(2022)[136]运用时变随机前沿模型实证检验了沿线国家基础设施互联互通对中国对其投资效率的影响,检验结果表明:沿线国家通信、能源和公共服务基础设施联通水平与中国对其投资效率提升存在显著的正相关关系,而交通基础设施联通水平与中国对其投资效率提升之间的关系则并不显著。

第四节　社会网络分析方法的应用研究及适用性分析

以往文献多采用简单统计描述的方式从贸易视角刻画国际生产网络的网络结构[67,69],采用经验分析、计量模型分析国际生产网络的影响因素[70,79,90,110],使用社会网络分析方法对国际生产网络进行分析的文献并不多,而研究"一带一路"生产网络的文献本就屈指可数,将社会网络分析方法运用于"一带一路"生产网络研究的文献就更是凤毛麟角。社会网络分析方法作为科学理解各类网络结构特征、形成机制的前沿方法,能够对网络结构的特征、形成过程与动态演化进行量化模拟、可视化呈现与仿真分析[142-143],已被广泛应用于国际贸易、管理科学、社会学研究的多个领域。下文就社会网络分析方法在上述领域针对网络结构特征与形成机制两个方面的应用进行归纳与总结。

1. 社会网络分析方法在网络结构分析中的应用

就网络的结构特征而言,学者们多从整体、群体、个体三个层面对所研究网络的结构特征进行量化模拟和阐述。在整体层面,学者们主要使用网络的出度、出强度、平均路径、直径、互惠系数、密度等指标对目标网络的整体结构特征进行描述[6,144-147]。代表性的研究包括:李敬等(2017)[6]使用密度分析研究了"一带一路"沿线国家贸易中竞争关系和互补关系的演化,发现沿线国家贸易关系逐年增强,贸易竞争关系加剧,但总体来看,互补关系强于竞争关系。Hou et al. (2018)[145]使用度分布、平均路径长度、聚类系数等指标对稀土贸易网络进行分析,发现网络具有无标度网络的典型特征,存在小世界现象。冯颖等(2020)[146]使用网络密度、关联度、等级度和效率等指标分析发现,中国粮食生产空间关联网络的密切程度在波动中提高,网络结构具有很高的稳定性及可达性。王玲俐等(2021)[147]使用网络密度、节点度、平均距离等指标分析发现,在细胞生物学领域,中国科学院的国际合作网络的广度、紧密度和扩展速度要优于德国马普学会。

在群体层面,学者们主要使用凝聚子群、社团探测等方法剖析网络的"小团体"现象[7,145,148]。Hou et al. (2018)[145]使用布隆德尔(Blondel)等开发的社团划分算法研究了国际稀土贸易网络的社团演变,研究表明网络中的社团数目从8个逐渐减少到4个,表明国际稀土贸易呈现出一体化的趋势。孙天阳等(2018)[148]采用纽曼和格门(Newman & Girvan,2004)[149]的社团划分方法将制造业全球价值链网络划分为亚太、欧洲两个社团,并详细分析了社团的构成和稳定度。郑智等(2020)[7]使用凝聚子群分析发现,"一带一路"生产网络的凝聚子群数量从1995年的3个减少至2015年的2个——以中国、俄罗斯为代表的子群和以新加坡为代表的子群。

在个体层面,学者们多使用度数中心度、接近中心度等中心性分析指标、结构洞分析指标来分析各节点在网络中的地位和角色[6,150-151]。李敬等(2017)[6]使用相对度数中心度指标研究了沿线国家在"一带一路"贸易网络中的地位,发现中国、俄罗斯居于贸易网络中心,两国对网络具有绝对的控制能力。顾伟男等(2020)[150]使用度数中心度、中间中心度等中心性分析指标对各国在"一带一路"沿线国家科研合作网络中的地位进行测算,研究发现,欧洲各国、美国、中国、加拿大、日本、澳大利亚等国在网络中具有极高的中心地位,上述国家一同形成了"一带一路"沿线国家科研合作网络的"多边形"骨架。刘慧和綦建红(2021)[151]利用度数中心度和1减限制度指标分析了Fta网络的国家中心度和结构洞情况,研究发现,中国在Fta网络的中心度数值远大于全球均值,而1减限制度的数值则显著低于全球均值,表明中国在Fta网络中的中心地位较高,但中间人优势并不明显,对资源传递的控制力还有待提升。

2. 社会网络分析方法在网络形成机制研究中的应用

就社会网络分析方法在网络形成机制研究中的应用来看,学者们主要使用以下三类实证方法进行分析。

一是将出度、出强度、度数中心度、PageRank指数等网络结构分析指标与空间计量经济学模型结合,考察网络外在影响因素对网络形成与演化的影响[152-155]。代表性的研究包括:孙春晓和裴小忠(2021)[152]运用社会网络分析方法考察了长三角纺织业创新网络的结构特征及其演化,之后构建空间计量模型剖析创新网络演化机制,研究表明,经济基础、功能基础、产业驱动等外生因素显著促进了创新网络的发展。王鹤和毛雪梅(2021)[153]采用点度中心度、接近中心度及中间中心度等网络结构特征指标考察长江经济带产业结构高度化的空间网络特征,并将这些指标与空间计量模型结合,分析了长江经济带产业结构高度化的影响因素,研究显示,各地自身交往能力和支配能力的提高以及信息传递的独立性能够显著提升其产业结构高度化水平。

二是基于网络关系视角,运用社会网络分析方法中的二次指派程序(QAP)考察网络外生影响因素对网络形成与演化的影响。QAP方法是一种非参数估计法,与传统计量模型须满足严格的解释变量独立性假设不同,QAP方法并不要求解释变量具有独立性,在网络形成机制分析中具有更好的适用性[156],因而QAP方法一经出现便被大量运用于网络形成机制与影响因素的实证检验中[146,148,157-158]。代表性的研究包括:柯根(Kegen,2013)[157]对德国卓越计划中两个机构的主要研究人员进行QAP网络关联分析,研究发现,性别同质性对参与研究合作、研究支持和社会熟人网络的影响很小,影响较大的因素是研究领域、地理分散性和学术地位。冯颖等(2020)[146]运用QAP分析法研究发现,地理邻近、经济水平、人力投入、机械化水平等因素对粮食生产空间关联网络的形成起到了明显的促进作用。李航飞和唐承财(2021)[158]运用QAP分析法研究发现,时间距离、地理距离、经济情况和旅游资源是影响广州和深圳在广东省市域旅游网络中关系强弱的重要因素。

三是基于网络结构视角,使用指数随机图模型(ERGM)以及在此基础上进一步研发的时间指数随机图模型(TERGM)进行实证分析。ERGM模型和TERGM模型是当前社会网络分析中较为前沿的关系数据计量模型,其优越性在于能够同时将影响网络形成的内生变量和外生变量纳入考察范畴,从而能够从更全面的视角来研究网络的形成机制(Lusher et al.,2013)[159]。尽管 ERGM 模型和 TERGM 模型提出时间不长,但由于其在网络形成机制研究中的科学性和优越性,在当前一些前沿的研究中已经能见到两类模型的应用身影[160-164]。代表性的研究包括:Gutiérrez-Moya et al.(2020)[161]使用 ERGM 模型检测了全球小麦贸易网络的形成机制,研究表明,全球小麦贸易网络中关系的形成主要由国家开放度、互惠性、出口国是否为美国或加拿大以及进口商和出口商的地理位置所驱动。贺胜兵等(2022)[162]运用 ERGM 模型研究了"一带一路"集成电路贸易网络的驱动机制,结果表明,创新水平高、经济实力强的国家之间更容易形成集成电路贸易关系,较小的地理距离与文化距离、较高的研发投入、政治稳定性及经济自由度都能显著推动"一带一路"集成电路贸易网络关系的形成。刘林青等(2021)[163]使用 TERGM 模型实证检验了国际贸易依赖网络形成的内生机制,研究发现,国际贸易依赖网络的形成受到互惠效应、偏好依附效应、连通效应、传递闭合效应和时间依赖效应等内生机制影响。

3. 社会网络分析方法在国际生产网络研究中的适用性分析

社会网络分析方法为复杂系统的研究提供了一种全新的视角和研究方法,借助于网络结构、节点特征、形成机制等方面的研究,能够从更深层面揭示复杂系统的全貌和功能。伴随着数据收集技术和计算技术大幅度提升,专业的网络分析工具推陈出新,使得社会网络分析方法在现实复杂系统中的应用越来越广泛,涉及的应用领域包括但不局限于国际贸易、经济管理、社交关系、技术流动等领域。由于社会网络分析方法的系统性和科学性,在全球金融危机爆发之后,大量的文献开始使用网络分析方法研究网络结构及其动态演化,以网络科学分析视角解析一些系统性的经济管理问题,并据此提出全球化应对策略。网络科学作为经济系统和管理系统的关键科学理论和分析工具开始在学术研究中站稳脚跟(Schweitzer et al.,2009)[165]。社会网络分析方法作为网络科学的重要代表方法,逐渐成为国际经济系统、管理科学研究的新范式。

全球经济系统是由分布于全球的不同个体相互作用与联系而形成的复杂体系(吴宗柠和樊瑛,2018)[166]。国际生产网络作为全球经济系统的重要组成部分,其本质为以不同国家(地区)为节点,以彼此间的生产关联与生产分工关系为连边,进而形成的复杂网络系统,因此可使用社会网络分析方法对其网络结构进行描述并解释其形成与演化机理。另外,社会网络分析方法中的相关分析技术

(如中心性分析方法、结构洞分析法、社团探测方法、ERGM模型、TERGM模型等)拓展了对国际生产网络的认识与理解。

当前已有文献使用社会网络分析方法对国际生产网络进行阐释。Escaith et al.(2018)[167]运用社会网络分析方法中的中心性分析技术测度了欧洲、亚洲—太平洋地区生产网络中的网络中心,指出欧洲生产网络以德国为主要枢纽,以英国和法国为次级中心,比利时和荷兰的中心地位分别位列第三和第四。亚洲—太平洋地区生产网络以中国和美国为枢纽,以日本、韩国为次中心,中国香港和新加坡的中心地位分别位列第五和第六。Zhu et al.(2015)[168]、蒲岳(2019)[169]、黄光灿(2021)[170]等学者先后基于跨国投入产出数据构建全球价值网络,并使用密度分析、中心性分析等方法剖析全球生产系统中价值流转关系的演变。郑智等(2020)[7]运用社会网络分析方法中的凝聚子群、中心性分析等技术,对"一带一路"生产网络的空间结构演化及中国通过"一带一路"生产网络对沿线国家的带动作用进行了实证分析。

综上可见,社会网络分析方法对国际生产网络分析具有较好的适用性。社会网络分析方法为深刻理解国际分工关系、国际产业关系和价值增值流动提供了更为有效的分析工具,也为本书基于网络科学视角研究"一带一路"生产网络问题奠定了坚实基础。将"一带一路"沿线国家间的生产关联、分工关系与社会网络分析方法相结合,能够更全面地解析"一带一路"生产网络的结构特征及其演化,能够更深入地洞察"一带一路"生产网络的形成与演化机理。

第五节 文献述评

通过对已有文献研究的梳理可以发现,尽管当前针对"一带一路"生产网络的研究还不多见,但对于国际生产网络的研究由来已久。学者们从微观和宏观层面对国际生产网络进行刻画,并对国际生产网络的形成动因与影响因素展开了广泛的研究。"一带一路"倡议提出距今不足10年,但因为"一带一路"倡议具有的划时代意义,"一带一路"相关问题受到国内外学者的高度重视,"一带一路"跨国贸易规模与格局演化、"一带一路"跨国经贸合作的影响因素等问题的相关研究在短短几年内百花齐放、盛况空前。尽管当前很少有文献将社会网络分析方法运用于"一带一路"生产网络研究,但社会网络分析方法在最近几年快速推陈出新,以ERGM模型、TERGM模型为代表的网络形成机制的实证模型日臻完善,将这些方法运用在国际贸易、管理科学领域的文献也逐渐增多,而这些文献成果都为本书研究"一带一路"生产网络结构及形成机制提供了有益的借鉴。

从前文对已有研究的回顾与分析中可以发现,对"一带一路"生产网络结构与形成机制的研究仍然存在可以拓展的空间,具体包括:

第一,"一带一路"生产网络现状有待更系统、更全面的分析。一方面,当前尚无深入辨析"一带一路"生产网络区别于成熟国际生产网络的发展特征的研究。另一方面,现有针对"一带一路"生产网络特征的研究主要聚焦于中国在生产网络中的贡献,对"一带一路"生产网络整体结构特征的研究不够全面。此外,其他研究网络结构的领域要么基于特定行业进行分析,要么基于所有行业进行总体分析,且分析的维度通常只限于整体、群体和个体中的一个或两个,缺乏从总体和行业两个维度以及整体、群体和个体三个层面系统刻画网络结构特征的研究,这为本书预留了很大的研究空间。

第二,"一带一路"生产网络形成是否具有内生机制有待研究。在国际生产网络形成机制的相关研究中,学者多从要素禀赋优势、区位优势、规模经济以及贸易自由化政策等因素出发,探讨这些因素对国际生产网络形成和发展的影响。在社会网络理论中,上述因素被视为外生变量,而网络关系的形成除受外生机制影响外,还受内生机制的影响,但是当前尚缺乏对国际生产网络形成的内生机制的探讨。

第三,"一带一路"生产网络形成的外生机制研究的理论框架有待拓展。尽管针对国际生产网络影响因素的研究已经较为丰富,已有研究从要素禀赋优势、区位优势、规模经济以及贸易自由化政策的影响等多个方面进行分析,夯实了国际生产网络研究的理论基础,但现有研究仍缺乏对于"一带一路"生产网络形成和发展过程中独特情境的讨论。伴随着"一带一路"倡议提出、中国崛起与中美战略竞争加剧等外部情境的出现,这些外部情境是否影响以及如何影响"一带一路"生产网络的形成与发展具有很大的研究价值。

第四,国际生产网络形成机制的研究方法不够前沿。在国际生产网络形成机制的实证研究中,多数文献使用引力模型、拓展的引力模型、传统计量经济学模型和空间计量模型等方法研究各因素对国际生产网络形成的影响。较少数使用社会网络分析方法的研究或者仅使用中心性分析、凝聚子群分析等传统社会网络分析方法探讨网络结构与节点特征,或者使用传统的QAP回归进行分析,而运用当前较为前沿的探究网络关系及其形成过程的网络分析方法（如TERGM模型和ERGM模型等）的研究依然缺乏。

有鉴于此，本书研究做了如下四个方面的改进工作：第一，在"一带一路"生产网络现状解析方面，本书从国际分工视角辨析了"一带一路"生产网络区别于其他国际生产网络的特征，并从"总体—国家"和"行业—国家"两个层级，以及整体、群体和个体三个层面，动态刻画"一带一路"生产网络的结构特征，拓展当前"一带一路"生产网络研究的层级；第二，在内生机制研究中，基于网络视角，从网络形成的自组织过程出发，创新性地提出"一带一路"生产网络形成具有互惠效应、扩张效应、传递闭合效应和时间依赖效应，弥补了国际生产网络研究仅对地理距离、互补效应等外生机制进行考察的研究"留白"；第三，在外生机制研究中，融合国际分工、社会网络、地缘经济等多学科领域研究成果，首次探究了"一带一路"新合作机制推动、中国影响力提升、中美战略竞争对"一带一路"生产网络形成的影响机理，拓展了"一带一路"生产网络形成的外生机制研究的理论框架；第四，在实证研究部分，首次将TERGM模型和ERGM模型引入"一带一路"生产网络的形成机制研究，实证研究过程较以往研究更为科学，且研究也拓展了TERGM模型和ERGM模型的应用范围。

第三章 理论分析框架

第一节 核心概念界定

1. "一带一路"沿线国家的界定和研究边界

2013 年 9 月及 10 月,习近平总书记先后提出建设"新丝绸之路经济带"以及"21 世纪海上丝绸之路"的倡议,即"一带一路"倡议。"一带一路"倡议旨在为"一带一路"沿线国家(简称沿线国家)提供跨国合作的平台,促进要素流动、市场融合、资源有效配置,推动更深层次的区域合作,在"一带一路"区域内实现贸易畅通、设施联通、政策沟通、资金融通与民心相通。

"一带一路"倡议一经提出便受到很多国家的支持,签署共建"一带一路"合作文件的国家数量与日俱增。在"一带一路"相关研究中,对于"一带一路"国家范畴的界定大致可分为两类:一类以签署共建"一带一路"合作文件的国家为样本[171-172],另一类则以集中于古丝绸之路沿线范围的国家为样本[173-174]。本书研究的"一带一路"生产网络体现的是一个区域空间的概念,因此,涉及的国家为地理范畴上的沿线分布国。参考当前学术界主流研究,如顾伟男等(2020)[150]、李小帆和蒋灵多(2020)[175]、焦美琪等(2021)[174]对沿线国家范畴的界定,本书的沿线国家由 65 个国家构成,具体包括东北亚 2 国、东南亚 11 国、中亚 5 国、西亚北非 19 国、南亚 8 国、中东欧 20 国。"一带一路"沿线国家及所在区域信息如表 3-1 所列。

表 3-1 "一带一路"沿线国家及所在区域

区 域	国 家
东北亚 (2 国)	蒙古、中国

续表

区　域	国　家
东南亚 （11国）	印度尼西亚、泰国、马来西亚、越南、新加坡、菲律宾、缅甸、柬埔寨、老挝、文莱、东帝汶
中亚 （5国）	哈萨克斯坦、乌兹别克斯坦、土库曼斯坦、吉尔吉斯斯坦、塔吉克斯坦
西亚北非 （19国）	沙特阿拉伯、阿联酋、阿曼、伊朗、土耳其、以色列、埃及、科威特、伊拉克、卡塔尔、约旦、黎巴嫩、巴林、也门、格鲁吉亚、阿塞拜疆、亚美尼亚、叙利亚、巴勒斯坦
南亚 （8国）	印度、巴基斯坦、孟加拉国、斯里兰卡、阿富汗、尼泊尔、马尔代夫、不丹
中东欧 （20国）	俄罗斯、波兰、罗马尼亚、捷克、斯洛伐克、保加利亚、匈牙利、拉脱维亚、立陶宛、斯洛文尼亚、爱沙尼亚、克罗地亚、阿尔巴尼亚、塞尔维亚、乌克兰、白俄罗斯、摩尔多瓦、北马其顿、波黑、黑山

2. "一带一路"生产网络的内涵

"一带一路"生产网络本质是一种国际生产网络。欧内斯特（Ernst）和博鲁（Borru）是最早提出国际生产网络概念的学者。Ernst以主导企业与其他相关企业间的关系为视角，在一系列的研究中指出国际生产网络不仅涵盖企业内与企业间的交易，也涵盖了一系列的协调形式。主导企业将生产环节拆分开来，并将不同生产环节安排在相对最有效率的国家或地区，国际生产网络便由此产生了[176-177]。Borru（1997）[178]从微观视角将国际生产网络界定为企业内部和企业间的一种关系，借由这种关系，企业组织开展包括研发、设计、生产、销售及售后服务等整个系列的商业活动。在Ernst和Borru之后，很多学者都从不同视角对生产网络的内涵加以界定。但是，当前关于国际生产网络的内涵尚且没有得出一个统一的结论。其他具有代表性的观点包括：Diken et al.（2010）[179]提出，国际生产网络由跨国公司主导，推动分工活动在更为广袤的地理空间层面展开的过程，在地理空间层面呈现为一种"非连续性"的地域空间经济结构。林桂军等（2012）[180]从国际分工视角指出，国际生产网络是指在生产分割的背景下，商品生产环节按价值链属性分割并安置于各个国家或地区，由各国或地区依照自己的比较优势从事各个生产环节的专业生产，并通过国际贸易形成多层次、网络状生产体系。与林桂军等学者的研究类似，最近几年研究国际生产网络、东亚生产网络、"一带一路"生产网络的国内研究大多数也是基于国际分工视角对生产网络的内涵进行界定[7,77,89,97]。

综合上述不同视角下提出的国际生产网络的概念,可以从宏观层面和微观层面对国际生产网络的内涵进行解读:微观层面,国际生产网络关注的是跨国公司主导下企业内与企业间的协作关系。宏观层面,国际生产网络关注的各国(地区)间以贸易和投资为纽带构建起来生产分工与合作关系。本书所研究的"一带一路"生产网络关注的是宏观层面沿线各国建立起来的生产分工与合作关系。具体来看,"一带一路"生产网络指的是在生产分割的背景下,商品生产环节按价值链属性分割并安置于"一带一路"沿线各个国家,由沿线各国依照自己的比较优势从事各个生产环节的专业生产,并通过国际贸易形成的多层次、网络状生产体系。

第二节　理论分析框架的构建逻辑与支撑理论

与东亚生产网络、北美生产网络和欧洲生产网络等成熟的国际生产网络相比,"一带一路"生产网络的构成主体为发展中国家,生产网络的纵深发展水平相对较低。另外,"一带一路"生产网络依托于中国提出的"一带一路"倡议,中国凭借经济实力及国际影响力吸引沿线国家加入其中,并强有力地推动了沿线国家间的生产分工与合作,这与东亚生产网络缺少主导国的情况存在极大的不同。但从国家、产业层面看,"一带一路"生产网络展现的是建立在比较优势、规模经济、交易成本降低等因素基础上的国际分工现象,比较优势理论、规模经济理论、新贸易理论、新新贸易理论和全球价值链理论都对这一现象具有很好的说服力,这与其他三大成熟生产网络并无二致。由于起步迟,沿线国家经济发展水平相对较低,"一带一路"生产网络包括产业间分工、产业内分工、产品内分工在内的国际分工水平(表2-1)以及价值链体系的构成与表现特征与其他生产网络存在差异。因此,解析"一带一路"生产网络区别于其他生产网络的分工特征及进一步研究的网络结构特征是本书研究的逻辑起点。

国际生产网络与空间、区位之间存在天然联系,空间结构理论、全球价值链理论、社会网络理论都表明国际生产网络的空间分布并不均匀。空间结构理论指出,投资者倾向于选择总成本最小的区位;区域空间结构发展存在极化效应,区域中心地区凭借先发优势,发展速度快于其他地区,地域空间组织结构逐渐形成"核心—边缘"状的不均衡结构。全球价值链理论的研究也表明,国际分工的地域分布趋向于碎片化和分散化,但是在特定空间范围内,产业群"扎堆"式集聚同样显著,形成"大区域离散,小地域集聚"的空间特征。社会网络理论也指出,从网络的空间组织与演化上看,网络分布并不均匀,可能存在内部关系紧密的小团体,即"凝聚子群"或"社团",也可能存在"富者越富,穷者越穷"的"马太效应"。各个节点网络中的地位不尽相同,有居于网络中心地位的节点,也有居于边缘的节点,还有占据"结构洞"位置扮演桥梁作用的节点。"一带一路"生产网络连接了欧亚大陆的东西两端,覆盖的地理区域有经济发展程度相对较高的欧洲及东亚地区,也有发展程度相对较低的中亚和非洲地区,各国经济发展水平、地理区位特征以及合作基础都存在很大的差异,因此,厘清"一带一路"生产网络的空间结构特征是本书研究的一个关键所在。

在进一步剖析"一带一路"生产网络形成机理的研究中,社会网络理论和地缘经济理论提供了有益的理论参考。社会网络理论指出,网络形成存在自组织效应,即网络关系可以通过自我组织形成某种网络模式,网络内既有的关系及关系结构会对网络关系的形成及消失造成影响。这一自组织过程与生产网络中各国的资源禀赋、政治关系、地理关系、经济状况等其他外生因素无关,仅仅来源于"一带一路"生产网络系统的内部过程。其暗含的思想是,生产网络中形成的关系之间并非相互独立、彼此无关,而是具有一定的相关性,这是宏观结构涌现的微观动力。在国际生产网络的研究文献中,有研究探讨资源禀赋、地理关系、经济状况等外生因素对国际生产网络形成与发展的影响,但尚未有文献将网络本身的自组织机制考虑在内,这为本书研究提供了可以发挥的空间。依据社会网络理论,有向网络的形成及演化中普遍存在互惠性、扩张性、传递闭合性、稳定性等自组织效应。类似于计量模型分析,抛开内生因素,直接分析外生因素对网络形成与发展的影响可能造成分析结果的偏误,因此,本书将网络形成的内生机制引入"一带一路"生产网络形成机制的分析,以更全面地揭示"一带一路"生产网络的形成机制。

自组织效应是网络形成的一般性原因,要剖析"一带一路"生产网络形成的独特影响机制需要将外生机制纳入其中。对于外生机制的剖析与实证,社会网络理论提供了网络分析的科学方法和研究框架,而国际分工理论、地缘经济理论则提供了有益的理论借鉴。在国际分工理论中,要素禀赋优势、区位优势、规模经济以及贸易自由化政策等因素被看作是国际生产网络形成和发展的重要原因。追求更高的经济利益是各国达成分工合作的原始驱动力，可以说要素禀赋差异带来要素价格的差异、规模经济以及经济利益的互补性等经济因素是国际生产网络形成的内在动力和出发点。但国际生产网络的形成绝非只受经济因素的影响，从多哈回合谈判以及 Fta 的发起到最终实现的重重艰辛历程就能看出，每一个双边或多边合作协议的出台，都是各种利益主体基于经济利益、地缘竞争与合作以及政策与制度考量下针锋相对、争夺利益、既对抗斗争又协调合作的产物。地缘经济理论指出，诸如国家为产业发展提供资金、引导投资与资本配置、规划产业布局、管控产品生产等任何国家对市场的干预行为都是一种地缘经济。卡尔罗·让、保罗·萨翁纳等意大利学者指出，国家才是地缘经济真正意义上的主体，而非跨国公司[61]。A. 涅克列萨把地缘经济与国家战略结合起来，并将地缘经济看作是经济活动的区域化[62]。在地缘经济时代，国家为产业发展提供资金、引导投资与资本配置、规划产业布局等对市场的干预行为如同战争中的"军火"，而其支持的产业升级、产品研发则如同"鸟枪换炮"。后金融危机时期，国家之间的博弈冲突较之从前更为激烈，尤其在崛起国与守成国之间的大国博弈中体现得更为淋漓尽致，近年来中美贸易摩擦频发正是这种地缘竞争的必然结果。"一带一路"倡议提出于中美战略竞争不断激化的时期，随着中美经济脱钩风险的加大，中国推动"一带一路"倡议、布局"一带一路"生产网络的态度可能会更加积极，这将很可能会影响沿线国家的合作策略。因此，全面剖析"一带一路"生产网络的形成机制需要在网络关系形成自组织机制的基础上，将沿线各国的互补关系、区位优势、经济发展条件、地理条件以及地缘经济等多方面因素考虑在内。鉴于此，基于国际分工、地缘经济、空间结构的经典理论及社会网络分析的科学方法，本书从"宏观—中观""现象—机理—检验"两条路径构建具有嵌套性与连续性特征的"一带一路"生产网络理论分析框架，具体如图 3-1 所示。

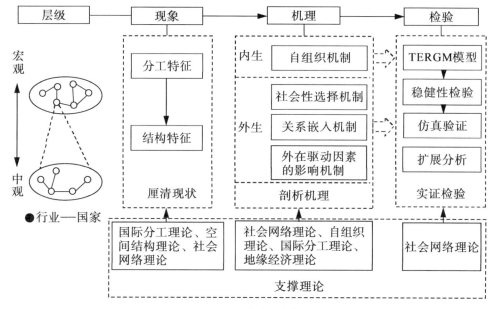

图 3-1 理论分析框架

第三节 理论分析框架的解析

根据上文构建的理论分析框架,本书主要基于国家—产业两个层级,对"一带一路"生产网络的结构特征及形成机制展开研究,核心内容包括以下三个部分:①"一带一路"生产网络形成的特征事实与网络结构特征;②"一带一路"生产网络的形成机理;③"一带一路"生产网络形成机制的实证检验。采取传统的国际分工核算指标、ADB 投入产出表中的增加值和价值链相关指标计算方法以及网络可视化、社团探测、核心—边缘模型、中心性分析、结构洞探测、影响力测算、TERGM 模型、ERGM 模型、网络仿真等社会网络分析方法逐层递进地解析"一带一路"生产网络形成的特征事实、网络结构特征及其形成机制。

1. 逻辑起点:"一带一路"生产网络分工特征与网络结构刻画

这一部分着重解决两方面的问题:第一,"一带一路"生产网络是否已经形成?若已形成,"一带一路"生产网络具有哪些区别于其他国际生产网络的特征?第二,"一带一路"生产网络具有怎样的结构特征?网络中主要沿线国家的地位及影响力如何变化?对于上述两方面问题的解决,本书首先从"一带一路"的全球化与区域化两个层面陈述了"一带一路"生产网络形成的特征事实。运用 UN Comtrade 数据库中的双边进出口数据，基于改进的 Balassa 系数、Grubel-Lloyd 指数和分类别的区域内中间品贸易情况，详细考察了"一带一路"区域内的产业间分工、产业内分工与产品内分工的具体情况。同时，对比东亚、欧洲和北美三大发展成熟的国际生产网络的国际分工情况，辨析"一带一路"生产网络区别于其他生产网络的特征。

进一步地，本书运用投入产出法，从价值链的角度考察了"一带一路"国际分工中的利益分配，并刻画出"一带一路"重点行业的典型跨国长产业链条，以此作为"一带一路"国际分工在行业层面上形成上下游关联的具体例证。国际生产网络交错密集地覆盖了许多条全球价值链、跨国供应链和产业链。其中，全球价值链侧重于反馈产品从概念设计、采购原材料及中间投入品、生产，到最终客户消费所有阶段的价值创造。供应链的内涵与价值链类似，但更关注生产行为，包含寻找、采购、转换和所有物流管理活动，以及与渠道合作伙伴的协调与合作。产业链以分工协作为基础，产业联系为纽带，反馈的是产业关联，即产业间的供给与需求关系。后三者的关系在于产业链是价值链的延伸，价值链是产业链的核心，产业链为供应链与需求链提供物质基础，供应链与需求链表现为产业链与价值链的操作模式。本书选取"一带一路"价值链体系和典型跨国产长产业链作为"一带一路"生产网络的具象化表现，运用 UIBE GVC Indicators 数据库中的双边增加值数据、全球价值链参与度描述了"一带一路"价值链体系的表现特征及变化趋势，并在辨明"一带一路"区域内价值创造最大的产业及国家的基础上，对关键国家的关键产业的国内增加值（DVA）来源及去向进行追踪，进而绘制出"一带一路"区域内的主要跨国长产业链。这一部分的具体分析框架如图 3-2 所示。

在明晰了"一带一路"生产网络形成的特征事实的基础上，本书运用社会网络分析方法从"总体—国家"和"行业—国家"两个层级对"一带一路"生产网络进行量化模拟（图 3-3）。宏观层面构建了总体增加值出口网络，以此刻画"一带一路"生产网络中沿线国家通过国内生产创造的价值流转情况。中观层面构建了行业层面的增加值出口网络，以此刻画沿线国家不同类别行业以及"一带一路"区域内的代表性行业国内生产创造的价值流转情况。

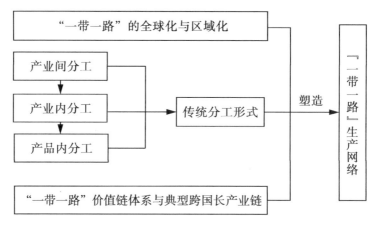

图 3-2　国际分工与"一带一路"生产网络

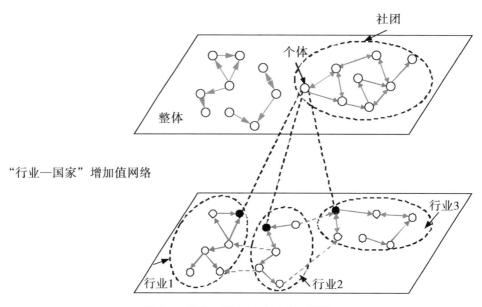

图 3-3　总体—行业双层级关系描述

在运用社会网络分析方法从"总体—国家"和"行业—国家"两个层级构建"一带一路"生产网络量化模拟网络的基础上,分别基于整体层面、群体层面和个体层面对"一带一路"生产网络的结构特征进行再刻画。在整体层面的结构特征研究基础上,首先,运用出度、出强度、平均路径、直径、互惠性等指标描述了网络规模演化及联通特征。进一步地,运用密度分析、派系和 K—核等分析方法对网络的密度和凝聚力进行分析;在群体层面的结构特征研究上,首先运用聚类系数辨明沿线国家在"一带一路"生产网络中具有聚类倾向,再通过模块度和标准化互信息(NMI)指标确定社团划分质量高及成员构成具有一定稳定性的基础上,运用 Louvain 算法对"一带一路"生产网络总体层面及行业层面的社团情况进行探测与分析;在个体层面的结构特征研究上,运用核心—边缘模型、中心性分析、结构洞分析及 Hubbel 影响力分析等方法具体分析了主要沿线国家在生产网络中的地位及影响力变化。这一部分的具体分析框架如图 3-4 所示。

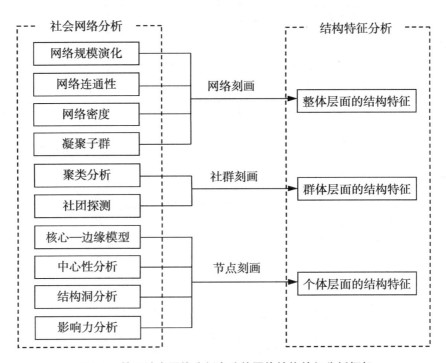

图 3-4 基于社会网络分析方法的网络结构特征分析框架

2. 探寻原理:"一带一路"生产网络的形成机理

根据社会网络理的观点,网络中关系的形成与演化不是一种单一的过程,而是在多种社会过程(Social Process)一起作用下产生的结果[181]。网络关系的形成一方面可以由网络系统内部的自组织机制做出解释,另一方面,网络中行动者对于构建关系的偏好以及外部环境因素也会对网络关系的形成产生重要影响[159,164]。前者被视作网络关系形成的内生机制,后者则被视作网络关系形成的外生机制。以社会网络理论、国际分工理论、地缘经济理论以及自组织理论为指导,这一部分从"一带一路"生产网络形成的内、外生机制两个方面展开分析。其中,"一带一路"生产网络形成的内生机制主要由自组织机制做出解释,外生机制则主要从社会性选择机制、关系嵌入机制和外在驱动因素的影响机制三个方面展开深入分析。分析框架如图3-5所示:

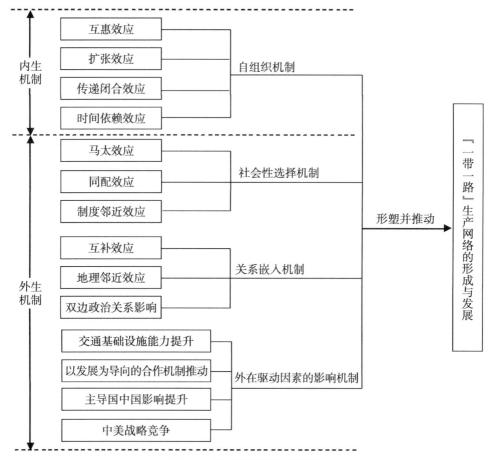

图3-5 形成机制的分析框架

破解"一带一路"生产网络形成机理,既要兼顾国际生产网络形成的一般性影响要素,又要识别区别于其他国际生产网络的影响要素并分析其作用机制。在一般性影响要素的识别上,本书首先依托社会网络理论,对网络形成的自组织过程进行剖析。(普里戈金,2019)[182]在耗散结构理论中第一次提到了"自组织"的概念,并将其解释为系统在不受外界特定干预的前提下,自发地从无序走向有序的过程。在社会网络理论中,网络形成的自组织过程主要指网络关系可以通过自我组织形成某种网络模式,网络内既有的关系及关系结构会对网络关系的形成及消失造成影响,其实质可看作是一种内生效应[163]。因此,"一带一路"生产网络形成的自组织过程即为"一带一路"生产网络形成的内生机制。这一自组织过程与沿线各国的资源禀赋、政治关系、地理关系、经济状况等其他外生因素无关,仅仅来源于"一带一路"生产网络系统的内部过程。其暗含的思想是,生产网络中形成的关系之间并非相互独立、彼此无关,而是具有一定的相关性,这是宏观结构涌现的微观动力[159,183]。在社会网络理论中,网络的自组织过程由网络的纯结构效应做出衡量,网络的纯结构效应具体又包括扩张性、闭合性、互惠性等几个方面[159]。结合社会网络理论的研究成果,本书从互惠效应、扩张效应、传递闭合效应和时间依赖效应四个方面对"一带一路"生产网络形成的自组织机制展开分析。

在社会网络理论中,网络中行动者对于构建关系的偏好以及外部环境因素被视作网络关系形成的外生机制,其考察的是网络关系自身以外的节点属性以及其他关系网络对网络关系形成的影响[159,164]。以社会网络理论为指导,本文进一步从社会选择机制、关系嵌入机制和外在驱动因素的影响机制三个方面对"一带一路"生产网络形成的外生机制进行考核。社会性选择机制衡量了网络中行动者对于构建关系的偏好。参考许和连等(2015)[160]、Wu et al.(2020)[184]以及唐晓彬和崔茂生(2020)[130]的研究,本文主要考察同质性、马太效应、制度邻近性对沿线国家选择合作国家构建生产分工与合作关系的影响。社会网络理论指出,在网络的形成和演化过程中,以外生关系网络为代表的外部环境因素也会对其产生重要影响。例如,在国际贸易网络中,各国在经济、地理、政治关系层面都存在关联关系,由此构成的经济、地理、政治关系网络相对于贸易网络来说是外生因素,这些外生关系网络会对国际贸易网络的形成与演化产生切实影响[160]。本文认为,对于作用于"一带一路"生产网络形成和发展的外生关系网络主要包括地理关系网络、互补关系网络和双边政治关系网络三类,其产生的影响主要为地理邻近效应、互补效应和双边政治关系影响。除了受到自组织效应、社会性选择行为效应、外生关系网络等一般性因素的影响外,"一带一路"生产网络的形成还受到有别于其他国际生产网络的驱动要素的影响。结合"一带一路"生产网络的具体情况,依托地缘经济理论,本文主要从"一带一路"交通基础设施联通能力提升、"一带一路"倡议以发展为导向的新合作机制推动、中国影响力提升、中美战略竞争四个方面论证了独特的外生驱动因素对"一带一路"生产网络形成与发展的影响机制。

3. 实证检验:"一带一路"生产网络形成机制的实证检验

这一部分着重解决以下三方面的问题:第一,"一带一路"生产网络形成的内生机制和外生机制如何发生作用?第二,在总体增加值层面和分行业增加值层面,网络形成的内生机制和外生机制是否存在显著不同?第三,各类驱动、影响"一带一路"生产网络形成的要素在"一带一路"倡议提出前后的作用力大小是否存在显著差异?对于上述问题的解决,离不开得力的分析工具。本文主要选择指数随机图模型(ERGM)以及时间指数随机图模型(TERGM)进行实证分析,选择依据在于:ERGM 模型以及在此基础上进一步研发的 TERGM 模型是目前国内外学者在社会网络分析中新兴发展和推广的关系数据计量模型[159]。指数随机图模型不同于传统的计量模型(如 Logistic 模型等),它更强调网络中关系与关系之间的依赖性,即一条关系出现的概率决定于其他关系是否出现。而且,指数随机图模型同时考虑多个层次的网络结构变量来探究网络结构及其形成过程,因此被认为是对社会网络科学相关理论进行实证分析最为有效的工具之一[49]。

在明确研究工具的基础上,首先,运用 TERGM 模型从总体层面和行业层面分别对"一带一路"生产网络形成的内生机制和外生机制进行实证分析,并采用 GOF 检验方法对模型拟合优度做出判断。之后,将模型的估计方法从最大伪似然估计(MPLE)变换为马尔可夫链蒙特卡罗极大似然估计法(MCMA MLE),并变换"一带一路"生产网络衡量变量为双边中间品出口,以考察模型实证结果的稳健性。进一步地,以涵盖了内、外生机制所有衡量变量的综合模型的拟合结果作为基础,模拟生成"一带一路"生产网络仿真网络,并校验了仿真网络的结构指标与现实网络的偏差。最后,围绕"一带一路"倡议提出前后 5 个时间截面来构建 ERGM 模型,探讨"一带一路"倡议提出前后,"一带一路"生产网络形成机制构成要素作用力的动态变化。

第四节 本章小节

本章首先界定了"一带一路"沿线国家的研究边界和"一带一路"生产网络的内涵。之后,依托国际分工、地缘经济、空间结构的经典理论及社会网络分析的科学方法,从"宏观—中观""现象—机理—检验"两条路径构建具有嵌套性与连续性特征的"一带一路"生产网络理论分析框架,并按照"逻辑起点—探寻原理—实证检验"的思路确定了本文研究的三个核心内容,即"一带一路"生产网络形成的特征事实与网络结构特征;"一带一路"生产网络的形成机理;"一带一路"生产网络形成机制的实证检验。进一步地,就上述三个核心内容的关键问题、研究思路、方法选择做了详细的解析。

第四章 "一带一路"生产网络形成的特征事实

本章首先从"一带一路"的全球化与区域化两个层面陈述了"一带一路"生产网络形成的特征事实。之后,详细考察了"一带一路"区域内的产业间分工、产业内分工与产品内分工的具体情况,并辨析了其与东亚、欧洲和北美三大发展成熟的国际生产网络的差异化特征。其次,运用投入产出法从价值链的角度考察了"一带一路"国际分工中的利益分配。最后,选取"一带一路"区域内价值创造最高的三个细分行业,刻画出"一带一路"重点行业的典型跨国长产业链条,以此作为"一带一路"国际分工在行业层面上形成上下游关联的具体例证。

第一节 "一带一路"的全球化与区域化

1. "一带一路"在世界市场所占比重增加:全球化

(1)"一带一路"的出口贸易

近20年来,"一带一路"地区的出口贸易迅速发展,在全球出口贸易中所占比例不断提高。2000年,"一带一路"沿线国家①的货物实际出口总额为10725.81亿美元,这一数值在2020年迅速提升至39368.40亿美元,增长速度为同期全球货物出口总额增速的2.12倍。"一带一路"地区货物出口的贸易总额占全球出口总额的比例也由2000年的22.59%提升至2020年的44.46%。"一带一路"地区生产的商品在世界市场所占比重持续上升,已经成为影响世界市场的一股重要力量(图4-1)。

---

① 选取"一带一路"沿线65个国家作为"一带一路"分析样本,具体国家如表3-1中所列。

第四章 "一带一路"生产网络形成的特征事实 | 45

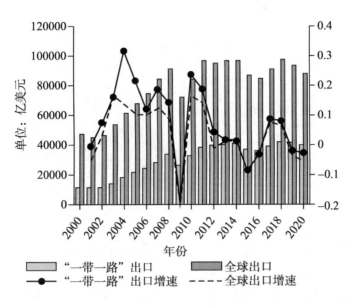

图4-1 "一带一路"实际货物出口额变化(2000—2020)

注:对联合国商品贸易数据库中的贸易数据进行不变价处理(以2000年为基期)后计算得到。个别国家存在数据缺失的情况,缺失的出口数据采用其他国家当年从该国进口的贸易额替代。

(2)"一带一路"的进口贸易

"一带一路"地区的进口贸易总额略低于出口贸易,但近20年来,"一带一路"地区的进口贸易增长迅速,在全球进口贸易中所占比例不断提高。2000年,"一带一路"沿线国家的实际货物进口总额为10110.78亿美元,这一数值在2020年迅速提升至35843.04亿美元,增长速度为同期全球实际货物进口总额增速的2.15倍,提升速度甚至略快于出口贸易。"一带一路"地区货物进口的贸易总额占全球进口总额的比例也由2000年的20.16%快速提升至2020年的39.22%(图4-2)。随着"一带一路"沿线国家经济实力的不断提升,"一带一路"庞大的市场需求逐渐被开发出来,"一带一路"市场已逐渐成为全球最具变化活力与吸引力的新兴市场之一。

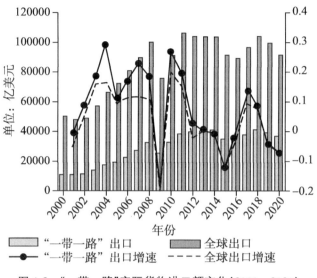

图 4-2 "一带一路"实际货物进口额变化(2000—2020)

数据来源:对联合国商品贸易数据库中的贸易数据进行不变价处理(以 2000 年为基期)后计算得到。个别国家存在数据缺失的情况,缺失的进口数据采用其他国家当年向该国出口的贸易额替代。

2. "一带一路"区域内贸易迅速增长:区域化

随着"一带一路"地区在全球贸易中的地位和影响力不断提升,"一带一路"沿线国家之间的贸易关系也随之深化,呈现出明显的区域化发展的趋势(表 4-1)。2020 年,在全球贸易遭受新型冠状病毒感染重创的背景下,"一带一路"65 个样本国家来自区域内的实际贸易总额仍然达到了 32775.28 亿美元,较 2000 年提高了 431.90%。作为对比,2020 年,东亚生产网络来自区域内的实际贸易总额为 27370.81 亿美元,较 2000 年提高了 128.87%;同一时期,欧洲生产网络和北美生产网络来自区域内的实际贸易总额分别为 40302.46 与 11907.29 亿美元,较 2000 年分别提高了 52.11% 与 3.31%。从数值上看,2000 年"一带一路"区域内实际贸易总额仅达到东亚、北美生产网络区域内贸易总额的一半左右,甚至达不到欧洲生产网络区域内贸易总额的四分之一。而到 2020 年,"一带一路"区域内实际贸易总额远超东亚、北美生产网络,与欧洲生产网络区域内贸易总额的差距由相差四分之三以上缩小到相差不到五分之一。从增长速度上看,"一带一路"区域内贸易的增长速度远超东亚、北美和欧洲三大国际上发展较为成熟生产网络,这也在一定程度上展现出"一带一路"生产网络蓬勃发展的生命力。

表 4-1 四大国际生产网络区域内实际贸易额变化(2000—2020)(亿美元)

国际生产网络	2000	2010	2013	2020	20年增幅(%)
"一带一路"生产网络	6161.95	25448.35	33348.92	32775.28	431.90
东亚生产网络	11959.03	26963.67	31032.52	27370.81	128.87
欧洲生产网络	26494.79	41834.38	43899.73	40302.46	52.11
北美生产网络	11525.30	12532.82	14237.35	11907.29	3.31

注:对联合国商品贸易数据库中的双边贸易数据进行不变价处理(以2000年为基期)后计算得到。个别国家存在数据缺失的情况,缺失的出口数据采用其他国家当年从该国进口的贸易额替代,缺失的进口数据采用其他国家当年向该国出口的贸易额替代。

图4-3展示了四大国际生产网络区域内实际贸易额占比的变化情况。2000年,"一带一路"来自区域内的实际贸易额占其全球贸易总额的29.57%,比例远低于欧洲(64.11%)、东亚(47.77%)和北美(47.19%)。此后的20年间,"一带一路"区域内贸易占比迅速提升。发展至2020年,"一带一路"来自区域内的实际贸易占比提升至43.58%,数值虽仍低于欧洲(61.71%),但已达到了与东亚(45.70%)相近的水平,甚至一举超过了北美(39.12%)。这意味着"一带一路"地区的联系在过去20年间变得更加紧密,"一带一路"沿线国家的贸易趋向于向区域内的市场倾斜,"一带一路"区域化发展特征日趋明显。

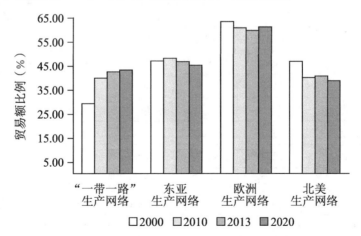

图4-3 四大国际生产网络区域内实际贸易额占比变化(2000—2020)
注:个别国家存在数据缺失的情况,缺失的进口数据采用其他国家当年向该国出口的贸易额替代。

就"一带一路"沿线国家区域内实际贸易额变化情况(表4-2)来看,叙利亚受累于战争、西方国家制裁及恐怖分子破坏等多层原因,致使其区域内实际贸易额呈现负增长态势。除叙利亚外,"一带一路"其他国家的区域内贸易额在过去20年间提升迅速。柬埔寨、哈萨克斯坦、越南、中国、蒙古、阿富汗、阿联酋等国提升最多,其中,柬埔寨、哈萨克斯坦、越南、中国等国区域内实际贸易额的增长幅度更是达到了10倍以上的超高增幅。另外,近20年间,除北马其顿和马尔代夫两国区域贸易增速小于其全球贸易增速,其余国家区域内贸易额占该国对外贸易总额的比重都显著提升,说明"一带一路"各国对外贸易发展迅速,并且具有向区域内市场转移的明显倾向。

表4-2 "一带一路"沿线国家区域内实际贸易额变化(2000—2020)(亿美元)

"一带一路"沿线国家	2000	2010	2013	2020	20年增幅(%)
阿尔巴尼亚	2.21	15.44	15.35	14.23	543.91
阿富汗	4.82	50.10	65.73	48.66	909.68
阿联酋	140.55	886.94	1001.34	1279.48	810.36
阿曼	74.55	202.84	165.79	275.34	269.35
阿塞拜疆	10.16	93.42	114.72	90.51	791.22
埃及	49.96	228.96	275.10	278.56	457.54
爱沙尼亚	19.66	65.61	99.35	78.16	297.50
巴基斯坦	87.13	212.02	247.59	229.52	163.42
巴勒斯坦	20.47	26.08	33.62	38.28	86.96
巴林	15.88	53.59	149.60	78.66	395.20
白俄罗斯	111.53	307.41	394.86	303.61	172.23
保加利亚	23.76	150.95	195.23	188.95	695.09
北马其顿	12.47	33.89	32.81	39.60	217.71
波黑	12.26	58.39	61.10	55.27	350.92
波兰	177.34	795.75	998.11	1089.83	514.55
不丹	0.27	7.78	2.17	4.93	1751.06
东帝汶	0.39	6.12	2.27	3.40	778.05
俄罗斯	387.29	1448.08	2196.44	1705.63	340.40
菲律宾	175.93	273.30	329.41	444.45	152.63

续表

"一带一路"沿线国家	2000	2010	2013	2020	20年增幅(%)
格鲁吉亚	5.63	27.06	43.52	48.47	761.24
哈萨克斯坦	17.67	295.51	493.32	336.49	1804.36
黑山	—	11.52	13.53	11.39	—
吉尔吉斯斯坦	6.05	21.28	34.50	22.04	264.29
柬埔寨	6.13	27.27	45.03	127.53	1979.23
捷克	140.04	652.32	764.03	851.39	507.97
卡塔尔	31.55	226.85	363.75	122.26	287.51
科威特	58.05	102.72	137.93	121.24	108.86
克罗地亚	22.26	99.75	105.57	126.68	469.19
拉脱维亚	15.53	75.22	105.34	109.01	601.83
老挝	6.37	20.50	31.97	55.82	775.90
黎巴嫩	17.26	62.51	69.80	34.65	100.80
立陶宛	34.85	173.43	246.10	202.61	481.41
罗马尼亚	57.00	308.16	343.93	399.25	600.39
马尔代夫	2.78	5.46	7.86	6.97	150.34
马来西亚	567.33	1249.70	1408.67	1342.34	136.61
蒙古	5.66	36.89	48.55	58.01	925.53
孟加拉国	36.82	155.25	176.79	266.68	624.24
缅甸	24.78	59.57	116.65	155.67	528.13
摩尔多瓦	7.21	26.06	33.31	32.27	347.60
尼泊尔	8.65	34.88	39.33	48.45	460.20
塞尔维亚	—	107.46	131.24	153.58	—
塞尔维亚和黑山	19.60	—	—	—	—
沙特阿拉伯	90.01	488.56	729.02	636.12	606.74
斯里兰卡	34.52	75.05	97.45	86.90	151.74
斯洛伐克	88.03	384.02	494.89	426.76	384.77
斯洛文尼亚	43.75	124.79	134.68	158.64	262.59
塔吉克斯坦	9.36	26.44	33.07	20.83	122.47

续表

"一带一路"沿线国家	2000	2010	2013	2020	20年增幅(%)
泰国	394.19	1261.12	1634.81	1382.28	250.67
土耳其	174.80	798.51	1123.56	993.54	468.39
土库曼斯坦	28.96	42.65	126.31	64.77	123.64
文莱	16.12	27.81	41.34	39.34	144.06
乌克兰	138.95	593.43	675.26	406.85	192.80
乌兹别克斯坦	21.41	72.33	101.47	144.59	575.22
新加坡	929.27	1962.12	2304.43	1854.96	99.61
匈牙利	106.05	470.65	521.14	534.31	403.83
叙利亚	58.92	105.03	41.02	29.20	−50.44
亚美尼亚	4.57	21.59	24.86	32.15	603.04
也门	30.61	66.56	70.95	59.63	94.82
伊拉克	9.35	1.21	2.49	531.79	5588.47
伊朗	63.43	379.09	429.04	194.26	206.25
以色列	52.43	182.44	211.06	184.13	251.18
印度	243.35	2000.51	2676.32	1962.30	706.36
印度尼西亚	270.01	989.38	1236.06	1091.46	304.23
约旦	28.23	102.16	116.85	85.24	201.93
越南	93.06	463.42	777.54	1451.45	1459.77
中国	814.73	6113.46	8603.99	9523.90	1068.97

注:对联合国商品贸易数据库中的双边贸易数据进行不变价处理(以2000年为基期)后计算得到。个别国家存在数据缺失的情况,缺失的出口数据采用其他国家当年从该国进口的贸易额替代,缺失的进口数据采用其他国家当年向该国出口的贸易额替代。

3. "一带一路"区域内跨国投资迅速增长:区域化

在国际生产网络的形成与发展过程中,FDI扮演着重要角色。FDI既有利于投资国提高其在国际生产网络中的参与度,也有利于推动生产分工向"任务式"的产品内分工转变,使各国依据其要素禀赋和相对优势嵌入国际生产网络,实现产品生产各个环节在国际生产网络范畴内的重新布局[185-186]。经国际货币基金组织 CDIS 数据库(Coordinated Direct Investment Survey)的双边 FDI 统计数据计算得到,2009 至 2020 年间,"一带一路"样本国家①获得的来自区域内的剔除通货膨胀影响的实际 FDI 存量大幅增加,蒙古、孟加拉国、匈牙利、尼泊尔、吉尔吉斯斯坦、俄罗斯、以色列等国来自区域内的实际 FDI 存量较 2009 年增加了 3 倍以上(表 4-3)。

表 4-3 "一带一路"主要国家来源于区域内的实际 FDI 存量(亿美元)

资金流入国	2009	2013	2017	2020	资金流入国	2009	2013	2017	2020
新加坡	580.79	965.44	1159.78	1270.11	格鲁吉亚	16.76	24.77	49.70	50.09
中国	500.02	882.32	878.15	1116.12	菲律宾	13.13	55.29	31.79	28.17
印度尼西亚	288.73	493.69	595.22	608.26	巴基斯坦	19.94	26	41.32	36.99
泰国	157.77	269.10	314.24	448.77	波兰	20.35	21.90	38.16	44.10
马来西亚	114.41	183.30	235.33	296.92	波黑	31.34	32.44	30.83	31.49
土耳其	49.83	104.85	159.53	216.94	拉脱维亚	24.24	21.11	37.05	47.65
俄罗斯	57.63	81.90	251.74	135.76	以色列	5.87	19.70	45.43	24.73
巴林	92.09	147.13	109.20	133.18	匈牙利	16.09	10.75	15.10	86.93
哈萨克斯坦	32.39	71.69	111.88	89.46	立陶宛	11.28	9.18	27.63	41.85
捷克	42.56	57.85	79.02	102.89	孟加拉国	5.43	15.33	23.56	33.05
白俄罗斯	44.07	83.60	87.80	42.57	爱沙尼亚	8.73	18.89	23.64	30.73
斯洛伐克	50.07	67.58	79.07	82.78	亚美尼亚	17.80	20.10	11.49	11.06
柬埔寨	20.32	44.92	71.03	111.87	科威特	15.70	11.96	12.24	11.38
保加利亚	44.14	52.80	52.16	64.60	吉尔吉斯斯坦	3.55	9.10	20.74	17.12
克罗地亚	39.55	46.89	43.89	46.91	斯洛文尼亚	6.18	8.98	14.48	21.25
阿塞拜疆	16.18	26.09	63.85	65.10	北马其顿	12.73	13.64	11.14	13.56
蒙古	0.52	42.10	45.89	47.44	摩尔多瓦	7.46	8.49	8.46	11.15

① 注:选取 CDIS 数据库 2009 至 2020 年间双边 FDI 数据齐全的"一带一路"沿线 38 个国家作为此处的分析样本。38 个国家分别为:蒙古、孟加拉国、匈牙利、尼泊尔、吉尔吉斯斯坦、俄罗斯、以色列、阿塞拜疆、立陶宛、爱沙尼亚、柬埔寨、哈萨克斯坦、斯洛文尼亚、土耳其、格鲁吉亚、波兰、菲律宾、印度尼西亚、马来西亚、新加坡、白俄罗斯、泰国、拉脱维亚、不丹、捷克、巴基斯坦、中国、斯洛伐克、摩尔多瓦、罗马尼亚、巴林、保加利亚、克罗地亚、北马其顿、波黑、科威特、亚美尼亚、乌克兰。

续表

资金流入国	2009	2013	2017	2020	资金流入国	2009	2013	2017	2020
乌克兰	47.10	58.29	28.25	31.68	尼泊尔	1.32	1.71	4.39	6.56
罗马尼亚	30.58	33.16	40.23	62.16	不丹	0.15	0.54	0.50	0.29

注：对国际货币基金组织 CDIS 数据库中的投资数据进行不变价处理（以 2000 年为基期）后计算得到。

本文进一步考察了东亚、欧洲和北美三大发展成熟的国际生产网络区域内实际 FDI 的变化情况。表 4-4 显示，2010—2020 年间，"一带一路"来自区域内的实际 FDI 快速增长，年平均增速高达 9.85%，高于其他三大国际生产网络及全球实际 FDI 的增长速度。来自区域内的 FDI 快速增长，为"一带一路"区域内各国生产分工与合作向纵深化发展提供了极大的支持。

表 4-4　四大国际生产网络来自区域内的实际 FDI 存量增长率（2010—2020）（%）

年份	"一带一路"生产网络	东亚生产网络	欧洲生产网络	北美生产网络	全球
2010	30.82	25.40	−1.91	11.43	12.20
2011	10.88	14.26	1.62	−3.22	6.39
2012	11.66	8.45	4.33	7.63	9.94
2013	10.77	11.25	7.66	5.23	7.24
2014	−4.54	1.26	1.87	4.24	1.87
2015	6.31	7.22	−4.17	−1.30	2.61
2016	8.94	0.03	−1.47	5.04	4.42
2017	14.28	8.86	19.27	13.26	13.86
2018	−0.46	7.82	−4.88	2.79	−1.02
2019	9.10	4.13	−0.34	8.62	3.88
2020	10.60	16.17	5.09	1.46	5.70
平均增长率	9.85	9.53	2.46	5.02	6.10

第二节 "一带一路"跨国分工的表现特征与变化趋势

1. "一带一路"产业间分工的特征及变化

产业间分工是指国际分工行为在不同要素密集型产业部门之间展开[187]。二战之前的国际分工模式基本都是产业间分工,具体表现为亚洲、非洲、拉丁美洲的发展中国家主要提供矿产、资源和原料等初级产品,而美国、欧洲的发达国家则专门进行工业制成品的生产,并将工业制成品出口至其他国家。二战后,科技进步推动着产业间分工开始向产业内分工转变,但产业间分工并未完全被产业内分工取代,全球国际分工呈现出产业间分工和产业内分工共存的情景[188-189]。那么,"一带一路"区域的产业间分工处于何种水平?与东亚、欧洲和北美地区的产业间分工是否有本质的区别?本节围绕上述两个问题,就"一带一路"区域内的产业间分工情况展开分析。

(1) 行业分类及产业间分工的度量方法

① 行业分类说明。

参考拉尔(Lall,2000)[190]及陈俊营和方俊智(2020)[71]的研究,本文主要从要素密集和技术密集两个维度对行业进行分类。将 HS 两位数编码下的 97 种商品分为四大类:资源密集型产品、资本密集型产品、技术密集型产品和劳动密集型产品,将生产这些产品的行业依次界定为资源密集型行业、资本密集型行业、技术密集型行业和劳动密集型行业。进一步地,将技术密集型行业和劳动密集型行业划分为高技术密集型行业、中高技术密集型行业、高劳动密集型行业和中高劳动密集型行业四类,具体划分结果如表 4-5 所列。

表 4-5 产业类别及对应的 HS2 商品名称及编码

产业类型	HS2 商品名称及编码
资源密集型 (15 类)	活动物(1);肉及食用杂碎(2);鱼、甲壳动物及水生无脊椎动物(3);乳品、蛋品等食用动物产品(4);其他动物产品(5);活树及其他活植物(6);食用蔬菜、根及块茎(7);食用水果及坚果(8);咖啡、茶(9);谷物(10);虫胶、树胶、树脂(13);饮料、酒(22);矿砂、矿渣及矿灰(26);煤、石油、天然气(27);纸浆(47)

续表

产业类型		HS2 商品名称及编码
资本密集型 (10 类)		烟草及其制品(24);纸制品(48);钢铁板、条、丝(72);钢铁制品(73);铜制品(74);镍制品(75);铝制品(76);铅制品(78);锌制品(79);锡制品(80)
技术密集型	高技术密集型 (7 类)	药品(30);电气电子产品(85);铁道(86);航空器(88);船舶(89);光学、计量、医疗等精密仪器(90);钟表(91)
	中高技术密集型 (15 类)	无机化学品(28);有机化合物(29);肥料(31);颜料(32);化妆品(33);活性剂(34);蛋白质物质(35);易燃制品(36);照相、电影制品(37);杂项化工品(38);化学纤维长丝织物(54);化学纤维短丝织物(55);非电气的机器、机械设备(84);车辆机器零件(87);武器(93)
劳动密集型	高劳动密集型 (32 类)	编结用植物材料(14);石灰及水泥(25);皮革制品(41);旅行用品、手提包(42);毛皮、人造皮制品(43);木制品(44);软木制品(45);编结材料制品(46);蚕丝织物(50);动物毛织物(51);棉花织物(52);植物纺织纤维(53);絮胎、毡呢织物(56);地毯及纺织材料(57);特种机织物(58);工业用纺织品(59);针织物(60);针织服饰(61);非针织服饰(62);其他纺织制成品(63);各种鞋靴(64);各种帽类(65);伞、杖、鞭及其零件(66);羽毛制品(67);石料和石膏(68);陶瓷制品(69);玻璃制品(70);天然宝石制品(71);贱金属制品(81);贱金属工具(82);贱金属杂项(83);家具制品(94)
	中高劳动密集型产品 (17 类)	淀粉等产品(11);饲料(12);动植物油(15);动物原料加工食品(16);糖(17);可可制品(18);谷物、粮食制品(19);植物原料加工食品(20);其他杂项食品(21);配制的动物饲料(23);塑料制品(39);橡胶制品(40);印刷品(49);乐器(92);玩具、运动品(95);办公用品(96);艺术品(97)

②产业间分工的度量方法。

本文选用改进的 Balassa 系数(BC_i)对"一带一路"各国及四大区域的产业间分工情况进行定量度量。Balassa 系数(B_i)是衡量产业间分工程度的常用指标[191],其计算公式如下所示:

$$B_i = \frac{1}{n} \sum_{j=1}^{n} \frac{|X_{ij} - M_{ij}|}{X_{ij} + M_{ij}} \tag{4-1}$$

上式中,X_{ij} 表示目标国家 i 对区域内其他国家出口的 j 行业产品的贸易总额，M_{ij} 表示目标国家 i 从区域内其他国家进口的 j 行业产品的贸易总额。B_i 表示国家 i 的产业间贸易水平，该指标的取值介于 0 和 1 之间，取值越大，则表明国家 i 在区域内的产业间分工程度越高。当其取值为 1 时，表示国家 i 与区域内其他国家之间的分工模式为纯粹的产业间分工。Balassa 系数忽视了不同行业贸易规模的差异，本文将各行业贸易额的倒数设定为权重，对各行业出口额与进口额之差的绝对值进行加权求和，得到改进后的 Balassa 系数（BC_i），具体计算公式如下所示：

$$BC_i = \frac{\sum_{j=1}^{n} |X_{ij} - M_{ij}|}{\sum_{j=1}^{n} (X_{ij} + M_{ij})} \tag{4-2}$$

BC_i 的取值介于 0 和 1 之间，取值越大，表明国家 i 在区域内的产业间分工程度越高。当取值为 1 时，表示国家 i 与区域内其他国家的分工模式为纯粹的产业间分工。

(2) 区域产业结构整体演进趋势分析

表 4-6 计算了四大区域各产业的区域内实际贸易额及贸易占比，计算结果显示，近 20 年来，"一带一路"区域内商品贸易结构具有明显的阶段性特征及地域特征。6 种细分产业类型中，商品贸易结构变化最明显的莫过于资源密集型产业和高技术密集型产业。资源密集型产业贸易占比大幅下降，尤其在"一带一路"倡议提出的 2013 年至 2020 年间下降幅度较为明显，区域内贸易占比从 2013 年的 28.75% 快速下跌至 2020 年的 20.75%，降幅超过了东亚地区（欧洲和北美地区资源密集型产业区域内贸易占比略有上升）。和资源密集型产业贸易占比大幅下降不同的是，高技术密集型产业贸易占比呈现大幅上升的趋势，尤其在"一带一路"倡议提出的 2013 年后提升幅度尤为明显，区域内贸易占比从 2013 年的 18.48% 快速提升至 2020 年的 24.20%。尽管东亚、欧洲和北美各国也将大力发展高科技产业作为提升国家竞争力的重要发展路径，东亚、欧洲和北美高科技产业区域内贸易占比从 2013 年的 39.69%、18.47%、16.59% 分别提升至 2020 年的 45.22%、21.11%、17.74%，但提升幅度还是小于"一带一路"区域。资源密集型产业和高技术密集型产业区域内贸易占比的一升一降表明"一带一路"区域内出口产业正在步入良性发展阶段，尤其是"一带一路"倡议提出至今，"一带一路"区域内产业结构快速向高级化转变。

表 4-6 各产业区域内实际贸易额及贸易占比(2000—2020)(亿美元,%)

产业分类与年份		"一带一路"生产网络		东亚生产网络		欧洲生产网络		北美生产网络	
		实际贸易额	占比	实际贸易额	占比	实际贸易额	占比	实际贸易额	占比
资源密集型	2000	1832.30	27.41	1219.80	9.83	3136.73	10.55	1600.02	12.32
	2010	7687.25	27.40	2960.47	10.36	6610.20	13.90	3084.55	21.69
	2013	10470.06	28.75	3801.10	11.57	8025.13	16.00	3793.90	23.17
	2020	7258.68	20.75	2082.67	7.38	5118.93	11.40	2380.94	17.75
资本密集型	2000	685.36	10.25	868.38	7.00	3122.98	10.51	1053.10	8.11
	2010	2644.03	9.42	2091.71	7.32	5446.94	11.46	1168.89	8.22
	2013	3141.66	8.63	2124.84	6.46	5297.88	10.56	1206.46	7.37
	2020	3153.47	9.02	1735.54	6.15	4304.26	9.59	943.03	7.03
高技术密集型	2000	1323.98	19.81	4401.79	35.47	5490.65	18.47	2929.38	22.56
	2010	5367.20	19.13	11292.17	39.50	9583.89	20.16	2583.99	18.17
	2013	6731.47	18.48	13043.65	39.69	9260.94	18.47	2716.35	16.59
	2020	8462.81	24.20	12767.84	45.22	9473.58	21.11	2379.98	17.74
中高技术密集型	2000	1456.36	21.79	2990.92	24.10	11139.36	37.48	4940.49	38.06
	2010	5949.55	21.20	7093.89	24.81	15190.50	31.95	4852.25	34.13
	2013	7496.49	20.58	7448.04	22.66	15933.65	31.77	5791.21	35.36
	2020	7538.93	21.56	6597.72	23.37	15028.76	33.48	5122.91	38.19
高劳动密集型	2000	803.96	12.03	1898.10	15.29	3774.04	12.70	1436.94	11.07
	2010	3661.03	13.05	2722.55	9.52	5057.00	10.64	1167.44	8.21
	2013	4939.20	13.56	3800.14	11.56	5293.14	10.55	1303.82	7.96
	2020	4727.33	13.52	2751.48	9.75	5193.00	11.57	1171.82	8.73
中高劳动密集型	2000	581.85	8.71	1031.74	8.31	3055.66	10.28	1022.56	7.88
	2010	2750.24	9.80	2428.78	8.50	5654.55	11.89	1361.26	9.57
	2013	3638.89	9.99	2649.32	8.06	6340.55	12.64	1565.50	9.56
	2020	3832.49	10.96	2299.21	8.14	5766.78	12.85	1417.29	10.56

注:对联合国商品贸易数据库中的双边贸易数据进行不变价处理(以 2000 年为基期)后计算得到。

尽管"一带一路"区域内产业结构快速优化,产业升级势头超过了其他三个区域。但是也要看到,与其他三个区域相比,"一带一路"区域内的产业结构仍然处于较低的水平。资源密集型产业占比远高于其他三个区域;资本密集型产业占比的区域间差别不大;高技术密集型产业占比高于欧洲和北美,但是与东亚相比仍具有较大差距;中高技术密集型产业占比为四大区域中最低者,高劳动密集型产业占比则为四大区域中最高者,中高劳动密集型产业占比为四大区域中排名第二者。上述信息皆表明"一带一路"区域产业层次相对较低,"一带一路"区域要想赶超其他三个区域,仍然有很长的路要走。

(3)产业间分工概况与特征

本文测算了"一带一路"、东亚、欧洲和北美四大区域各经济体区域内的产业间分工指数 BC_i,并用区域内各经济体的 BC_i 平均值衡量区域内整体产业间分工水平。表 4-7 中 BC_i 的测算结果显示,"一带一路"沿线各国产业间分工指数的平均值从 2000 年的 0.62 下降到 2020 年的 0.56,表明沿线国家区域内的产业间分工占比正在下降。尽管产业间分工指数下降速度快于东亚、欧洲和北美三大区域,但"一带一路"的产业间分工指数仍然远大于其他三个区域。和东亚、欧洲和北美三大区域以产业内分工为主导的国际分工模式不同,产业间分工始终是"一带一路"区域内 2000—2020 年间最主要的国际分工模式。

表 4-7 四大国际生产网络产业间分工指数变化(2000—2020)

产业间分工指数	2000	2010	2013	2020
"一带一路"生产网络	0.62	0.59	0.57	0.56
东亚生产网络	0.32	0.30	0.30	0.28
欧洲生产网络	0.37	0.34	0.32	0.30
北美生产网络	0.30	0.35	0.33	0.36

注:经联合国商品贸易数据库中的 HS 二位分类码下的双边贸易数据计算得到。

表 4-8 展现了四大区域细分行业的产业间分工指数 BC_i 的变化情况。具体来看,资源密集型行业的产业间分工水平最高,这一情况与东亚、欧洲、北美情况相仿,但不同的是,"一带一路"资源密集型行业的产业间分工占比显著高于其他三个区域;资本密集型行业的产业间分工程度下降最快,但"一带一路"资本密集型行业的区域内分工仍然以产业间分工为主导,且产业间分工水平远大于其他三个区域;"一带一路"高技术密集型行业和中高技术密集型行业的产业间分工指数在 2000—2020 年间变化不大,指标值在 0.55 和 0.60 之间徘徊,说明"一带一路"技术密集型行业的区域内分工仍然以产业间分工为主导,且其产业间分工水平远大于其他三个区域;"一带一路"高劳动密集型行业和中高劳动密集型行

业的产业间分工指数呈下降趋势,降幅总体上小于欧洲,大于东亚和北美,但与其他细分行业一样,"一带一路"劳动密集型行业的区域内分工仍然以产业间分工为主导,且其产业间分工水平远大于其他三个区域。

表4-8 四大国际生产网络不同类别行业的产业间分工指数变化(2000—2020)

行业类型		年份	"一带一路"生产网络	东亚生产网络	欧洲生产网络	北美生产网络
资源密集		2000	0.71	0.51	0.49	0.66
		2010	0.69	0.45	0.41	0.57
		2013	0.66	0.42	0.40	0.47
		2020	0.64	0.46	0.40	0.57
资本密集		2000	0.66	0.42	0.35	0.29
		2010	0.56	0.40	0.29	0.25
		2013	0.53	0.39	0.29	0.26
		2020	0.56	0.38	0.29	0.22
技术密集	高技术密集	2000	0.58	0.21	0.31	0.12
		2010	0.58	0.19	0.29	0.28
		2013	0.55	0.22	0.26	0.27
		2020	0.57	0.20	0.25	0.29
	中高技术密集	2000	0.59	0.24	0.36	0.24
		2010	0.60	0.23	0.34	0.26
		2013	0.58	0.24	0.32	0.27
		2020	0.60	0.24	0.30	0.31
劳动密集	高劳动密集	2000	0.65	0.55	0.43	0.44
		2010	0.59	0.47	0.37	0.40
		2013	0.58	0.50	0.36	0.39
		2020	0.61	0.46	0.35	0.43
	中高劳动密集	2000	0.64	0.40	0.36	0.28
		2010	0.60	0.44	0.32	0.31
		2013	0.57	0.41	0.31	0.29
		2020	0.58	0.41	0.29	0.26

2."一带一路"产业内分工的特征及变化

随着科技的进步以及运输成本的不断减低,使得各国可以同时出口和进口生产及消费非常接近的产品,由此产生的国际生产分工被称为"产业内分工"[187,192]。规模经济是产业内分工产生的主要动因,因此,发达国家间的产业内分工程度通常高于发展中国家[193-194]。"一带一路"沿线国家多为经济发展程度不高的发展中国家,"一带一路"区域的国际分工是否形成了一定规模的产业内分工?与其他区域相比,"一带一路"区域的产业内分工具有怎样的演化趋势和特征?本节将围绕这两个问题展开分析。

(1)产业内分工的度量方法

本文通过测算产业内贸易指数来分析"一带一路"各国的产业内分工情况。现有文献大多选用 Grubel-Lloyd 指数[194-195]作为产业内贸易水平的测算指标,本文也选用 Grubel-Lloyd 指数进行测算,计算公式如下所示:

$$IIT_{ij} = 1 - \frac{|X_{ij} - M_{ij}|}{X_{ij} + M_{ij}} \qquad (4-3)$$

上式中,X_{ij} 表示目标国家 i 对"一带一路"其他国家出口的 j 行业产品的贸易总额,M_{ij} 表示目标国家 i 从"一带一路"其他国家进口的 j 行业产品的贸易总额。IIT_{ij} 表示目标国家 i 在 j 行业的产业内贸易水平,它体现了产业内贸易中产生重叠贸易的比例,该指标的取值介于 0 和 1 之间,取值越大,则表明 j 行业的产业内分工程度越高。当其取值为 1 时,表示目标国家 i 在 j 行业与"一带一路"其他国家的分工模式为纯粹的产业内分工。若将产业内贸易额的倒数设定为权重对各行业进行加总,则能得到目标国家 i 的产业内贸易指数 IIT_i,具体计算公式如下所示:

$$IIT_i = \frac{\sum_j (X_{ij} + M_{ij} - |X_{ij} - M_{ij}|)}{\sum_j (X_{ij} + M_{ij})} \qquad (4-4)$$

(2)产业内分工的总体概况及特征

表 4-9 中 IIT_{ij} 的测算结果显示,"一带一路"生产网络中各国产业内贸易指数的平均值从 2000 年的 0.38 提升到 2020 年的 0.44,表明沿线国家在同一行业内部出现了更多的分工。"一带一路"沿线各国多为发展中国家,经济发展水平较为接近,需求重合度较高,加上沿线国家广阔的市场前景、制造能力,对异质性商品需求随着各国经济快速发展不断提升,极大地促进了"一带一路"生产网络产业内分工的发展,产业内分工逐渐成为"一带一路"区域内重要的分工模式。从产业内贸易指数的变化趋势来看,"一带一路"产业内贸易指数的提升速度快于东亚、欧洲和北美三大区域,但"一带一路"产业内贸易水平仍然相对较低。和其他三大国际生产网络以产业内分工为主导的国际分工模式不同,"一带一路"

产业内分工比重低于产业间分工,当前"一带一路"生产网络最主要的分工模式依然是产业间分工。

表4-9 四大国际生产网络产业内贸易指数变化(2000—2020)

生产网络	2000	2010	2013	2020
"一带一路"生产网络	0.38	0.41	0.43	0.44
东亚生产网络	0.68	0.70	0.70	0.72
欧洲生产网络	0.63	0.66	0.68	0.70
北美生产网络	0.70	0.65	0.67	0.64

注:经联合国商品贸易数据库中HS二位分类码下的双边贸易数据计算得到。

表4-10展现了四大国际生产网络细分行业产业内贸易指数的变化情况。"一带一路"区域内分工模式改变最大的三个行业依次为资本密集型行业、资源密集型行业和中高劳动密集型行业。资源密集型行业和中高劳动密集型行业区域内产业内分工占比的提升表明"一带一路"区域内联系正逐年加强,这一点也可以从本章之前的分析中得到印证。而资本密集型行业区域内产业内分工占比大幅提升,这不仅仅是由"一带一路"区域内经济联系加强引起的。资源密集型行业和中高劳动密集型行业的国际分工凭借的主要是自然资源、劳动力等要素禀赋,其生产过程无须太多的高科技投入,对产业发展基础条件也要求不高。而资本密集型行业的国际分工通常要求对象国拥有较高的技术储备以及更好的产业发展基础条件。因此,资本密集型行业区域内产业内分工占比大幅提升预示着"一带一路"生产网络产业发展基础、产业结构以及分工层次取得了较大的提升。

表4-10 四大国际生产网络细分行业IIT指数变化(2000—2020)

行业类型	年份	"一带一路"生产网络	东亚生产网络	欧洲生产网络	北美生产网络
资源密集	2000	0.29	0.49	0.51	0.34
	2010	0.31	0.55	0.59	0.43
	2013	0.34	0.58	0.60	0.53
	2020	0.36	0.54	0.60	0.43
资本密集	2000	0.34	0.58	0.65	0.71
	2010	0.44	0.60	0.71	0.75
	2013	0.47	0.61	0.71	0.74
	2020	0.44	0.62	0.71	0.78

续表

行业类型		年份	"一带一路"生产网络	东亚生产网络	欧洲生产网络	北美生产网络
技术密集	高技术密集	2000	0.42	0.79	0.69	0.88
		2010	0.42	0.81	0.71	0.72
		2013	0.45	0.78	0.74	0.73
		2020	0.43	0.80	0.75	0.71
	中高技术密集	2000	0.41	0.76	0.64	0.76
		2010	0.40	0.77	0.66	0.74
		2013	0.42	0.76	0.68	0.73
		2020	0.40	0.76	0.70	0.69
劳动密集	高劳动密集	2000	0.35	0.45	0.57	0.56
		2010	0.41	0.53	0.63	0.60
		2013	0.42	0.50	0.64	0.61
		2020	0.39	0.54	0.65	0.57
	中高劳动密集	2000	0.36	0.60	0.64	0.72
		2010	0.40	0.56	0.68	0.69
		2013	0.43	0.59	0.69	0.71
		2020	0.42	0.59	0.71	0.74

3. "一带一路"产品内分工的特征及变化

产业间分工和产业内分工的形式、动因各有不同，但两种分工形态的理论研究大多是围绕最终产品的分工和交换来进行。当前，全球国际分工表现出由不同产品间的分工向产品不同生产工序分工深化的发展趋势[196]。"一带一路"区域的国际分工是否也遵从这一发展趋势？本节将就"一带一路"区域内的产品内分工情况展开分析。

（1）产品内分工的度量方法

产品内分工是一种特殊的经济国际化过程或展开结构，这一分工形式的特点表现在产品生产过程的各项工序或区段被分散在不同地域，从而形成一种跨越地域范畴的生产链条或体系，因而被视作国际分工的发展与深化[193]。产品内分工可分为国内产品内分工和国际产品内分工两种类型，国内产品内分工即产品生产过程的各项工序或区段分布在一国境内的不同地方，国际产品内分工则是指产品生产过程的各项工序或区段分布于不同国家。研究中常见的"产品内分工"主要指的是后一种情形,本文的研究也是基于后一种情形即跨国生产的产品内分工展开。

参考李建军等(2019)[197]的研究,本文采用"一带一路"沿线国家在区域内进口、出口中间品的贸易额占该国在区域内总进口、总出口的比例来衡量该国参与区域内产品内分工的程度。采用联合国国民核算体系(SNA)对资本品、中间品和消费品进行界定,并将111、121、21、22、31、322、42和53这8类产品界定为中间产品(表4-11),其中,42和53类产品为零部件。

表4-11　SNA分类与联合国BEC分类对应关系一览表

SNA分类	BEC代码	BEC分类描述
资本品	41	资本货物(除运输设备外)
	521	运输设备,工业
中间品	111	食品和饮料,初级,主要用于工业
	121	食品和饮料,加工,主要用于工业
	21	其他地方未规定的工业用品,初级
	22	其他地方未指定、加工的工业用品
	31	燃料和润滑油,初级
	322	加工燃料和润滑油(除汽油)
	42	资本货物零部件(运输设备除外)
	53	运输设备零部件
消费品	112	主要供家庭消费的初级食品和饮料
	122	加工食品和饮料,主要供家庭消费
	522	运输设备,非工业
	61	其他地方未指明的耐用消费品
	62	其他地方未规定的半耐用消费品
	63	其他地方未规定的非耐用消费品

资料来源:引自联合国 *Future Revision of the Classification by Broad Economic Categories*(BEC),第8页。

(2)产品内分工的总体概况及特征

表4-12展示了四大国际生产网络分类别贸易格局的变化情况。具体来看,2000年欧洲生产网络中间品贸易总额以显著领先的优势位居第一。东亚生产网络和北美生产网络差异不大,位居第二和第三名。"一带一路"生产网络的产品

内分工规模仅相当于欧洲生产网络产品内分工规模的30%,位居最后。发展至2020年,除北美生产网络产品内分工规模略微下降,另外三个国际生产网络的产品内分工规模均大幅提升,"一带一路"、东亚和欧洲生产网络产品内分工规模在过去20年间的增幅分别高达3.77、1.34和0.45倍。最终,欧洲生产网络产品内分工规模依旧位居四大国际生产网络之首,"一带一路"生产网络产品内分工规模以微小的差距紧随其后,东亚生产网络位居第三,北美生产网络产品内分工规模被另外三个国际生产网络拉开了差距,位居四大国际生产网络之末。"一带一路"区域内迅猛增长的中间品贸易预示着"一带一路"的产品内分工获得了长足的发展。

表4-12 四大国际生产网络分类别实际贸易额(亿美元)

分类与年份		"一带一路"生产网络		东亚生产网络		欧洲生产网络		北美生产网络	
		出口	进口	出口	进口	出口	进口	出口	进口
中间品	2000	2083.37	2439.59	3999.32	3792.73	7713.27	7571.95	3796.53	3701.45
	2010	7708.01	10040.70	9123.59	9032.77	12285.40	12207.99	4199.75	3941.48
	2013	9979.15	13046.74	10918.81	9846.24	12859.69	12987.84	4849.03	4500.09
	2020	10004.37	11560.68	9373.20	8851.42	11192.66	10987.45	3683.42	3439.46
消费品	2000	538.62	448.15	939.71	1205.31	3169.16	2910.43	838.62	788.64
	2010	2215.26	1837.29	1581.34	1647.17	5815.00	5195.29	1090.48	965.35
	2013	3154.93	2403.03	2134.32	1804.38	6035.98	5403.82	1140.65	1024.40
	2020	3011.50	2618.33	1800.69	1494.45	5801.02	5353.35	1075.25	976.77
资本品	2000	324.52	327.70	981.53	1040.43	2780.80	2349.19	1228.72	1171.33
	2010	1685.54	1961.55	2916.60	2662.19	3377.75	2952.96	1224.22	1111.53
	2013	2223.74	2541.32	3347.80	2980.97	3550.98	3061.43	1460.44	1262.74
	2020	2625.46	2954.94	2938.38	2912.68	3723.23	3244.76	1476.20	1256.20

注:对联合国商品贸易数据库中的双边贸易数据进行不变价处理(以2000年为基期)后计算得到。个别国家存在数据缺失的情况,缺失的出口数据采用其他国家当年从该国进口的贸易额替代,缺失的进口数据采用其他国家当年向该国出口的贸易额替代。

2000—2020年,"一带一路"区域内贸易中的中间品贸易平均占比高达69.5%,东亚、欧洲和北美的这一比例分别为66.5%、57.5%和63.9%,说明"一带一路"生产网络和东亚生产网络产品内分工的"生产分割"现象比欧洲生产网络和北美生产网络突出。但是和东亚相对稳定的中间品贸易份额不同,"一带一路"区域内贸易中的中间品贸易占比在20年间呈现明显的下降趋势,而消费品和资本品的贸易占比则明显提升。其中,2020年"一带一路"区域贸易中的消费品出口占比为19.3%,低于欧洲的28.0%,但明显高于东亚的12.8%和北美的17.2%,表明"一带一路"区域内分工虽然也存在和东亚类似的"中间品贸易占比高、最终消费品贸易占比低"的特征,但"一带一路"的消费市场成长速度更快,"一带一路"自我需求市场的相对规模明显大于东亚和北美,这也意味着当中美贸易战升级或外部市场受到冲击时,"一带一路"生产网络对外部危机的"减震"潜力将优于东亚生产网络。

(3)各国参与区域内产品内分工的差异分析

本节进一步分析"一带一路"沿线各国参与区域内产品内分工的情况。具体而言,参考勒莫因(Lemoine,2002)[198]的研究以及联合国经济和社会事务部(Department of Economic and Social Affairs)对BEC类别数据的分类,将中间品进一步划分为初级产品、零部件和半成品。由此,将生产分工阶段划分为初级产品、零部件、半成品以及制成品(资本品和消费品)四个阶段。

表4-13列出了2000年、2020年"一带一路"区域内不同生产阶段实际出口额排名前20的国家名单,实际进口额排名前20的国家名单详见附录2。研究显示,2000—2020年间,俄罗斯始终充当了"一带一路"区域内最大初级产品提供者的角色,中国以碾压性的优势取代新加坡和俄罗斯成为"一带一路"区域内零部件、半成品、资本品和消费品的提供者。同时,中国、新加坡、印度、越南等国正逐渐成为区域内初级产品、零部件和半成品的最大吸纳方,表明上述国家承担了区域内主要制造中心的角色。其中,中国、越南、印度等国中间产品进口急剧上升,这与几个国家制造能力快速提升的事实相互印证。中国和俄罗斯成为区域内最终产品的最大"吸收地"。随着中国经济实力的飞速提升,加上中国庞大的人口基数及国内市场,可以预见未来中国在"一带一路"区域内的最终产品吸纳作用会进一步提升,这将有助于"一带一路"区域自我需求市场的形成,有利于推动"一带一路"生产网络稳定发展。

表 4-13 2000 年、2020 年"一带一路"区域内不同生产阶段实际出口额排名前 10 的国家(亿美元)

年份	排名	初级产品出口	零部件出口	半成品出口	资本品出口	消费品出口
2000	1	俄罗斯 (111.56)	新加坡 (225.86)	俄罗斯 (97.84)	新加坡 (84.09)	中国 (115.92)
	2	阿曼 (46.9)	马来西亚 (147.19)	中国 (95.88)	中国 (51.89)	印度 (43.13)
	3	马来西亚 (30.11)	泰国 (63.13)	新加坡 (92.40)	马来西亚 (41.29)	新加坡 (41.70)
	4	印度尼西亚 (27.84)	中国 (58.43)	马来西亚 (76.64)	俄罗斯 (24.33)	泰国 (38.55)
	5	叙利亚 (26.07)	菲律宾 (53.31)	印度尼西亚 (76.39)	泰国 (19.58)	马来西亚 (32.51)
	6	越南 (21.13)	印度尼西亚 (26.05)	乌克兰 (53.62)	印度尼西亚 (19.3)	印度尼西亚 (25.29)
	7	也门 (19.63)	俄罗斯 (21.57)	印度 (53.17)	白俄罗斯 (11.16)	土耳其 (22.6)
	8	科威特 (19.34)	捷克 (11.59)	泰国 (50.66)	捷克 (9.31)	波兰 (21.41)
	9	中国 (17.23)	印度 (8.02)	捷克 (27.55)	阿联酋 (7.90)	阿联酋 (16.52)
	10	土库曼斯坦 (14.45)	阿联酋 (6.95)	沙特阿拉伯 (25.07)	波兰 (7.44)	越南 (16.07)
2020	1	俄罗斯 (412.54)	中国 (815.01)	中国 (1879.93)	中国 (1263.89)	中国 (1063.25)
	2	伊拉克 (236.84)	新加坡 (216.98)	新加坡 (477.76)	阿联酋 (186.19)	印度 (177.87)
	3	印度尼西亚 (133.92)	越南 (147.89)	马来西亚 (424.63)	新加坡 (179.95)	阿联酋 (159.27)
	4	阿曼 (101.06)	马来西亚 (128.77)	印度尼西亚 (325.71)	泰国 (158.08)	波兰 (155.78)
	5	哈萨克斯坦 (98.48)	泰国 (115.53)	俄罗斯 (320.02)	越南 (107.41)	土耳其 (154.60)
	6	乌克兰 (73.26)	捷克 (82.95)	印度 (299.51)	捷克 (89.06)	泰国 (135.42)

续表

年份	排名	初级产品出口	零部件出口	半成品出口	资本品出口	消费品出口
2020	7	印度 (63.37)	波兰 (75.90)	泰国 (281.13)	马来西亚 (84.27)	越南 (114.17)
	8	阿联酋 (45.72)	阿联酋 (70.19)	越南 (221.39)	印度 (76.68)	新加坡 (97.25)
	9	土库曼斯坦 (42.41)	匈牙利 (60.31)	阿联酋 (214.09)	波兰 (62.86)	俄罗斯 (92.42)
	10	马来西亚 (38.27)	印度 (58.59)	沙特阿拉伯 (182.61)	土耳其 (53.48)	印度尼西亚 (81.08)

注:对联合国商品贸易数据库中的双边贸易数据进行不变价处理(以 2000 年为基期)后计算得到。个别国家存在数据缺失的情况,缺失的出口数据采用其他国家当年从该国进口的贸易额替代,缺失的进口数据采用其他国家当年向该国出口的贸易额替代。

进一步通过各国初级产品、零部件、半成品以及制成品(资本品和消费品)的出口比例来看,在区域深度分工协作的背景下,产品的生产环节紧密相连,"一带一路"各沿线国家凭借比较优势融入生产网络,并在区域内形成了错综复杂的生产分工网络。具体来看,东帝汶、蒙古、土库曼斯坦、阿塞拜疆、伊拉克等国在"一带一路"区域中主要扮演了初级产品提供者的角色(五国 2020 年区域内初级品出口占其总出口的比重分别高达 96.37%、95.16%、87.43%、80.41% 和 79.99%);罗马尼亚、捷克、越南、匈牙利、新加坡等国在"一带一路"区域中主要扮演了零部件提供者的角色(五国 2020 年区域内零部件出口占其总出口的比重分别高达 25.94%、24.13%、23.89%、23.64%、22.14%);不丹、沙特阿拉伯、文莱、柬埔寨、巴林等国在"一带一路"区域中主要扮演了半成品提供者的角色(五国 2020 年区域内初级品出口占其总出口的比重分别高达 83.42%、72.38%、63.49%、63.01%、62.94%);马尔代夫、阿联酋、捷克、中国、斯洛伐克等国在"一带一路"区域中主要扮演了资本品提供者的角色(五国 2020 年区域内资本品出口占其总出口的比重分别高达 32.09%、27.57%、25.9%、25.03%、24.92%);孟加拉国、叙利亚、尼泊尔、斯里兰卡、阿富汗等国在"一带一路"区域中主要扮演了消费品提供者的角色(五国 2020 年区域内消费品出口占其总出口的比重分别高达 81.76%、67.26%、60.19%、56.99%、48.65%)。

整体勾勒"一带一路"生产网络的分工协作场景具有一定的概括性意义,但详细分析"一带一路"生产网络的结果以及各国在网络中的角色及影响力仍需对区域内以经济体为主体的分工协作进行深入细致的研究,这个部分将在下一章进行更深入的讨论。

第三节 "一带一路"价值链体系变化与典型跨国长产业链条刻画

全球价值链(GVC)的兴起与繁荣已经成为当代经济全球化的突出特征。一国能否成功嵌入全球价值链体系并从中获益,已成为评判一国生产能力乃至综合竞争力水平的重要手段。在辨析了"一带一路"生产网络跨国分工的表现后,本节进一步从价值链的角度考察"一带一路"生产网络国际分工的利益分配。

1. 价值链指标计算方法及数据说明

(1)出口分解及国内增加值的测算方法

全球价值链的蔓延催生了新的统计工具,即国家间投入产出表和新的分析框架,原因在于生产过程在全球范围的分散化使得双边出口数据无法准确代表各国之间的供应和需求联系。一般来说,双边出口包含进口的中间投入,当生产过程分布于多个不同国家时,传统的贸易统计会重复计算一国生产的价值。以图4-4为例,s国生产的价值在第一次跨越国界时被计为"增加值",而在最后一批货物中被视为"重复计算"。在对来自s的第二批货物的价值分解中,只有s和r在第二阶段生产的价值被计为"增加值"。推广至一般情况,在特定生产阶段产

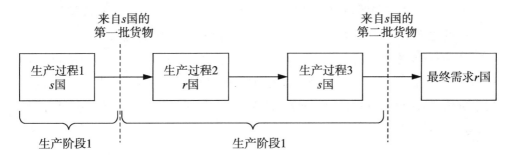

图4-4 生产阶段划分

资料来源:波林和曼奇尼(Borin & Mancini,2019)[199]。

生的价值作为"增加值"计入出口,来自更上游生产阶段的价值则被视为"重复计算"。

目前,关于国内增加值(DVA)的提取以及全球价值链参与度等价值链相关指标的计算,主流研究多采用 Koopman et al. (2014)[200]提出的 KWW 分解法和 Wang et al. (2013)[201]提出的 WWZ 分解法作为指标运算的基础。WWZ 分解法较 KWW 分解法更为全面,其将各层面出口价值划分为国内增加值出口(DVA)、返回的国内增加值(RDV)、总出口中的外国增加值(FVA)和纯重复计算的中间品贸易(PDC)等部分,并依据商品来源、最终吸收地和吸收渠道的差异,开辟出 16 条不同路径(部分),具体如下所示:

$$
\begin{aligned}
E_{sr} &= A_{sr}X_r + Y_{sr} \\
&= (V_sB_{ss})' \# Y_{sr} + (V_rB_{rs})' \# Y_{sr} + (V_tB_{ts})' \# Y_{sr} + \\
&\quad (V_sB_{ss})' \# (A_{sr}X_r) + (V_rB_{rs})' \# (A_{sr}X_r) + (V_tB_{ts})' \# (A_{sr}X_r) \\
&= (V_sB_{ss})' \# Y_{sr} + (V_sL_{ss})' \# (A_{sr}B_{rr}Y_{rr}) + (V_sL_{ss})' \# (A_{sr}B_{rt}Y_{tt}) + \\
&\quad (V_sL_{ss})' \# (A_{sr}B_{rr}Y_{rt}) + (V_sL_{ss})' \# (A_{sr}B_{rt}Y_{tr}) + \\
&\quad (V_sL_{ss})' \# (A_{sr}B_{rr}Y_{rs}) + (V_sL_{ss})' \# (A_{sr}B_{rt}Y_{ts}) + \\
&\quad (V_sL_{ss})' \# (A_{sr}B_{rs}Y_{ss}) + (V_sL_{ss})' \# [A_{sr}B_{rs}(Y_{sr}+Y_{st})] + \\
&\quad (V_sB_{ss}-V_sL_{ss})' \# (A_{sr}X_r) + (V_rB_{rs})' \# Y_{sr} + \\
&\quad (V_rB'_{rs}) \# (A_{sr}L_{rr}Y_{rr}) + (V_rB_{rs})' \# (A_{sr}L_{rr}E_r) + (V_tB_{ts})' \# Y_{sr} + \\
&\quad (V_tB_{ts})' \# (A_{sr}L_{rr}Y_{rr}) + (V_tB_{ts})' \# (A_{sr}L_{rr}E_r)
\end{aligned} \quad (4\text{-}5)
$$

上式中,下标 s、r、t 代表三个不同的国家,E_{sr} 代表 s 国对 r 国的出口,A 是投入系数矩阵,A_{sr} 代表 r 国产出中直接来自 s 国的中间投入,Y_{sr} 代表在 s 国完成生产并在 r 国消费的最终产品的 $N×1$ 阶向量(Y_{tt}、Y_{rt}、Y_{tr} 等指标类似),X_r 是 r 国的总产出,V_s 代表 s 国生产的每一单位总产出中所包含的增加值份额(V_t、V_r 等指标类似),$L_{ss}=(I-A_{ss})^{-1}$ 代表 s 国的国内 Leontief 逆矩阵,B_{rs} 代表每一单位的 s 国出口中由 r 国所提供的总产出(B_{ss}、B_{rs}、B_{rt} 等指标类似),$\#$ 代表分块矩阵点乘。最后一个等号后的 16 个分项即为分解出的 16 条不同路径(部分),其具体关系如图 4-5 所示:

第四章 "一带一路"生产网络形成的特征事实 | 69

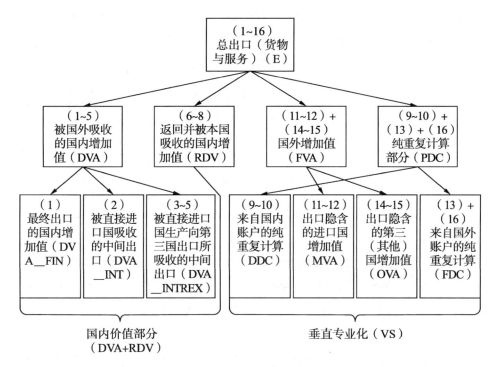

图 4-5 出口价值分解的基本概念框架

资料来源：王直等(2015)[202]。

考虑到 WWZ 分解法对增加值的划分更为细致，本文使用 WWZ 分解法分解出国内增加值(DVA)，并将指标运用于后文"一带一路"生产网络无权网络和加权网络的量化模拟与分析。

(2) 全球价值链参与度的测算方法

全球价值链前向参与度和全球价值链后向参与度两个指标根据生产要素含量是否跨越国界进行生产，完整地反映了一个国家参与跨国生产的情况。其中，全球价值链前向参与度通过考察一国某一行业在跨国生产中产生的国内增加值在行业总增加值中的份额，衡量了一国某一行业向他国下游行业提供的生产支持程度；全球价值链后向参与度通过考察一国某一行业的最终产品生产中来自跨国生产活动(他国)的比例，衡量了一国某一行业从他国上游行业所获得的生产支持程度。通常，全球价值链前向参与度高，意味着一国某一行业在全球价值链体系中位于上游环节；而全球价值链后向参与度高，意味着一国某一行业在全球价值链体系中位于下游环节[80,199]。

依赖于对双边出口总额的分解，本文采用 Borin et al. (2019)[199] 提出的方法计算基于双边、行业层面的全球价值链前向参与度（$GVCforward_{sr}$）及全球价值链后向参与度（$GVCbackward_{sr}$），具体计算公式如下所示：

$$GVCforward_{sr} = \frac{V_s(I-A_{ss})^{-1}A_{sr}(I-A_{rr})^{-1}\left(\sum_{j\neq r}^{G}Y_{rj}+\sum_{j\neq r}^{G}A_{rj}\sum_{k}^{G}\sum_{l\neq s}^{G}B_{jk}Y_{kl}\right)}{u_N E_{sr}} \tag{4-6}$$

$$GVCbackward_{sr} = \frac{V_s(I-A_{ss})^{-1}\sum_{j\neq s}^{G}A_{sj}B_{js}E_{sr}+\sum_{t\neq s}^{G}V_tB_{ts}E_{sr}}{u_N E_{sr}} \tag{4-7}$$

上述两式中，下标 s、r、t 代表三个不同的国家，$GVCforward_{sr}$ 代表 s 国生产作为上游环节嵌入 r 国出口的程度，$GVCbackward_{sr}$ 代表 s 国生产作为下游环节嵌入 r 国出口的程度，V_s、V_t 分别代表 s 国、t 国生产的每一单位总产出中所包含的增加值份额，A 是投入系数矩阵，A_{sj} 代表 j 国产出中直接来自 s 国的中间投入（A_{sr}、A_{rj} 指标类似），$(I-A_{ss})^{-1}$ 代表 s 国的国内 Leontief 逆矩阵，B_{jk} 代表每一单位的 s 国出口中由 j 国所提供的总产出（B_{ts} 指标类似），E_{sr} 代表 s 国对 r 国出口的 $N\times 1$ 阶向量，u_N 代表 $1\times N$ 阶的单位行向量，Y_{rj} 代表在 r 国完成生产并在 j 国消费的最终产品的 $N\times 1$ 阶向量（Y_{kl} 指标类似）。

（3）数据来源及投入产出表行业分类说明

本文采用的数据来自对外经贸大学全球价值链研究院开发的 UIBE GVC 指标体系数据库，"一带一路"价值链衡量指标都是基于亚洲开发银行投入产出表（ADB2021）运算得到。选择亚洲开发银行投入产出表的原因在于：第一，ADB2021 包括 63 国，其中涵盖了 33 个"一带一路"沿线国家①，覆盖面大于 OECD 和 WIOD 的国家间投入产出表；第二，ADB2021 包括 35 个行业，能够满足本文研究所需；第三，ADB2021 的数据较之于 OECD 和 WIOD 的国家间投入产出表更新。ADB2021 的 35 个行业中包括 16 个商品部门及 19 个服务部门。借鉴韩中（2020）[203] 的方法，将服务业除外的 16 个行业根据行业要素密集度的

---

① 33 个样本国家分别为：保加利亚、中国、捷克、爱沙尼亚、克罗地亚、匈牙利、印度尼西亚、印度、立陶宛、拉脱维亚、波兰、罗马尼亚、俄罗斯、斯洛伐克、斯洛文尼亚、土耳其、孟加拉、马来西亚、菲律宾、泰国、越南、哈萨克斯坦、蒙古、斯里兰卡、巴基斯坦、老挝、文莱、不丹、吉尔吉斯斯坦、柬埔寨、马尔代夫、尼泊尔、新加坡。

差异划分为四类：资源密集型、劳动密集型、资本密集型和技术密集型制造业。其中，资源密集型行业包括 C01 农业、狩猎业，C02 采矿和采石业；劳动密集型制造业包括 C04 纺织品和织物，C05 皮革及鞋类制品，C06 木材及其制品，C16 其他制造业；资本密集型行业包括 C03 食品、饮料，C07 纸浆、纸张、造纸，C08 焦炭、精炼石油，C10 橡胶和塑料，C11 其他非金属材料，C12 基本金属及金属制品；技术密集型行业包括 C09 化学品和化学制品，C13 通用设备，C14 电气和光学仪器，C15 运输设备。另外需要说明的是，考虑到历年数据可能会受通货膨胀的影响，本文对经亚洲开发银行投入产出表（ADB2021）的数据进行了不变价处理（以 2000 年为基期），后文呈现出的数据体现的是剔除通货膨胀影响的实际值。

2. "一带一路"增加值创造快速增长

国内增加值（DVA）能够较为客观地反映出一国（区域）制造业的竞争力水平，如果一国（区域）某行业出口的 DVA 总额较高，则表明该国（区域）该行业在全球价值链体系中具有很强的获利能力。2000 年至今，"一带一路"沿线 33 国出口的实际 DVA 总额迅速增长。尽管受到 2008 年全球金融危机、2011—2016 年全球贸易大崩溃以及 2019 新型冠状病毒感染冲击的影响，"一带一路"地区创造的增加值在上述三个时期有所下降，但总体来看，"一带一路"地区创造的增加值还是保持了强劲的增长趋势。2020 年除服务业外所有行业的实际 DVA 总额较 2000 年提升了 3.73 倍，技术密集型行业的实际 DVA 总额更是较 2000 年提升了 5.09 倍。尽管很多研究报告都认为全球价值链的扩展空间几近用完，自贸易大崩溃复苏以来，国际贸易已经放缓，但"一带一路"地区的情况提供了相反的证据。据图 4-6 显示，"一带一路"增加值创造正在快速提升，尤其在技术密集型行业中表现更为明显，预示着"一带一路"地区的价值链扩展还存在很大的空间。

从图 4-7"一带一路"各细分行业出口至全球的实际 DVA 情况来看，2000 年"一带一路"地区创造的增加值总额最高的前五个行业依次是：C14 电气和光学仪器，C04 纺织品和织物，C02 采矿和采石业，C12 基本金属及金属制品和 C03 食品、饮料。发展至 2020 年，C13 通用设备和 C15 运输设备取代 C02 采矿和采石业和 C03 食品、饮料行业进入"一带一路"增加值创造的前五名。其中，C04 纺织品和织物行业虽仍以较高的实际 DVA 占据排名榜第二的高位，但纺织品和织物行业的实际 DVA 在过去 20 年间的提升倍数为 2.29 倍，增速明显低于 C15 运输设备（提升倍数为 7.35 倍）和 C13 通用设备（提升倍数为 6.92 倍）等行业。而低

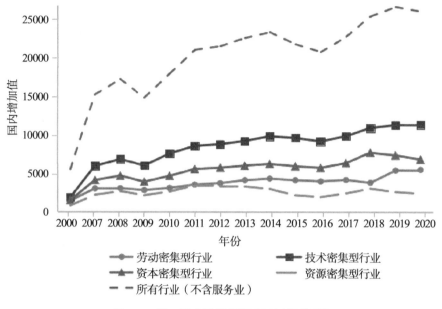

图 4-6 出口至全球的实际 DVA(亿美元)

注:图中数据体现的是剔除通货膨胀影响的实际 DVA 值。2002—2006 年数据缺失,故这 5 年的实际 DVA 未在图中体现。

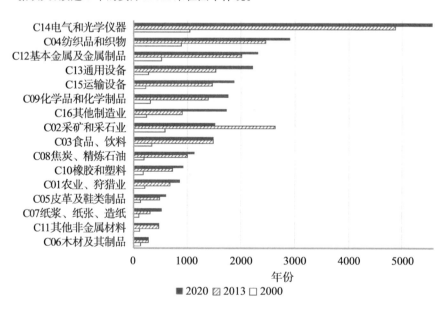

图 4-7 各细分行业出口至全球的实际 DVA(亿美元)

注:图中数据体现的是剔除通货膨胀影响的实际 DVA 值。

提升倍数的情况同样可见于C06木材及其制品(提升倍数为1.21倍),C02采矿和采石业(提升倍数为1.53倍),C01农业、狩猎业(提升倍数为3.12倍)等资源密集或劳动密集型行业。技术密集型行业实际DVA提升倍数远高于资源密集或劳动密集型行业,表明"一带一路"地区的出口结构持续优化,这也预示着,随着产业升级及技术扩散,"一带一路"增加值创造还具备进一步增长的潜力。

3. "一带一路"价值链体系具有内向化发展趋势

图4-8显示了"一带一路"沿线33国出口至区域的DVA情况。最近20年间,沿线33国出口至区域内的实际DVA总额迅速增长,增长势头较33国的全球出口更为强劲。2020年除服务业外的所有行业出口区域的实际DVA总额较2000年提升了6.39倍,技术密集型行业出口区域的实际DVA总额提升了7.22倍,增长倍数远高于出口全球的情况。劳动密集、资本密集和资源密集行业出口区域的实际DVA总额在最近20年间分别增长了6.97、6.01和5.11倍,显著高于出口全球时提升2.94、3.68和2.02倍的增幅。此外,沿线33国出口至区域的实际DVA占比也快速提升,劳动密集、技术密集、资本密集和资源密集行业出口

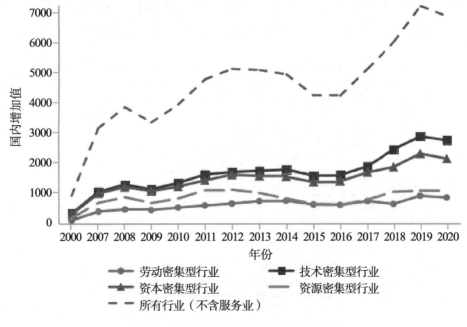

图4-8 出口至区域的实际DVA(亿美元)

注:图中数据体现的是剔除通货膨胀影响的实际DVA值。2002—2006年数据缺失,故这5年的实际DVA未在图中体现。

区域的实际 DVA 占比从 2000 年的 7.65%、17.81%、20.62% 和 22.64% 分别提升至 2020 年的 15.46%、24.05%、30.93% 和 45.85%,表明"一带一路"价值链体系具有内向化发展的趋势。

从图 4-9 中"一带一路"各细分行业出口区域的实际 DVA 情况来看,2020 年"一带一路"地区创造的增加值总额最高的前五个行业分别是:C14 电气和光学仪器、C12 基本金属及金属制品、C02 采矿和采石业、C09 化学品和化学制品和 C13 通用设备,这与出口全球的情况存在不同。情况差异最大的两个细分行业分别是 C02 采矿和采石业和 C04 纺织品和织物。其中,C02 采矿和采石业区域内出口占比从 2000 年的 21.27% 一路提升至 2020 年的 46.74%,表明 C02 采矿和采石业成为"一带一路"生产网络中贡献巨大的行业。与 C02 采矿和采石业在区域内价值贡献较大的情况不同的是,C04 纺织品和织物出口至区域的增加值尽管也从 7.41% 提升至 2020 年的 16.30%,但区域内占比远低于其他行业,说明该行业的发展更依赖区域外部的经济发展。总体来看,各细分行业流向区域内的增加值所占比例在最近 20 年间都明显提升了,表明细分行业在"一带一路"区域内部生产网络的联系进一步加强。不过也要看到,资源密集型行业流向区域内的增加值占比明显高于资本密集型行业和技术密集型行业,这侧面反映出了

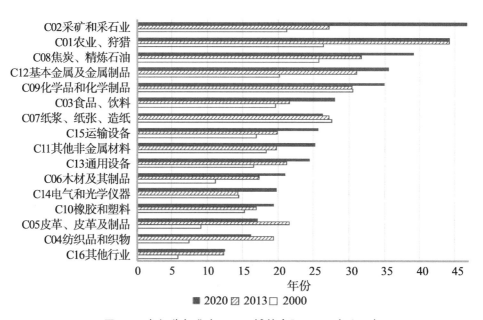

图 4-9 各细分行业出口至区域的实际 DVA 占比(%)

"一带一路"生产网络的分工层次尚且处于较低的水平。

4. 沿线国家快速融入"一带一路"价值链分工体系

图 4-10 展示了价值链前向参与度和后向参与度的计算结果，从中可以看到沿线国家在区域内价值链中的前向参与度和后向参与度在最近 20 年间的变化趋

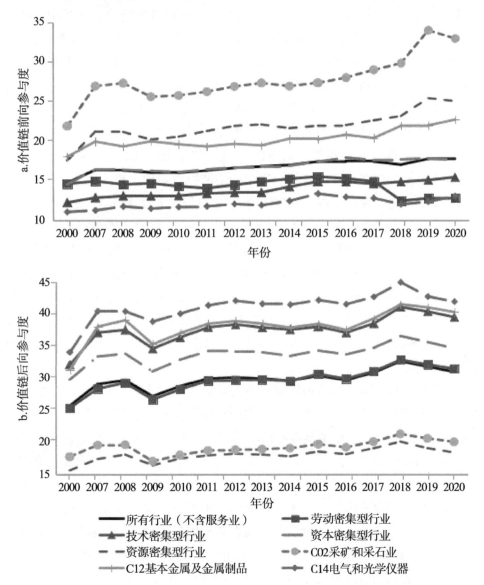

图 4-10 "一带一路"区域内价值链前向参与度和后向参与度的演化

注：2002—2006 年数据缺失，故这 5 年的全球价值链参与度未在图中体现。

势与沿线国家出口全球或区域的实际 DVA 变化趋势类似。尽管受到 2008 年全球金融危机、2011—2016 年全球贸易大崩溃以及 2019 年新型冠状病毒感染冲击的影响,沿线国家多数行业在区域内价值链中的前向参与度和后向参与度在上述三个时期有所下降,但总体来看,沿线国家的区域内价值链参与度在最近 20 年间显著提升,表明沿线国家快速融入到"一带一路"价值链分工体系中。具体就前向参与度来看,除劳动密集型行业区域内价值链前向参与度下降外,其他三个行业类别的区域内价值链前向参与度在最近 20 年间大幅提升。资源密集型行业是四个行业类别中区域内价值链前向参与度最高的一类行业,同时也是指标提升幅度最大的行业——提升幅度高达 42.48%。其中,资源密集型行业中的 C02 采矿和采石业更是个中翘楚——采矿和采石业 2020 年的前向参与度高达 32.91%,20 年间提升幅度高达 50.31%。这一特征表明以采矿和采石业为代表的资源密集型行业在区域内跨国生产中向下游行业提供了很大的生产支持,且其行业贡献度还呈现大幅提升的趋势;就后向参与度来看,所有行业的区域内价值链后向参与度都在最近 20 年间取得了提升。其中,技术密集型行业是四个行业类别中区域内价值链后向参与度最高的行业,其 2020 年的后向参与度高达 39.46%。技术密集型行业中的细分行业 C14 电气和光学仪器 2020 年的后向参与度更是高达 41.88%,且不论 C14 电气和光学仪器还是技术密集型行业的增长速度都超过了平均水平,说明以 C14 电气和光学仪器为代表的技术密集型行业是获得区域内其他国家上游行业提供的生产支持程度最高的行业,其对区域内上游行业的依赖程度也在逐年提升。

本文将沿线各国区域价值链前向参与度数置于散点图的纵坐标位置,将各国区域价值链后向参与指数置于散点图的横坐标位置,通过散点图进一步考察了沿线各国在区域内的价值链参与情况(图 4-11 与图 4-12)。具体地,位于 45°线上方国家的前向参与度高于后向参与度,位于 45°线下方国家的后向参与度高于前向参与度。图 4-11 显示:资源密集型行业中多数国家位于 45°线上方,表明多数沿线国家在资源密集型行业中的前向参与度高于后向参与度,它们作为资源产品的提供者积极融入区域价值链。而在劳动密集型、技术密集型和资本密集型行业中,多数国家都位于 45°线下方,表明多数沿线国家在这三类行业中的后向参与度明显高于前向参与度,它们在这三类行业中多是作为中间产品的购买者积极融入区域价值链。就具体国家表现来看,中国是唯一一个在四类行业中都位于 45°线上方的国家,表明中国在"一带一路"区域价值链中处于上游地位,中国成为了"一带一路"生产网络中最重要的供应大国。

就"一带一路"区域内增加值创造最高的三个重点行业来看,在C02采矿和采石业中,除不丹的前向参与度和后向参与度均很低,其他国家都具有很高的前向参与度和相对较低的后向参与度,孟加拉、巴基斯坦、哈萨克斯坦和俄罗斯等国的前、后向参与度差额更是高达30%以上,表明多数国家主要作为矿石产品的提供者积极融入区域价值链;在C12基本金属及金属制品行业中,除哈萨克斯坦、俄罗斯、印度尼西亚等国在基本金属及金属制品行业的前向参与度较高,多数国家主要作为金属产品的需求方融入区域价值链;C14电气和光学仪器的情况则和C02采矿和采石业正好相反——各国普遍具有较低的前向参与度和较高的后向参与度,爱沙尼亚、波兰、匈牙利、斯洛伐克和越南等国的前、后向参与度差额更是高达50%以上,表明多数国家主要作为电气和光学仪器中间品的需求者

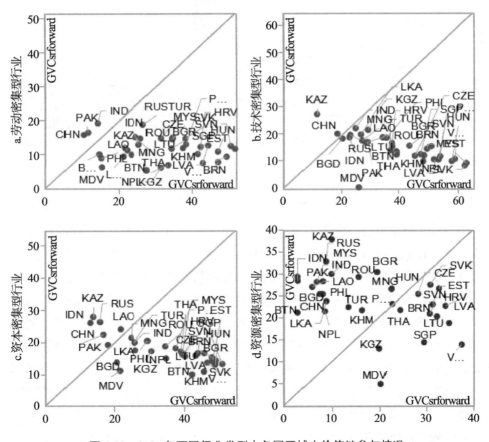

图4-11　2020年不同行业类型中各国区域内价值链参与情况

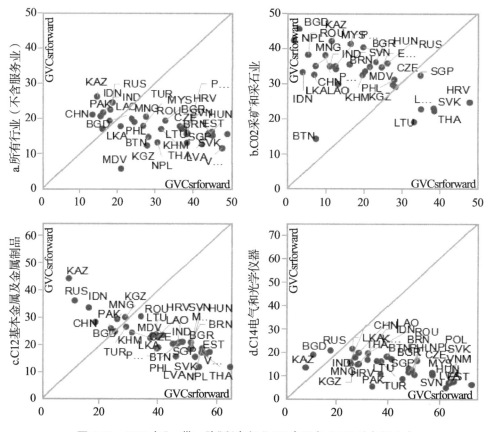

图 4-12　2020 年"一带一路"所有行业(不含服务业)及重点行业中
各国区域内价值链参与情况

积极融入区域价值链。后向参与度远高于前向参与度的情况也表明沿线国家对从区域内其他国家进口零部件的依赖程度非常高,这也预示着中国等电气和光学仪器中间品供应大国对沿线国家电气和光学仪器产品出口贡献巨大。

总体来看,除中国、俄罗斯、印度、印度尼西亚、哈萨克斯坦、巴基斯坦、孟加拉等少数国家位于价值链上游外,多数国家主要承担了下游环节的生产。结合细分行业的情况进一步来看,不同于发达国家主要通过提供技术含量较高的中间品嵌入价值链的上游环节,哈萨克斯坦、巴基斯坦、孟加拉等资源出口国主要是通过提供资源产品的方式嵌入上游环节,表明各国在价值链分工体系获利能力还处于相对较弱的水平,"一带一路"跨国生产的产业结构还有待进一步提升。尽管区域内价值链前向参与度与后向参与度二者平均提升幅度相差不大,但就绝对值来看,"一带一路"沿线国家的区域内价值链后向参与度还是显著高于前向参与度,表明沿线国家多数行业位于价值链下游,各国对进口零部件、资源等上游环节产品的依赖程度超过了它们作为供应商向他国提供产品的能力。这也从一定程度上反映出多数沿线国家的获利能力和价值链地位仍然相对较低的事实。

5. 基于增加值流转的"一带一路"典型跨国长产业链条刻画

上文利用投入产出模型分解出国内增加值(DVA),并借此辨明"一带一路"区域内价值创造最高的三个细分行业为 C14 电气和光学仪器、C12 基本金属及金属制品和 C02 采矿和采石业。进一步分析发现,中国是电气和光学仪器、基本金属及金属制品两个行业 DVA 创造最高的国家,而俄罗斯则是采矿和采石业 DVA 创造最高的国家。参考徐然等(2022)[204]的研究,本文分别以三个重点行业中 DVA 创造最高的国家为轴心,顺着上游和下游两条路径,即以轴心国家为起点或终点,找到由轴心国家展开的三个重点行业在不同国家、相同行业及不同行业间 DVA 流量最大的流转路径,筛选出生产工序散落在区域内三个不同国家的产业链条作为"一带一路"重点行业的典型跨国长产业链条。需要说明的是,在对流量最大 DVA 流转路径的筛选中,本文不光选取了增加值流转总额排名前三的"国家—行业",若排名前列的路径与考察的轴心国家行业一致,为了得到更具有讨论价值的"一带一路"跨国长产业链,本文也会从其他行业中选择流量最大的三条路径进行分析。由于重点行业在"一带一路"生产中发挥着重要作用,其典型跨国长产业链条中有多个关键国家参与跨国生产协作,因此,这类长产业链条对"一带一路"生产网络架构的稳定性起着重要支撑作用。辨明重点行业的典型跨国长产业链条对"一带一路"生产网络在行业层面的具象化具有一定的揭示作用。

(1)以"中国—电气和光学仪器"为枢纽的跨国长产业链分析

图 4-13 显示的是以"中国—电气和光学仪器"为枢纽的跨国长产业链条,链条左侧部分是"中国—电气和光学仪器"最为重要的上游环节,链条右侧部分是"中国—电气和光学仪器"最为重要的下游环节。对"中国—电气和光学仪器"而言,上游重要的"国家—行业"包括:马来西亚、新加坡、越南等国的电气和光学仪器行业,印度的其他制造业以及俄罗斯的采矿和采石业、基本金属及金属制品业以及航空运输业;下游重要"国家—行业"包括越南、印度、波兰、印度尼西亚和马来西亚等国的电气和光学仪器、批发贸易两个行业,还包括越南、印度、波兰的金融中介行业。以"中国—电气和光学仪器"为枢纽的跨国长产业链条反馈出以下

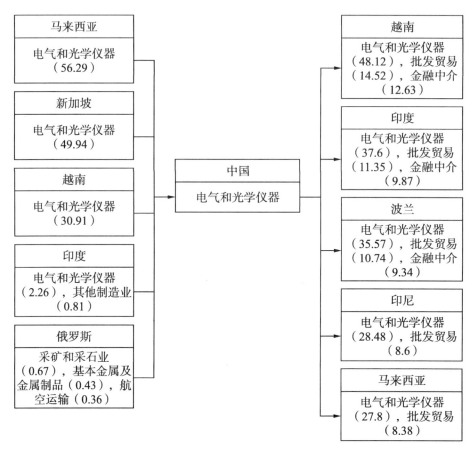

图 4-13　以"中国—电气和光学仪器"为枢纽的跨国长产业链

注：行业后括号中的数值为 2020 年实际 DVA 出口数据。

两方面的信息：第一，不论是上游还是下游环节，DVA 流量流转最大的几条路径均来自相同行业。"中国—电气和光学仪器"作为中间枢纽部门，从马来西亚、新加坡、越南等国的电气和光学仪器行业进口零部件用于生产，并将生产出的产品再次出口到下游的越南、印度、波兰、印度尼西亚和马来西亚等国。分工集中于同一行业内部，一方面与亚洲开发银行投入产出表（ADB2021）行业划分不够细致（仅有 35 个行业）有关，但另一方面也表明"一带一路"的电气和光学仪器行业发生了比较突出的生产分割现象；第二，相当比例的"中国—电气和光学仪器"进入下游越南、印度、波兰的批发贸易和金融中介两个行业，尽管这两个服务业不会直接拉动上述国家的生产，但是能通过拉动该国国内需求，或通过出口部门间接拉动位于该国下游的国家需求，使"一带一路"生产网络的产品流转更为畅通。

(2) 以"中国—基本金属及金属制品"为枢纽的跨国长产业链分析

图 4-14 显示的是以"中国—基本金属及金属制品"为枢纽的跨国长产业链条。对"中国—基本金属及金属制品"而言，上游重要的"国家—行业"包括：俄罗斯、印度尼西亚、哈萨克斯坦、越南、马来西亚等国的基本金属及金属制品业，俄罗斯的采矿和矿石业，越南和马来西亚的电气和光学仪器业；下游重要"国家—行业"包括泰国和越南的基本金属及金属制品业、金融中介、采矿和矿石业、批发贸易和电力、煤气和水电等行业。以"中国—基本金属及金属制品"为枢纽的跨国长产业链条反馈出以下信息："中国—基本金属及金属制品"作为中间枢纽部门，从俄罗斯、印度尼西亚、哈萨克斯坦、越南等国进口基本金属原材料及零部件、矿石原料、电气和光学仪器等生产资料用于生产，之后将生产出的产品出口

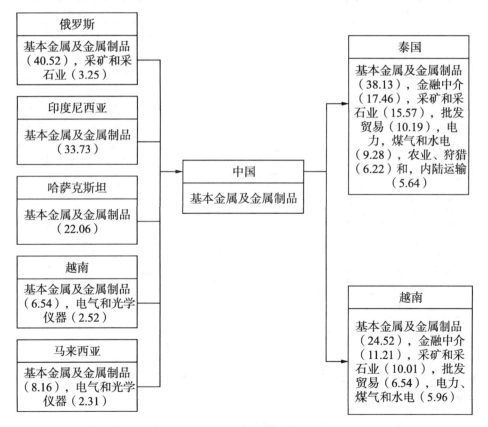

图 4-14 以"中国—基本金属及金属制品"为枢纽的跨国长产业链

注：行业后括号中的数值为 2020 年实际 DVA 出口数据。

到下游。其中,越南和泰国作为"中国—基本金属及金属制品"最重要的下游国家,吸收了相对较多的增加值。两国吸收中国增加值的行业分布相对较为广泛,除作为中间品进入相同行业的生产外,还作为最终品投入到了采矿和采石业及电力、煤气和水电等行业部门的生产中。此外,相当比例的"中国—基本金属及金属制品"进入了越南、泰国两国的金融中介、批发贸易两个行业,尽管这两个服务业不会直接拉动上述国家的生产,但是能通过拉动该国国内需求,或通过出口部门间接拉动位于该国下游的国家需求,使"一带一路"生产网络的产品流转更为畅通。

(3)以"俄罗斯—采矿和采石业"为枢纽的跨国长产业链分析

图 4-15 显示的是以"俄罗斯—采矿和采石业"为枢纽的跨国长产业链条。对

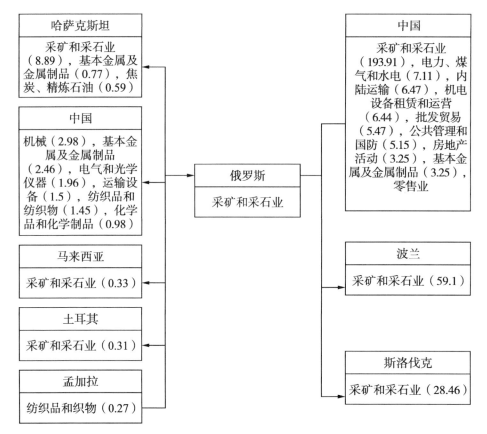

图 4-15 以"俄罗斯—采矿和采石业"为枢纽的跨国长产业链

注:行业后括号中的数值为 2020 年实际 DVA 出口数据。

"俄罗斯—采矿和采石业"而言,上游重要的"国家—行业"包括:哈萨克斯坦的采矿和采石业,基本金属及金属制品业,焦炭、精炼石油;中国的机械,基本金属及金属制品业,电气和光学仪器,运输设备,纺织品和织物等行业。下游重要"国家—行业"包括:中国、波兰和斯洛伐克的采矿和采石业,中国的电力、煤气和水电、内陆运输、机电设备租赁和运营、批发贸易、公共管理和国防、房地产活动等行业。以"俄罗斯—采矿和采石业"为枢纽的跨国长产业链条反馈出以下信息:第一,"俄罗斯—采矿和采石业"不仅是中国采矿和采石业行业原材料最重要的来源地,还在上游产业链中起到了连接上游国家(哈萨克斯坦),并为中国提供生产原料支持的关键作用;第二,"俄罗斯—采矿和采石业"从中国进口机械、基本金属及金属制品业、电气和光学仪器、运输设备等行业产品作为生产工具用于生产,之后再将大部分矿石产品作为原材料或中间产品出口到中国,表明中国在"俄罗斯—采矿和采石业"为枢纽的跨国长产业链中扮演了极为重要的角色,同时也从侧面反映出中、俄两国产业结构互补,在合作中达成了优势互补、互惠互利的双赢局面;第三,"俄罗斯—采矿和采石业"流入"中国—采矿和采石业"的DVA高达193.91亿元,是所考察的"一带一路"典型跨国长产业链条中DVA流量最高的路径,说明"俄罗斯—中国"这条增加值流转路径在"一带一路"生产网络中起到重要支撑作用。

第四节 本章小结

本章首先从"一带一路"的全球化与区域化两个层面陈述了"一带一路"生产网络形成的特征事实。之后,详细考察了"一带一路"区域内的产业间分工、产业内分工与产品内分工的具体情况,并辨析了其与东亚、欧洲和北美三大成熟国际生产网络的差异化特征。再进一步地运用投入产出法从价值链的角度考察了"一带一路"国际分工中的利益分配。最后,选取"一带一路"区域内价值创造最高的三个细分行业,同时通过与三大国际生产网络对比,辨析"一带一路"生产网络区别于其他生产网络的特征,进一步刻画出"一带一路"重点行业的典型跨国长产业链条。研究得到:

第一,一方面,"一带一路"地区生产的商品在世界市场所占比重持续上升,已经成为影响世界市场的一股重要力量。另一方面,"一带一路"沿线国家彼此之间的依赖性逐渐增强。"一带一路"区域内贸易总额的增长速度远超东亚、北美和欧洲三大国际上发展较为成熟生产网络,"一带一路"沿线国家之间的贸易关系呈现出明显的区域化发展的趋势。此外,"一带一路"来自区域内的实际FDI快速增长,年平均增速高于其他三大生产网络及全球实际FDI的增长速度。来自区域内快速增长的FDI,为"一带一路"区域内各国合作向纵深化发展提供了极大的支持。

第二,针对产业间分工情况的研究表明,"一带一路"区域内的产业间分工占比正在下降,但和东亚、欧洲以及北美三大区域以产业内分工为主导的国际分工模式不同,产业间分工始终是"一带一路"区域内最近20年间最主要的国际分工模式。俄罗斯、伊拉克、卡塔尔、阿曼、哈萨克斯坦、印度尼西亚主要负责资源密集型产业的生产;中国、俄罗斯主要负责资本密集型产业的生产;马来西亚、新加坡主要负责高技术密集型产业的生产;中国、新加坡主要负责中高技术密集型产业的生产;中国主要负责高劳动密集型产业的生产;中国、泰国、印度尼西亚主要负责中高密集型产业的生产。"一带一路"倡议提出后,沿线国家在产业间形成了互补式分工,各国间的经贸联系得到进一步强化,"一带一路"形成了优势互补、井然有序的分工格局。

第三,针对产业内分工情况的研究表明,"一带一路"产业内贸易指数的提升速度快于东亚、欧洲和北美三大区域,但"一带一路"产业内贸易水平仍然相对较低,当前"一带一路"最主要的分工模式依然是产业间分工;"一带一路"区域内分工模式改变最大的三个产业依次为资本密集型产业、资源密集型产业和中高劳动密集型产业。资源密集型产业和中高劳动密集型产业区域内产业内分工占比的提升表明"一带一路"区域内联系正逐年加强。而资本密集型产业区域内产业内分工占比大幅提升预示着"一带一路"区域内产业发展基础、产业结构以及分工层次取得了较大的提升;新加坡、斯洛文尼亚、马来西亚、立陶宛、匈牙利、中国、印度、菲律宾等国具有相对较高的产业内贸易水平,但超过半数的"一带一路"国家在区域内的产业内分工比重低于产业间分工。从动态演化的角度看,多数沿线国家参与"一带一路"产业内分工的水平都取得了不小的提升。各国参与"一带一路"产业内分工的纽带进一步形成,尤其是中国周边国家从中受益匪浅。

第四,针对产品内分工情况的研究表明,"一带一路"生产网络产品内分工规模仅次于欧洲生产网络,高于东亚和北美生产网络;2000—2020年,"一带一路"区域内贸易中的中间品贸易平均占比高达69.5%,高于东亚、欧洲和北美,说明

"一带一路"和东亚的"生产分割"现象比欧洲和北美突出。"一带一路"区域内分工虽然也存在和东亚类似的"中间品贸易占比高、最终消费品贸易占比低"的特征,但"一带一路"的消费市场成长速度更快;20年来,俄罗斯始终充当着"一带一路"区域内最大初级产品提供者的角色,中国以碾压性的优势取代新加坡和俄罗斯成为"一带一路"区域内零部件、半成品、资本品和消费品的提供者。同时,中国、新加坡、印度、越南等国正逐渐成为区域内初级产品、零部件和半成品的最大吸纳方,表明上述国家承担了区域内主要制造中心的角色;"一带一路"各沿线国家凭借比较优势融入生产网络,并在区域内形成了错综复杂的生产分工网络。

第五,针对"一带一路"价值链体系变化与典型跨国长产业链条的研究表明,"一带一路"增加值创造正在快速提升,尤其在技术密集型行业中表现更为明显;"一带一路"价值链体系具有内向化发展的趋势;沿线国家快速融入到了"一带一路"价值链分工体系中;"一带一路"形成了以"中国—电气和光学仪器""中国—基本金属及金属制品""俄罗斯—采矿和采石业"为枢纽的跨国长产业链条,上述长产业链条对"一带一路"生产网络架构的稳定性起着重要支撑作用。

本章描述"一带一路"生产网络形成的特征事实,辨析"一带一路"生产网络区别于其他生产网络的特征,是后文开展网络结构分析、形成机制分析及实证检验的前提保证。

第五章 "一带一路"生产网络的结构特征分析

本章以基于增加值核算体系分解得到的国内增加值数据为衡量指标,构建了"一带一路"生产网络的无权及加权两类模拟网络,从"总体—国家"和"行业—国家"两个层级以及整体、群体和个体三个层面,分别考察了"一带一路"生产网络的结构特征。

第一节 "一带一路"生产网络的衡量指标及网络模型构建

1. "一带一路"生产网络的衡量指标

在当前的主流研究中,国际生产网络的衡量方式主要有两类:一类是选用中间品贸易情况作为国际生产网络的衡量变量[71,205],另一类是选用基于投入产出表测算的增加值贸易情况作为国际生产网络的衡量变量[7,206]。使用中间品贸易数据衡量国际生产网络的优势在于各国的中间品贸易数据相对更为齐全,但对于生产工序高度分割的产品,其贸易价值中包含了由上游国家创造的价值,直接使用贸易数据进行统计,无法辨清各国在分工中的真实贡献。增加值数据则较好地弥补了中间品贸易数据的缺陷,它不仅充分考虑到各国在分工中的真实贡献,且数据消除了双重征税的问题,更为重要的是,增加值数据体现出的是一个生产概念而不仅仅是贸易[80],因此,增加值数据对国际生产网络的衡量具有更好的适用性。

基于上述分析,本文选用基于亚洲开发银行投入产出表(ADB2021)测算的双边出口中的国内增加值(DVA)数据作为"一带一路"生产网络的衡变量。

ADB2021 包括 63 国,其中涵盖了 33 个"一带一路"沿线国家,尽管样本数量不高,但这 33 个国家在 2020 年的出口占 65 国出口总额的 85.17%,说明所选国家代表性极强,能够很好地反映出"一带一路"生产网络的主体全貌。DVA 数据的分解方法及数据来源详见上一章中的解释。

2. 网络模型构建

从网络分析的角度将"一带一路"生产网络中的国家标记为节点,各国间的生产分工与合作关系作为节点间的连边,可以得到一个用有序三元组表示的生产分工与合作关系系统 S:

$$S=(N,E,T) \quad (5\text{-}1)$$

上式中, $N=\{n_1,n_2,\cdots,n_k\}$ 为节点集,集合中的元素 n_j 表示"一带一路"生产网络中的国家。$E=\{e_{ij}\}$ 为连边的集合,表示沿线国家 n_i 和 n_j(后简称 i 国和 j 国)之间的生产分工与合作关系,本文用剔除通货膨胀影响后的实际国内增加值(DVA)流转情况来反映这一关系。即 i 国和 j 国间存在两条连边,分别为 i 国和 j 国出口的实际国内增加值 e_{ij} 及 j 国对 i 国出口的实际国内增加值 e_{ji}。$T=\{t_1,t_2,\cdots,t_k\}$ 为"一带一路"生产分工与合作关系集合,集合中的元素表示"一带一路"生产网络中流动的增加值(即各国在国内生产中创造的价值)。

为了更好地展现"一带一路"生产网络的复杂网络特质,本文运用社会网络分析方法构建了无权网络 $A^t=\{a_{ij}^t\}$ 及加权网络 $W^t=\{w_{ij}^t\}$ 两类模拟网络。为保证网络的稀疏性,以凸显网络中的重要关系,参考李敬等(2017)[6]的研究,设定无权网络的阈值为 1 亿美元:如果 i 国和 j 国出口的实际国内增加值不小于 1 亿美元,则将两国间的这一生产分工与合作关系纳入考察,设定 $a_{ij}^t=1$;如果 i 国对 j 国出口的实际国内增加值小于 1 亿美元,则在无权网络的构建中忽略两国间的这一生产分工与合作关系,设定 $a_{ij}^t=0$。加权网络以边的权重来区分重要关系,只要两国间有生产分工与合作发生,即两国间存在国内增加值流动,两国在加权网络中就存在连边,边权重 w_{ij}^t 为 t 时期 i 国对 j 国出口的以"亿美元"为单位的实际国内增加值。为全面考核"一带一路"生产网络的结构特征及其动态演化,本文从"总体—国家"和"行业—国家"两个层级构建出 2000 年及 2007—2020 年(2002—2006 数据缺失)的模拟网络,部分年份的模拟网络(图 5-1)。

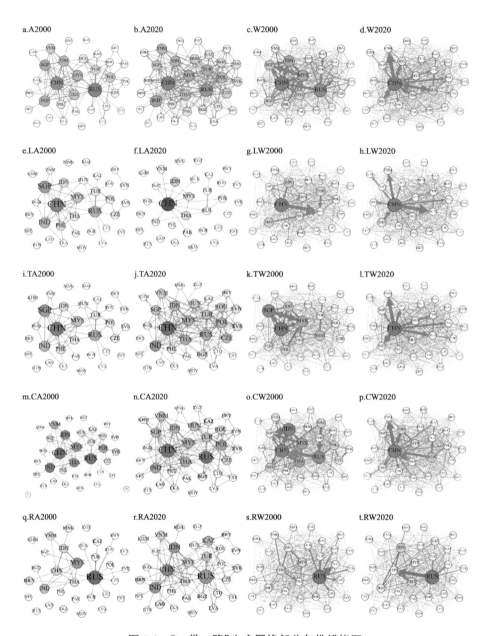

图 5-1 "一带一路"生产网络部分年份模拟图

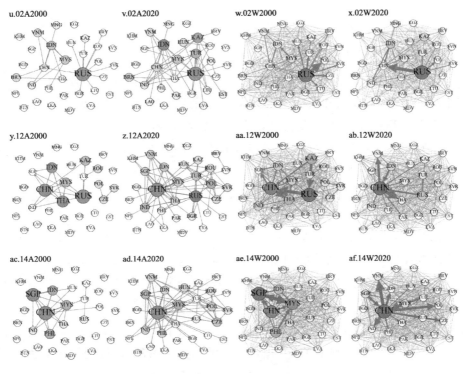

图 5-1 （续）

注：图 5-1 采用 Gephi0.9.2 绘制，同一个子图中的节点与标签大小与该国在网络中的跨国生产合作规模（即实际 DVA 流出规模）呈正比，但不同子图中节点与标签大小不等同于实际 DVA 流出比例。子图标题中的"A"代表无权网络，"W"代表加权网络。第 1 行的四张子图代表"一带一路"生产网络总体 2000 及 2020 年的无权网络和加权网络模拟图。之后的每一行分别代表一类（个）行业不同年份及类型的模拟图，从第 2 行至第 8 行代表的行业依次是：劳动密集型行业、技术密集型行业、资本密集型行业、资源密集型行业、C02 采矿和采石业、C12 基本金属及金属制品业、C14 电气和光学仪器业。

第二节 基于整体层面的网络结构特征分析

在"一带一路"生产网络整体层面的网络结构特征研究上，本文首先运用出度、出强度、平均路径、直径、互惠性等指标描述了网络规模演化及联通特征。进一步地，运用密度分析、派系和 K—核等分析方法对网络的密度和凝聚力进行分析。

1. 网络规模演化及连通特征分析

（1）分析指标说明

①出度。对于无权网络，节点度表示一个节点与其他节点的连线数量。有向网络有出度和入度两种指标，本文主要考核前者。节点 i 的出度表示 i 国出口一定规模（本研究中为1亿美元及以上）的实际国内增加值流向的目标国家数量。出度越大，说明该国主动向外构建生产分工与合作关系的伙伴越多。将"一带一路"生产网络 t 年节点 i 的出度 $k_i^{out}(t)$ 定义为：

$$k_i^{out}(t) = \sum_{j=1}^{n(t)} a_{ij}(t) \tag{5-2}$$

上式中，t 为年份，$a_{ij}(t)$ 表示 t 年 i 国主动与 j 国构建的生产分工与合作关系，$n(t)$ 为 t 年"一带一路"生产网络中的国家集合。

②出强度。节点强度 s_i 是加权网络的测度指标，这一指标整合了度和边权两方面的特征，将其定义为与节点 i 相连的所有连边权重之和。节点强度分为出强度和入强度两类，本文主要考核前者。节点 i 的出强度表示 i 国出口以"亿美元"为单位的实际国内增加值总额，节点的出强度值越大，说明该国对外构建的生产分工与合作关系强度越大。将"一带一路"生产网络 t 年节点 i 的出强度 $s_i^{out}(t)$ 定义如下：

$$s_i^{out}(t) = \sum_{j=1}^{n(t)} w_{ij}^t \tag{5-3}$$

③平均路径长度。在无权网络中，平均路径长度 APL 用于测量从一个节点出发并到达另一个节点的平均路径距离，这一指标通常用于表征网络中节点间信息传递的效率。在"一带一路"生产网络中，如果 i 国与 j 国在网络中的路径长度为1，表明两国在"一带一路"生产网络中是直接连通的；如果两国在网络中的路径长度为2，则表明两国在"一带一路"生产网络中需要借由另一个"中介"国家进行连接。因此，网络的平均路径长度与网络直径越小，表明各国在网络中的连通效率越高。用 d_{ij} 表示 i 国与 j 国在网络中的路径长度，得到公式：

$$APL = \frac{1}{N(N-1)} \sum_{i \geqslant j} d_{ij} \tag{5-4}$$

④互惠系数。互惠系数 r 用于测量无权网络中两个节点间双向连边占网络中连边总数的比例。若"一带一路"生产网络的互惠系数较大，即沿线国家间拥有较高比例的双向 DVA 输出，表明沿线国家间的生产分工与合作具有互惠特

性。用 $E^{\leftrightarrow}$ 指代网络中双向边的数量，E 指代网络中的连边总数，得到如下所示的互惠系数 r：

$$r=\frac{E^{\leftrightarrow}}{E} \tag{5-5}$$

(2) 测算结果分析

本文采用 Python 软件对上述指标进行测算，计算结果如表 5-1 所示。受全球金融危机、全球贸易大崩溃以及新型冠状病毒感染的影响，"一带一路"生产网络的平均出度、平均出强度在上述三个时期有所波动，但就长远来看，两个指标均呈现出明显的上升趋势，表明"一带一路"生产网络的规模在过去 20 年中得到了极大的提升。"一带一路"生产网络的平均路径长度呈现明显下降的趋势，而互惠系数则呈现明显上升的趋势，表明沿线国家在网络中分工与合作的"距离"越来越小，国家间双向 DVA 输出的情况逐渐增多，互惠特征日益明显，预示着各沿线国家在"一带一路"生产网络中经贸往来的通达性明显提升。

表 5-1 "一带一路"生产网络的规模及联通特征指标

年份	平均出度	平均出强度	平均路径长度	互惠系数
2000	4.27	28.03	2.15	0.47
2007	7.42	95.67	1.82	0.60
2008	7.94	116.53	1.85	0.58
2009	7.85	101.34	1.86	0.57
2010	7.82	119.12	1.83	0.57
2011	8.03	144.17	1.81	0.62
2012	8.15	154.65	1.80	0.61
2013	8.09	153.55	1.77	0.60
2014	8.30	149.07	1.77	0.58
2015	7.91	128.36	1.80	0.57
2016	8.21	127.95	1.79	0.58
2017	8.48	154.89	1.78	0.59
2018	9.33	181.71	1.74	0.67
2019	9.94	217.34	1.72	0.68
2020	9.67	207.06	1.76	0.68

注：2002—2006 年数据缺失，故这 5 年的相关指标未在表中体现。

进一步就行业层面生产网络的规模演化和连通特征来看，不同行业生产网络的规模及通达性存在较大差别。图 5-2 展示了细分行业生产网络规模和连通特征的变化。其中,平均出度值的对比显示技术密集型行业和资本密集型行业生产网络的平均出度值约为劳动密集型行业和资源密集型行业的两倍,表明沿线各国在"一带一路"生产网络的生产分工与合作关系多发生于技术密集型行业和资本密集型行业。但从演化的角度看,劳动密集型行业生产网络的平均出度提升速度显著快于其他三个行业类别,说明"一带一路"生产网络新形成的生产分工与合作关系主要发生于劳动密集型行业。三个流向区域内其他国家的国内增加值总额最高的核心行业中,C12 基本金属及金属制品生产网络平均出度值和提升速度都领先于其他两个核心行业,表明沿线各国在"一带一路"生产网络的既有生产分工与合作关系及新形成的生产分工与合作关系多发生于基本金属及金属制品行业。

图 5-2 中平均出强度值的对比显示,技术密集型行业生产网络的平均出强度值及提升速度都领先于其他三类行业,表明技术密集型行业成为"一带一路"生产网络中最为重要的一类行业。三个核心行业中,C14 电气和光学仪器生产网络平均出强度值领先于其他两个核心行业,表明电气和光学仪器行业是三个核心行业中跨国生产分工与合作最深入的行业。C02 采矿和采石业生产网络当前的生产分工与合作关系数量、合作强度及二者的提升速度都显著小于另外两个核心行业,说明相比基本金属及金属制品行业与电气和光学仪器行业,采矿和采石业在"一带一路"生产网络中的重要性正在逐渐下降。

图 5-2 中平均路径长度值的对比显示,技术密集型行业生产网络的平均路径长度值及下降速度都领先于其他三类行业,即各沿线国家在技术密集型行业的跨国生产分工与合作"距离"最小,且国家间合作"距离"下降最快,表明沿线国家在技术密集型行业的跨国生产分工与合作效率及经贸往来的通达性快速提高。三个核心行业中,C02 采矿和采石业生产网络的平均路径长度最小,C12 基本金属及金属制品次之,C14 电气和光学仪器相对最长。可能的解释是,采矿和采石业的生产环节没有另外两个核心行业复杂,随着跨国运输成本的下降,一些沿线国家在采矿和采石业的生产分工与合作逐渐绕过中间国家直接开展合作,合作效率得以快速提升。再仔细剖析电气和光学仪器行业生产网络的平均路径长度变化发现,尽管电气和光学仪器行业生产网络在最近 20 年间的平均路径长度大于其他两个核心行业,但从 2017 年开始,其平均路径长度大幅下降,下降速度远快于其他两个行业。可能的解释是,电气和光学仪器行业的生产环节经历了从

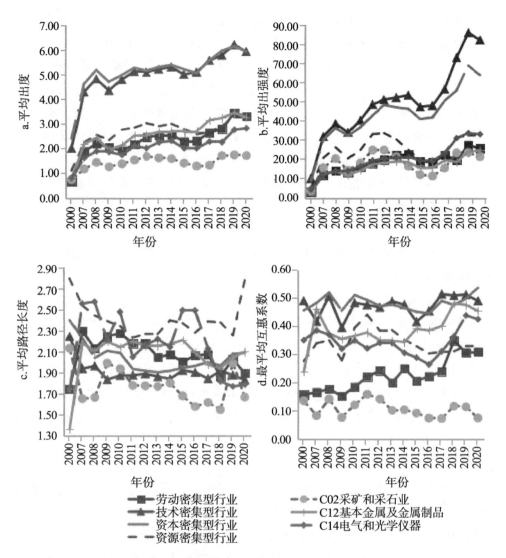

图 5-2 细分行业生产网络的规模及联通特征

注：2002—2006 年数据缺失，故这 5 年的相关指标未在图中体现。

"集中"到"分散"再到"集中"的转变：初始阶段，由于技术的提升，生产环节被置于更具比较优势的国家，生产分割呈现"分散化"发展趋势。之后，由于规模经济的出现，一些沿线国家倾向于将这一行业中的生产集中于少数几个国家，生产分割从"分散"转向"集中"，沿线国家的合作效率得以快速提升。

图 5-2 中平均互惠系数值的对比显示，资本密集型行业的平均互惠系数值最高，技术密集型行业次之，资源密集型行业和劳动密集型行业排最后。表明沿线

国家在资本密集型行业和技术密集型行业的生产分工与合作中的互惠特征比资源密集型行业和劳动密集型行业明显。三个核心行业中，C12基本金属及金属制品的平均互惠系数最大，C14电气和光学仪器次之，C02采矿和采石业最小。其中，基本金属及金属制品生产网络当前的互惠系数及提升速度都显著高于另外两个核心行业，说明在"一带一路"生产网络中，沿线国家在基本金属及金属制品行业开展跨国生产分工与合作的互惠特性最为突出。而与之相反的情况是，采矿和采石业历年的互惠系数不仅显著低于另外两个核心行业，还呈现明显下降趋势，表明沿线国家在采矿和采石业的DVA输出具有明显的"单线程"特征。

2. 网络关系紧密度分析

本文通过计算整体网络的密度来描述"一带一路"生产网络中各国生产分工与合作关系的紧密程度，并使用派系和K—核两个指标反映"一带一路"生产网络中的凝聚力。

(1)分析指标说明

①密度。网络密度可以反映"一带一路"生产网络各国间生产关联关系的紧密程度，网络密度越大表明各国间的生产分工与合作关系越紧密，生产网络对各国的影响也越大。网络密度可被定义为网络中实际关系数量与理论上的最大关系数量之比[48]，该指标取值范围为[0,1]。由n个国家构成的有向关系网络(Directed Graph)包含的可能存在的最大关联关系总数为$n\times(n-1)$，如果该网络中包含的实际关联关系数量为m，则该网络的网络密度D等于：

$$D=m/n\times(n-1) \qquad (5-6)$$

②凝聚子群。凝聚子群可以反映"一带一路"生产网络沿线国家间的小团体集聚现象以及小团体内部合作关系的紧密程度。这种小团体并不具备国家经贸联盟的实际意义，只作为团体内国家生产分工与合作行为层面亲疏关系的体现。下文用两个指标来反映"一带一路"生产网络的凝聚力：派系。派系是指最少包括三个国家的最大完备子群，派系内任意两个国家间有直接经贸关系，因此派系是团体内联系非常紧密的小团体。网络中合作紧密的小团体越多，说明网络的凝聚力越强。K—核。K—核是指某小团体中所有国家至少与该小团体内的K个其他国家有生产分工与合作关系，K值越大，表明该小团体的凝聚力越强。

(2)测算结果分析

表5-2展现了计算得到的"一带一路"生产网络密度及凝聚子群演化情况，结果显示：受全球金融危机、全球贸易大崩溃以及新型冠状病毒感染的影响，"一带

一路"生产网络的密度、最小规模为 3 或 5 的派系数量、最大 K—核 K 值在上述三个时期有所波动,但就长远来看,四个网络关系紧密度的衡量指标均呈现出明显的上升趋势:密度由 2000 年的 0.13 增长到 2020 年的 0.30,最小规模为 3 的派系数量由 2000 年的 21 增长到 2020 年的 23,最小规模为 5 的派系数量由 2000 年的 10 增长到 2020 年的 18,最大 K—核 K 值由 2000 年的 11 增长到 2020 年的 16,以上信息皆表明沿线国家在"一带一路"生产网络中的生产分工与合作关系日趋紧密,"一带一路"生产网络对沿线各国的影响呈现明显提升的趋势。进一步就"一带一路"生产网络的凝聚力演变来看,网络中最小规模为 3 以及最小规模为 5 的派系数量在考察年度中都保持在 10 以上的高位水平上,表明沿线国家在"一带一路"生产网络中倾向于"抱团合作"。就"抱团合作"的国家间合作关系的紧密度进行考察发现,最大 K—核 K 值从 11 稳步提升至 16,意味着 2020 年规模最大的小团体中的国家至少与其他 16 国有跨国生产分工与合作,表明"一带一路"生产网络内规模最大的小团体内的凝聚力在合作中得到进一步增强。

表 5-2 "一带一路"生产网络的密度及凝聚子群演化情况

年份	密度	派系 (最小规模为 3)	派系 (最小规模为 5)	最大 K—核 K 值
2000	0.13	21	10	11
2007	0.23	20	16	14
2008	0.25	25	21	14
2009	0.25	25	20	14
2010	0.24	25	22	14
2011	0.25	24	19	14
2012	0.25	24	21	14
2013	0.25	24	20	14
2014	0.26	27	24	15
2015	0.25	23	19	14
2016	0.26	26	23	15
2017	0.27	23	20	15
2018	0.29	21	16	17
2019	0.31	23	18	17
2020	0.30	23	18	16

注:2002—2006 年数据缺失,故这 5 年的相关指标未在表中体现。

进一步就行业层面生产网络的规模演化和连通特征来看,不同行业生产网络的关系紧密度存在较大差别。图 5-3 中,细分行业生产网络关系紧密度衡量指标的对比显示:技术密集型行业和资本密集型行业生产网络的密度、派系数量和最大 K—核 K 值都明显高于劳动密集型行业和资源密集型行业,表明沿线国家在技术密集型行业和资本密集型行业生产网络跨国生产分工与合作的关系紧密度和凝聚力都更胜于劳动密集型行业和资源密集型行业。这一变化特征在三个

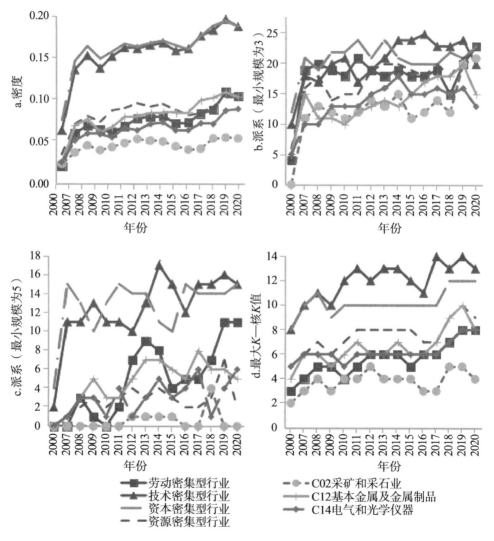

图 5-3 细分行业生产网络的密度及凝聚子群演化情况

注:2002—2006 年数据缺失,故这 5 年的相关指标未在图中体现。

核心行业中也得以体现：作为资源密集型行业代表的 C02 采矿和采石业，不论是网络密度、派系数量和最大 K—核 K 值都远远低于另外两个核心行业，表明相比采矿和采石业，基本金属及金属制品和电气和光学仪器生产网络的生产分工与合作关系更为紧密，沿线国家的"抱团合作"倾向更强，网络的凝聚力也更强。

第三节　基于群体层面的网络结构特征分析

在"一带一路"生产网络群体层面的结构特征研究上，本文首先运用聚类系数辨明沿线国家在"一带一路"生产网络中具有聚类倾向。之后，在通过模块度和标准化互信息（NMI）指标确定社团划分质量高和成员构成具有一定稳定性的基础上，运用 Louvain 算法对"一带一路"生产网络总体层面及行业层面的社团情况进行探测与分析。

1. 聚类分析

分析指标说明聚类系数被用于描述网络中节点之间集结成团的程度，测度的是一个节点的邻接节点之间相互连接的程度，背后体现的是你朋友的朋友也可能是你的朋友的思想。节点的聚类系数越高，该节点的近邻之间的关联就越紧密。通过研究聚类系数，可以更好地说明"一带一路"生产网络的紧密度。在无权网络中，对于有 k 条边的节点 i，其聚类系数 C_i^T 如下所示：

$$C_i^T = 2n_i / k_i(k_i - 1) \tag{5-7}$$

上式中，n_i 是节点 i 的 k 个邻居间的边的数量。如果 $C_i^T = 0$，表示节点 i 的邻接节点之间都没有连通；如果 $C_i^T = 1$，表明节点 i 的所有邻接节点之间都互相连通。C_i^T 越高，聚类性越高，而高聚类性表明在节点周围的邻接节点之间有很好的连通性。

在加权网络中，对于有 k 条边的节点 i，其加权网络聚类系数 C_i^w 如下所示：

$$C_i^W = \frac{1}{k_i(k_i - 1)} \sum_{j,k} (w_{ij} w_{ik} w_{jk})^{\frac{1}{3}} \tag{5-8}$$

上式中，w_{ij} 为节点 i 与节点 j 连边的权重，w_{ik} 为节点 i 与节点 k 连边的权重，w_{jk} 为节点 j 与节点 k 连边的权重。加权网络聚类系数 C_i^w 反映了该节点和与它邻接的节点之间的集团性质。一般而言，C_i^w 值越大，表明节点 i 与邻接节点之间的联系越紧密[207]。由于单个节点受到该节点移动路径的影响很大，因此

需要分析整个网络的节点聚集情况。将整个网络的聚类系数定义为所有节点的聚类系数的均值，即

$$C = \frac{1}{n} \sum C_i \tag{5-9}$$

本文用聚类系数来衡量"一带一路"生产网络内的集团化程度，并采用Python软件进行运算。由表5-3可看出，不论是无权网络还是加权网络，网络的平均聚类系数都比较高，说明"一带一路"生产网络的整体连通性很好。从动态演化的角度看，受全球金融危机、全球贸易大崩溃以及新型冠状病毒感染的影响，无权网络和加权网络的聚类系数都在个别年份出现了波动，但就长远来看，聚类系数呈现出明显的上升趋势：无权网络聚类系数由2000年的0.711上升到2020年的0.822，加权网络聚类系数由2000年的0.937上升到2020年的0.984，表明"一带一路"生产网络内的集团化程度在过去20年中得到了提升。

表5-3 "一带一路"生产网络的聚类系数

年份	无权网络	加权网络
2000	0.711	0.937
2007	0.816	0.972
2008	0.810	0.971
2009	0.809	0.972
2010	0.808	0.973
2011	0.813	0.973
2012	0.805	0.972
2013	0.806	0.972
2014	0.808	0.975
2015	0.816	0.972
2016	0.812	0.972
2017	0.813	0.972
2018	0.833	0.972
2019	0.827	0.972
2020	0.822	0.984

注：2002—2006年数据缺失，故这5年的相关指标未在表中体现。

进一步就行业层面生产网络的平均聚类系数来看，不同行业生产网络内的集团化程度存在较大差别。图5-4中，细分行业生产网络平均聚类系数的对比显

示:在四个行业类别中,技术密集型行业具有相对更高的平均聚类系数,而资源密集型行业的平均聚类系数则相对最低。这一特征在三个核心行业中也得以体现:作为资源密集型行业代表的 C02 采矿和采石业,不论是在无权网络还是加权网络中,其聚类系数都低于基本金属及金属制品与电气和光学仪器这两个技术密集型行业,表明相比采矿和采石业等资源密集型行业,基本金属及金属制品和电气和光学仪器等技术密集型行业生产网络中的集团特征更为明显,"小集团"内的生产分工与合作关系也更为紧密。

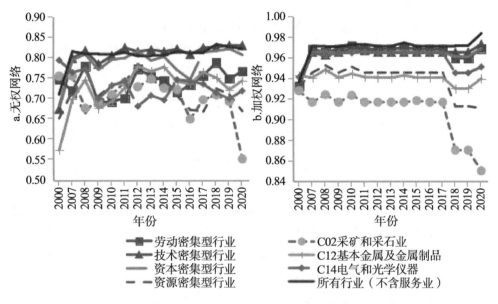

图 5-4　细分行业生产网络的聚类系数变化

注:2002—2006 年数据缺失,故这 5 年的相关指标未在图中体现。

2. 社团结构研究

复杂网络中的社团是指由网络节点构成的节点子集合,子集内部节点之间边的连接很紧密,而子集之间节点的连接较为稀疏[149]。"一带一路"生产网络也可能会分化成多个小团体,小团体内部各国间的关系相对紧密,而身处不同小团体的国家之间的关系相对疏松。

(1)模块度

模块度(Modularity)是最为常用的一种判断社团划分质量的指标[208]。本文采用 Louvain 算法来计算社团的模块度,即通过比较社团内部节点与身处不同社团的节点联系的紧密度来判断社团划分的质量,其计算公式如下所示:

$$Q = \frac{1}{2m}\left[w_{i,j} - \frac{A_i A_j}{2m}\right]\delta(c_i, c_j) \tag{5-10}$$

上式中，Q 为模块度，其取值范围在 0 和 1 之间。Q 值越大，表明社团结构的划分效果越好。现实研究中，Q 值通常介于 0.3 和 0.7 之间[209]。$A_i = \sum_j w_{i,j}$ 表示与节点 i 相连的所有边的权重之和。c_i 代表节点 i 所处社团，如果点 i 和节点 j 位于同一社团，则 $\delta(c_i, c_j)$ 等于 1，否则 $\delta(c_i, c_j)$ 等于 0，$m = \frac{1}{2}\sum_{i,j} w_{i,j}$。

(2) 社团稳定度检验

为了分析"一带一路"生产网络社团的稳定程度，本文利用标准化互信息（Normalized Mutual Information，NMI）指标来考察生产网络中的社团在不同年份的稳定程度。社团稳定度的计算公式如下所示：

$$NMI_{(t,t+1)} = \frac{\sum_{h=1}^{k^t}\sum_{l=1}^{k^{t+1}} n_{h,l}\log\left(\frac{nn_{h,l}}{n_h^t n_l^{t+1}}\right)}{\sqrt{\left(\sum_{h=1}^{k^t} n_h^t \log\frac{n_h^t}{n}\right)\left(\sum_{l=1}^{k^{t+1}} n_l^{t+1}\log\frac{n_l^{t+1}}{n}\right)}} \tag{5-11}$$

上式中，n_h^t 代表社团 h 在 t 年所拥有的国家数量，n_l^{t+1} 代表社团 l 在 $t+1$ 年所拥有的国家数量，$n_{h,l}$ 代表 t 年位于社团 h 而 $t+1$ 年变动至社团 l 的国家数量，n 代表生产网络 t 年拥有的国家数量。$NMI_{(t,t+1)}$ 的取值范围在 0 和 1 之间，当 t 年与 $t+1$ 年的社团划分结果完全相同时，$NMI_{(t,t+1)} = 1$；当 t 年与 $t+1$ 年的社团划分结果完全不同时，$NMI_{(t,t+1)} = 0$[210]。

(3) 社团划分的 Louvain 算法

Louvain 算法是当前应用最为广泛的社团划分算法之一[211]。算法执行流程依次为：初始阶段，将网络中的每个节点视为一个独立的社团。从网络中的所有节点中随机选择一个节点，执行算法步骤如下：

对于节点 i，先找出其在网络中的所有邻居节点，之后分别计算将节点 i 从其当前所在社团转移到其邻居节点 j 所在社团产生的模块度增益 ΔQ 的大小，ΔQ 的计算公式为：

$$\Delta Q = \left[\frac{\sum C_{in} + A_{i,in}}{2m} - \left(\frac{\sum tot + A_i}{2m}\right)^2\right] - \left[\frac{\sum in}{2m} - \left(\frac{\sum tot}{2m}\right)^2 - \left(\frac{A_i}{2m}\right)^2\right] \tag{5-12}$$

上式中，C_{in} 表示社团 C 内部所有连边的权重之和，$\sum tot$ 表示社团 C 内的节点与网络中所有节点之间连边的权重之和,A_i 表示节点 i 所有连边的权重之和,$A_{i,in}$ 表示社团 C 内部节点与节点 i 的连边权重之和,m 表示网络中所有连边的权重之和。能够找到产生最大模块度增益的邻居节点 j'。若最大模块度增益 $\Delta Q_{max} > 0$,则令 $c_i = c_{j'}$,即将节点 i 移动到节点 j' 所在社团。当所有节点都无法被移动时,说明社团划分已经实现了最优社团结构。此时,对网络进行聚合,生成一个新的网络。把相同社团内部的所有节点映射为新网络中的一个节点,将其称之为超节点。社团内部连边映射为新网络中超节点的自边,权重为内部连边权重之和。新网络中两个超节点之间连边的权重为其对应社团之间的连边权重之和。当新网络搭建完成后,返回到初始阶段的步骤,迭代运算直至所有节点都无法被移动,则运算终止。本文使用 Python 软件实现上述社团探测相关指标的计算。

上文中,经聚类分析可知,"一带一路"生产网络出现了日趋明显的集团特征,本文基于加权网络,运用 Louvain 算法进一步检测了"一带一路"生产网络的社团结构。图 5-5 展示了 2000—2020 年"一带一路"生产网络的模块度。由图 5-5 可看出,总体及细分行业生产网络的模块度数值在样本考察期的前几年呈现下降趋势,在 2014 年之后逐渐趋于平稳,总体及细分行业生产网络的模块度

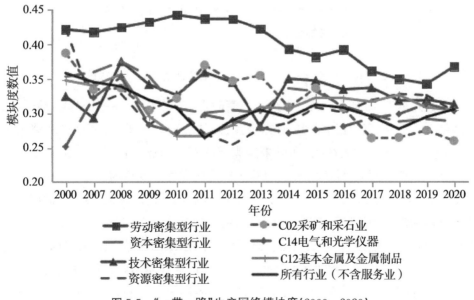

图 5-5 "一带一路"生产网络模块度(2000—2020)
注:2002—2006 年数据缺失,故这 5 年的模块度未在图中体现。

数值维持在 0.31 左右上下波动,表明"一带一路"生产网络形成了明显的社团化空间组织模式特征。

由图 5-6 中标准化互信息(NMI)即社团稳定度的计算结果可知,尽管社团稳定度有所起伏,但历年的社团稳定度均值高达 0.79,表明"一带一路"生产网络的社团成员构成虽有一定的变化,但是总体来看,成员构成相对稳定。

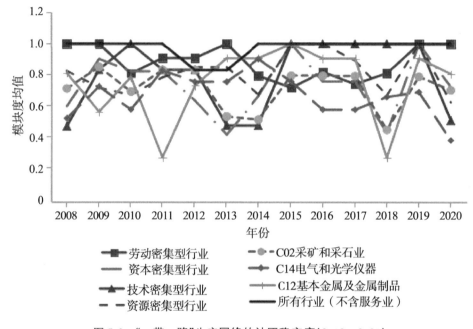

图 5-6 "一带一路"生产网络的社团稳定度(2008—2020)

本文选取 2013 年及 2020 年作为观察时点,考察了"一带一路"生产网络总体及细分行业层面的社团结构,研究得到:总体层面,"一带一路"生产网络形成了极具地域特征的两大社团,即以中国为首的东—南亚洲社团和以俄罗斯为首的欧洲—中亚—西亚社团,两大社团的成员构成在两个观察时点都未发生变化。其中,东—南亚洲社团包括 18 个成员国,除中国外,国内增加值(DVA)输出最多的国家包括南亚的印度尼西亚、印度及东南亚的马来西亚、泰国、新加坡;欧洲—中亚—西亚社团包括 15 个成员国,除俄罗斯外,东欧的波兰和捷克、西亚的土耳其以及中亚的哈萨克斯坦等国是欧洲—中亚—西亚社团 DVA 输出的主力国家。从社团间的横向比较来看,东—南亚洲社团中各国的平均 DVA 输出总额及增长速度都远高于欧洲—中亚—西亚社团,表明东—南亚洲社团是"一带一路"生产网络最为重要的组成部分,且其对"一带一路"生产网络的支撑作用还呈现出与日俱增的趋势。

进一步就行业层面生产网络的社团构成及演化来看,2013年"一带一路"劳动密集型行业生产网络由三个社团构成,分别是以中国为首的东—南亚洲社团、以土耳其为首的亚欧社团、以波兰为首的欧洲社团。其中,东—南亚洲社团包括

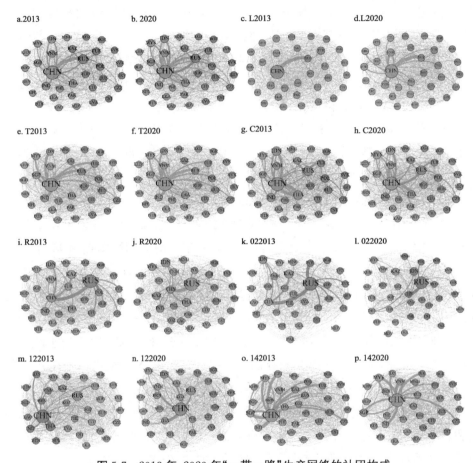

图 5-7 2013 年、2020 年"一带一路"生产网络的社团构成

注:图 5-7 采用 Gephi 0.9.2 绘制,同一个子图中相同颜色的节点同属于一个社团。同一个子图中的节点与标签大小与该国在网络中的跨国生产合作规模(即实际 DVA 流出规模)呈正比,但不同子图中节点与标签大小不等同于实际 DVA 流出比例。子图 a 和子图 b 代表"一带一路"生产网络总体 2000 年及 2020 年的社团演化。之后的子图每两个为一组,分别代表了一类(个)行业不同年份及类型的模拟图,从子图 c 到子图 p 代表的行业依次是:劳动密集型行业、技术密集型行业、资本密集型行业、资源密集型行业、C02 采矿和采石业、C12 基本金属及金属制品业、C14 电气和光学仪器业。

17个成员国,亚欧社团包括6个成员国,欧洲社团包括10个成员国。2020年,东—南亚洲社团未发生变化,而另外两个社团则发生了合并,原分属于两个社团的16国一同组成了以土耳其为首的欧洲—中亚—西亚社团。从社团间的横向比较来看,东—南亚洲社团中各国的平均DVA输出总额及增长速度都远远领先于欧洲—中亚—西亚社团,表明东—南亚洲社团是"一带一路"劳动密集型行业生产网络的重要支撑,且其对"一带一路"生产网络的支撑作用也呈现出与日俱增的趋势。进一步就社团内部成员国贡献来看,劳动密集型行业生产网络中,中国、印度、越南、孟加拉和泰国依次是东—南亚洲社团DVA输出总额排名前五位的国家,而土耳其、波兰、俄罗斯、罗马尼亚和捷克则依次是欧洲社团DVA输出总额排名前五位的国家。值得关注的是,孟加拉和越南两国在劳动密集型行业输出的DVA提升显著,快速成为东—南亚洲社团乃至"一带一路"劳动密集型行业生产网络中重要的发展力量。

技术密集型行业生产网络2020年的社团构成与2013年完全一致,"一带一路"技术密集型行业生产网络由以中国为首的东—南亚洲社团和以俄罗斯为首的欧洲—中亚—西亚社团两个社团构成。其中,东—南亚洲社团包括17个成员国,中国、新加坡、马来西亚、泰国依次为社团中国内增加值(DVA)输出最多的国家;欧洲—中亚—西亚社团包括16个成员国,俄罗斯、波兰、捷克、土耳其依次为社团中DVA输出最多的国家。从社团间的横向比较来看,在技术密集型行业,东—南亚洲社团中各国的平均DVA输出总额及增长速度都远远领先于欧洲—中亚—西亚社团,表明东—南亚洲社团是"一带一路"技术密集型行业生产网络的重要支撑,且其对"一带一路"生产网络的支撑作用也呈现出与日俱增的趋势。值得关注的是,俄罗斯在技术密集型行业输出的DVA有所下降,而马来西亚、泰国和越南等东南亚国家在技术密集型行业输出的DVA提升显著,快速成为东—南亚洲社团乃至"一带一路"技术密集型行业生产网络中重要的发展力量。

资本密集型行业生产网络2020年的社团构成较2013年发生了变化,2013年的网络由以中国为首的东—南亚洲社团、以俄罗斯为首的俄罗斯—哈萨克斯坦—吉尔吉斯斯坦—蒙古社团和以波兰为首的亚欧社团三个社团构成。其中,东—南亚洲社团包括17个成员国,亚欧社团包括12个成员国。2020年,东—南亚洲社团未发生变化,而另外两个社团则发生了合并,原分属于两个社团的16国一同组成了以俄罗斯为首的欧洲—中亚—西亚社团。从社团间的横向比较来看,在资本密集型行业,东—南亚洲社团中各国的平均DVA输出总额及增长速度都远远领先于欧洲—中亚—西亚社团,表明东—南亚洲社团是"一带一路"资本密集型行业生产网络的重要支撑,且其对"一带一路"生产网络的支撑作用也呈现出与日俱增的趋势。值得关注的是,新加坡在资本密集型行业输出的DVA提升显著,快速成为东—南亚洲社团乃至"一带一路"资本密集型行业生产网络中重要的发展力量。

相对而言,资源密集型行业生产网络是四类行业生产网络中社团构成变化最大的。2013年,"一带一路"资本密集型行业生产网络由以印度尼西亚为首的亚洲社团和以俄罗斯为首的欧洲社团构成。其中,亚洲社团包括20个成员国,欧洲社团包括13个成员国。2020年,网络发生了拆分与合并,新形成的三个社团是:以哈萨克斯坦为首,由印度、斯里兰卡、孟加拉等8国构成的中亚—南亚社团;以土耳其为首,由匈牙利、保加利亚、捷克等8国构成的西亚—欧洲社团;以俄罗斯为首,由印度尼西亚、泰国、马来西亚等17国构成的东亚—欧洲社团。从社团间的横向比较来看,在资源密集型行业,以俄罗斯为首的东亚—欧洲社团中各国的平均DVA输出总额及增长速度都远远领先于其他社团,表明东亚—欧洲社团是"一带一路"资源密集型行业生产网络的重要支撑,且其对"一带一路"生产网络的支撑作用也呈现出与日俱增的趋势。

就三个核心行业生产网络的社团构成来看,2013年的采矿和采石行业生产网络主要由以印度尼西亚为首的东—中—南亚洲社团和以俄罗斯为首的欧洲社团两个社团构成。其中,东—中—南亚洲社团包括20个成员国,欧洲社团包括12个成员国,另有一国马尔代夫成为被排除于两个社团之外的独立国家。2020年,采矿和采石行业生产网络的社团构成发生了较大的变化,网络由以哈萨克斯坦为首的亚洲社团、以俄罗斯为首的亚—欧社团和以匈牙利为首的欧洲社团三个社团构成。其中,亚洲社团包括15个成员国,哈萨克斯坦、马来西亚、印度、土耳其依次为社团中DVA输出最多的国家;亚—欧社团包括14个成员国,俄罗斯、印度尼西亚、蒙古、菲律宾依次为社团中DVA输出最多的国家;欧洲社团包括4个成员国,匈牙利、斯洛伐克依次为社团中DVA输出最多的国家。从社团间的横向比较来看,在采矿和采石行业,以俄罗斯为首的亚—欧社团中各国的平均DVA输出总额远远领先于其他社团,表明亚—欧社团是"一带一路"采矿和采石行业生产网络的重要支撑。

基本金属及金属制品行业生产网络的社团变化也相对较大。2013年,基本金属及金属制品行业生产网络由以中国为首的亚洲社团、以波兰为首的欧洲—

东南亚社团和以俄罗斯为首的另一个欧洲—东南亚社团三个社团构成。其中，亚洲社团包括 11 个成员国，以波兰为首的欧洲—东南亚社团包括 14 个成员国，以俄罗斯为首的另一个欧洲—东南亚社团包括 8 个成员国。2020 年，基本金属及金属制品行业生产网络的社团构成发生了较大的变化，网络由以印度为首的东南亚—南亚社团、以波兰为首的欧洲社团和以中国为首的欧—亚社团三个社团构成。其中，东南亚—南亚社团包括 13 个成员国，印度、马来西亚、泰国、越南依次为社团中 DVA 输出最多的国家；欧洲社团包括 12 个成员国，波兰、土耳其、捷克、斯洛伐克依次为社团中 DVA 输出最多的国家；欧—亚社团包括 8 个成员国，中国、俄罗斯、印度尼西亚、哈萨克斯坦依次为社团中 DVA 输出最多的国家。从社团间的横向比较来看，在基本金属及金属制品行业，欧—亚社团中各国的平均 DVA 输出总额及增长速度都远远领先于其他两个社团，表明欧—亚社团是"一带一路"基本金属及金属制品行业生产网络的重要支撑，且其对"一带一路"生产网络的支撑作用也呈现出与日俱增的趋势。

电气和光学仪器行业生产网络是三个核心行业中社团变化最小的。2013 年的电气和光学仪器行业生产网络由以中国为首的亚洲社团、以捷克为首的欧洲—西亚社团和以俄罗斯为首的俄罗斯—北部亚洲社团三个社团构成。其中，亚洲社团包括 16 个成员国，欧洲—西亚社团包括 12 个成员国，俄罗斯—北部亚洲社团包括 5 个成员国。2020 年的社团构成与 2013 年大体一致，两个小变化在于：尼泊尔由俄罗斯—北部亚洲社团转入了亚洲社团，巴基斯坦则由亚洲社团转入了欧洲—西亚社团。从社团间的横向比较来看，在电气和光学仪器行业，以中国为首的亚洲社团中各国的平均 DVA 输出总额及增长速度都远远领先于其他两个社团，表明亚洲社团是"一带一路"电气和光学仪器行业生产网络的重要支撑，且其对"一带一路"生产网络的支撑作用也呈现出与日俱增的趋势。

第四节 基于个体层面的网络结构特征分析

在"一带一路"生产网络个体层面的结构特征研究上，本文运用核心—边缘模型、中心性分析、结构洞分析及 Hubbel 影响力分析等方法具体分析了主要沿线国家在生产网络中的地位及影响力变化。

1. 核心—边缘模型分析

核心—边缘模型分析的目的在于识别"一带一路"生产网络中哪些国家处于

核心关键位置,哪些国家处于边缘位置。伯格蒂和埃弗里斯(Borgatti & Everett,2000)[212]指出,如果网络中节点度数呈偏态分布,且节点度数与强度正相关,表明该网络存在核心—边缘结构。经计算,"一带一路"生产网络历年模拟网络的节点度数都呈现偏态分布,且节点度数与强度之间的相关系数皆大于0.6,表明"一带一路"生产网络存在核心—边缘结构。

核心—边缘模型具体又分为离散模型和连续模型两类。若数据是二值数据或定类数据,可以构建离散模型;若数据是定比数据或多值数据,可以构建连续模型。离散模型仅仅将网络中的节点归为核心和边缘两类,对于同一类别的节点无法区分其核心程度的大小,方法用途相对单一。而连续模型能具体测算出网络中每一个节点的核心度大小,因此可以将网络划分为核心、次一级核心(半边缘)和边缘三类甚至更多分类。有鉴于此,本文基于加权网络数据,运用连续模型测算沿线国家的核心度,公式如下:

$$\delta_{ij} = c_i c_j \tag{5-13}$$

上式中,δ_{ij}是事先假定的核心—边缘模型的理想模式矩阵,c_i表示i国在"一带一路"生产网络中的核心度。理想模式矩阵中,核心度比较高的点对在模式矩阵中的值也是高的,即网络中两国间的关系强度是两国与核心国接近性程度的函数[212]。埃弗里特和伯格蒂(Everett & Borgatti,1999)[213]利用基本的核心—边缘理想模型公式,编写了电脑程序并附挂在 UCINET 软件上,本文便利用这个程序分析了"一带一路"生产网络中的核心—边缘结构。

本文利用 UCINET 软件计算出各沿线国家在"一带一路"生产网络中的核心度,借鉴王雁斌等(2018)[214]的做法,将"一带一路"生产网络中核心度大于0.15的国家归为核心区域,核心度介于0.07和0.15之间的国家归为次核心区域,核心度小于0.07的国家归为边缘区域(表5-4)。

表5-4 "一带一路"生产网络中的核心—边缘结构

区域	2000	2013	2020
核心区域	中国(0.541)、马来西亚(0.504)、新加坡(0.421)、印度尼西亚(0.358)、泰国(0.241)、俄罗斯(0.179)、印度(0.154)	中国(0.922)、俄罗斯(0.259)	中国(0.930)、俄罗斯(0.178)、越南(0.165)

续表

区域	2000	2013	2020
次级核心区域	菲律宾(0.115)、越南(0.092)	印度尼西亚(0.143)、印度(0.135)、泰国(0.108)、越南(0.087)、新加坡(0.079)、土耳其(0.078)	印度(0.127)、泰国(0.124)、印度尼西亚(0.121)、马来西亚(0.110)
边缘区域	土耳其(0.058)、波兰(0.052)、哈萨克斯坦(0.042)、孟加拉(0.036)等24国	哈萨克斯坦(0.063)、马来西亚(0.063)、波兰(0.049)、巴基斯坦(0.027)等25国	波兰(0.064)、新加坡(0.057)、土耳其(0.047)、菲律宾(0.046)、捷克(0.034)等26国

注：括号内数字为经 UCINET 测算的各国在"一带一路"生产网络中的核心度。

从"一带一路"生产网络 2000 年、2013 年和 2020 年的核心及次级核心区域国家名单可以看出，一方面，"一带一路"生产网络的核心及次级核心区域范畴发生了改变。马来西亚、印度尼西亚、泰国、印度从核心区域退出，并进入"一带一路"生产网络的次级核心区域；新加坡、菲律宾分别从核心及次级核心区域退出，逐渐转变为"一带一路"生产网络中的边缘国家；而越南作为原先位于次级核心区域的国家，其核心度不断提升，在 2020 年一举成为"一带一路"生产网络核心区域国家，说明"一带一路"生产网络呈现出开放的特征，网络中的核心及次级核心区域不断接受不同国家节点的信息，并积极建立联接关系，生产网络动态发展良好；另一方面，中国、俄罗斯、印度、马来西亚、印度尼西亚、泰国等国在"一带一路"生产网络的演化中始终处于核心或次级核心区域，表明上述国家在"一带一路"生产网络中的核心地位正趋于稳固。尤其值得关注的是，中国的核心度飞速提升：从 2000 年与马来西亚和新加坡悬殊不大的 0.541，提升至 2013 年已有明显领先优势的 0.922，再到 2020 年绝对领先的 0.930 表明中国在"一带一路"生产网络中已逐渐占据绝对的核心地位。中国在与沿线国家的生产分工与合作关系中构建起了一定比例的强关系，而这种高频率直接联系的强关系除了有益于沿线国家信任资本的增加，也有利于形成空间集聚，进而加速信息和技术的传播，使得中国与沿线国家的生产分工与合作关系得到进一步巩固与深化。

本文进一步考察了不同类型行业生产网络的核心—边缘结构，计算结果见表 5-5。就"一带一路"劳动密集型行业生产网络的分区结果来看，2020 年，中国、越南、俄罗斯三国处于网络中的核心区域，印度、泰国两国处于网络中的次级核心区域。从演化的角度看,中国、越南两国在网络中的核心地位飞速上升,而俄罗斯、印度两国的核心地位则有所下降;就"一带一路"技术密集型行业生产网络的分区结果来看,2020年,中国、越南两国处于网络中的核心区域,印度、马来西亚、俄罗斯、印度尼西亚、新加坡和波兰等国处于网络中的次级核心区域。从演化的角度看,中国、越南、波兰等国在网络中的核心地位飞速上升,而新加坡、印度尼西亚等国的核心地位下降明显,印度、俄罗斯等国的核心地位则经历了先升后降的过程;就"一带一路"资本密集型行业生产网络的分区结果来看,2020年,中国、越南、泰国、印度尼西亚、俄罗斯等国处于网络中的核心区域,马来西亚、印度、新加坡三国处于网络中的次级核心区域。从演化的角度看,中国、越南两国在网络中的核心地位飞速上升,而印度尼西亚、泰国、印度、新加坡等国的核心地位有所下降,马来西亚、俄罗斯等国的核心地位则经历了先降后升的过程;就"一带一路"资源密集型行业生产网络的分区结果来看,2020年,中国、俄罗斯、泰国三国处于网络中的核心区域,印度尼西亚、印度两国处于网络中的次级核心区域。从演化的角度看,中国、泰国、印度尼西亚、印度等国在网络中的核心地位提升明显,而俄罗斯、波兰、哈萨克斯坦等国的核心地位则有所下降。

表5-5 "一带一路"细分行业生产网络中的核心—边缘结构

行业	区域	2000	2013	2020
劳动密集型行业	核心区域	中国(0.669)、俄罗斯(0.655)、印度(0.179)、土耳其(0.171)	中国(0.758)、俄罗斯(0.639)	中国(0.943)、越南(0.178)、俄罗斯(0.168)
	次级核心区域	印度尼西亚(0.149)、马来西亚(0.109)、波兰(0.088)、泰国(0.078)	土耳其(0.083)	印度(0.139)、泰国(0.081)
技术密集型行业	核心区域	马来西亚(0.64)、新加坡(0.624)、中国(0.348)、印度尼西亚(0.192)	中国(0.945)、印度(0.159)	中国(0.946)、越南(0.165)
	次级核心区域	菲律宾(0.146)、泰国(0.111)、印度(0.081)	印度尼西亚(0.133)、俄罗斯(0.127)、新加坡(0.123)、马来西亚(0.093)、土耳其(0.091)、越南(0.079)	印度(0.132)、马来西亚(0.122)、俄罗斯(0.107)、印度尼西亚(0.093)、新加坡(0.082)、波兰(0.073)

续表

行业	区域	2000	2013	2020
资本密集型行业	核心区域	中国(0.651)、印度尼西亚(0.396)、泰国(0.375)、马来西亚(0.301)、俄罗斯(0.250)新加坡(0.249)、印度(0.167)	中国(0.883)、泰国(0.312)、印度尼西亚(0.219)	中国(0.908)、越南(0.192)、泰国(0.190)、印度尼西亚(0.170)、俄罗斯(0.151)
资本密集型行业	次级核心区域	哈萨克斯坦(0.111)、越南(0.107)	印度(0.139)、俄罗斯(0.132)、越南(0.119)、新加坡(0.094)	马来西亚(0.132)、印度(0.109)、新加坡(0.070)
资源密集型行业	核心	俄罗斯(0.883)、波兰(0.358)	俄罗斯(0.768)、中国(0.484)、波兰(0.259)、哈萨克斯坦(0.197)	中国(0.878)、俄罗斯(0.385)、泰国(0.186)
资源密集型行业	次级核心	土耳其(0.148)、捷克(0.128)、匈牙利(0.116)、立陶宛(0.116)、斯洛伐克(0.080)、哈萨克斯坦(0.075)	印度尼西亚(0.097)、印度(0.096)、立陶宛(0.089)、斯洛伐克(0.087)、泰国(0.083)、匈牙利(0.082)、捷克(0.075)、土耳其(0.075)、越南(0.075)	印度尼西亚(0.130)、印度(0.103)
C02 采矿和采石业	核心	俄罗斯(0.934)、波兰(0.288)	俄罗斯(0.784)、中国(0.467)、波兰(0.272)、哈萨克斯坦(0.194)	俄罗斯(0.706)、中国(0.673)
C02 采矿和采石业	次级核心	土耳其(0.108)、捷克(0.095)、立陶宛(0.083)、匈牙利(0.072)	立陶宛(0.106)、斯洛伐克(0.106)、匈牙利(0.082)	波兰(0.099)、印度(0.095)、印度尼西亚(0.094)、哈萨克斯坦(0.073)
C12 基本金属及金属制品	核心	中国(0.725)、俄罗斯(0.432)、泰国(0.366)、哈萨克斯坦(0.242)、马来西亚(0.165)	中国(0.873)、泰国(0.427)	中国(0.944)、泰国(0.197)
C12 基本金属及金属制品	次级核心	新加坡(0.144)、印度尼西亚(0.125)、印度(0.118)、土耳其(0.099)	印度(0.141)、印度尼西亚(0.097)、俄罗斯(0.090)	越南(0.137)、俄罗斯(0.126)、印度尼西亚(0.124)、印度(0.082)

续表

行业	区域	2000	2013	2020
C14 电气和光学仪器	核心	马来西亚(0.674)、新加坡(0.659)、中国(0.270)	中国(0.921)、新加坡(0.226)、马来西亚(0.154)	中国(0.950)、马来西亚(0.161)、越南(0.151)
	次级核心	菲律宾(0.143)、印度尼西亚(0.108)	印度(0.142)、印度尼西亚(0.140)、土耳其(0.097)、越南(0.084)、波兰(0.070)	新加坡(0.112)、印度(0.088)、波兰(0.082)、印度尼西亚(0.071)

注：括号内数字为经 UCINET 测算的各国在"一带一路"细分行业生产网络中的核心度。

表 5-5 还展现了三个核心行业生产网络核心度及分区的计算结果。就"一带一路"采矿和采石业生产网络的分区结果来看，2020 年，俄罗斯、中国两国处于网络中的核心区域，波兰、印度、印度尼西亚、哈萨克斯坦四国处于网络中的次级核心区域。从演化的角度看，中国、印度、印度尼西亚三国在网络中的核心地位飞速上升，俄罗斯、波兰、哈萨克斯坦三国的核心地位虽有所下降，但三国在网络中的核心度仍超过了多数国家，尤其是俄罗斯在"一带一路"采矿和采石业生产网络中的核心地位历经 20 年仍巍然不动；就"一带一路"基本金属及金属制品生产网络的分区结果来看，2020 年，中国、泰国两国处于网络中的核心区域，越南、俄罗斯、印度尼西亚、印度四国处于网络中的次级核心区域。从演化的角度看，中国、泰国、印度尼西亚、印度四国在网络中的核心地位趋于稳固，越南的核心地位飞速提升，而哈萨克斯坦、马来西亚、新加坡等国的核心地位有所下降，俄罗斯、印度尼西亚等国的核心地位则经历了先降后升的过程；就"一带一路"电气和光学仪器生产网络的分区结果来看，2020 年，中国、马来西亚、越南三国处于网络中的核心区域，新加坡、印度、波兰、印度尼西亚四国处于网络中的次级核心区域。从演化的角度看，中国、越南、波兰三国在网络中的核心地位快速提升，而新加坡、菲律宾、印度尼西亚、印度等国的核心地位有所下降。尽管马来西亚在网络中的核心度有所起伏，但其在最近 20 年间稳固地居于网络中的核心位置。

2. 中心性分析

中心性分析旨在刻画各国在"一带一路"生产网络中的地位[65]，常用的指标包括加权中心度和接近中心度。加权中心度 Wc_i 测度的是目标国家处于网络中心位置的程度，该指标综合考虑了节点度 k_i 和强度 s_i 对各国中心位置的影响，计算公式如下：

$$Wc_i = k_i^\lambda \times \left(\frac{s_i}{k_i}\right)^{(1-\lambda)} \tag{5-14}$$

上式中，λ 为赋值参数，参考焦敬娟等（2016）[215]的研究，将 λ 设置为 0.5。接近中心度 Cc_i 测度的是目标国与网络中其他国家的"距离"，与网络中其他所有国家接近程度越高的国家能够发挥的"传导"作用就越强[216]。计算公式如下：

$$Cc_i = \sum_{j=1}^{m} \frac{d_{ij}}{m-1} \tag{5-15}$$

上式中，d_{ij} 表示 i 国直接或间接流向 j 国的国内增加值，m 为与 i 国具有直接或间接分工合作关系的国家数，这里 $i \neq j$。

表 5-6 展示了网络中加权度数中心度和接近中心度排名前 10 的国家，排名越靠前表明该国在网络中的中心位置越高。就加权度数中心度的计算结果来看，中国、俄罗斯、印度尼西亚、印度、马来西亚、泰国、新加坡、越南等国在"一带一路"生产网络中拥有相对较高的中心地位。从动态演化的角度看，考察的 33 个样本国家在网络中的加权度数中心度都呈上升趋势。其中，保加利亚、柬埔寨、老挝、孟加拉、中国、蒙古、拉脱维亚等国在网络中的加权度数中心度更是以 20 年间至少翻 2.5 倍的增幅快速增长。就接近中心度来看，中国、俄罗斯、印度、马来西亚、土耳其等国是与网络中其他所有国家接近程度最高的国家。从演化的角度看，孟加拉、保加利亚、斯里兰卡、老挝等国的接近中心度上升最为迅速，文莱、尼泊尔、蒙古等国最近 20 年的接近中心度上升幅度较小。

表 5-6 "一带一路"生产网络中心性分析指标排名前 10 的国家(%)

排名	加权度数中心度			接近中心度		
	2000	2013	2020	2000	2013	2020
1	中国 (12.76)	中国 (43.28)	中国 (50.20)	文莱 (14.16)	中国 (49.23)	中国 (96.97)
2	俄罗斯 (12.01)	俄罗斯 (26.95)	俄罗斯 (28.32)	蒙古 (14.10)	俄罗斯 (45.71)	俄罗斯 (84.21)
3	印度尼西亚 (9.85)	印度尼西亚 (18.96)	印度尼西亚 (22.24)	俄罗斯 (13.85)	印度 (42.11)	印度 (76.19)
4	马来西亚 (9.73)	印度 (18.09)	印度 (20.37)	中国 (13.73)	泰国 (41.03)	马来西亚 (69.57)

续表

排名	加权度数中心度			接近中心度		
	2000	2013	2020	2000	2013	2020
5	新加坡 (8.33)	泰国 (17.42)	马来西亚 (20.11)	印度 (13.33)	波兰 (40.00)	土耳其 (69.57)
6	印度 (7.55)	土耳其 (13.4)	泰国 (19.76)	土耳其 (13.11)	土耳其 (40.00)	波兰 (68.09)
7	泰国 (7.47)	波兰 (13.32)	新加坡 (17.06)	新加坡 (13.06)	印度尼西亚 (39.51)	印度尼西亚 (66.67)
8	波兰 (5.86)	哈萨克斯坦 (12.09)	越南 (15.45)	印度尼西亚 (13.01)	越南 (39.51)	泰国 (66.67)
9	菲律宾 (5.61)	新加坡 (11.61)	波兰 (14.80)	马来西亚 (12.90)	捷克 (38.55)	越南 (66.67)
10	土耳其 (5.53)	越南 (11.56)	捷克 (12.24)	波兰 (12.90)	新加坡 (38.10)	新加坡 (62.75)

注：括号内数字为中心性分析指标的具体数值。

本文进一步计算了"一带一路"细分行业生产网络中各国的加权度数中心度和接近中心度，计算结果详见表5-7和表5-8。计算结果显示，在"一带一路"劳动密集型行业生产网络中，中国、印度、越南、孟加拉、泰国等国是当前网络中心地位最高的国家，中国、印度、越南、波兰、印度尼西亚等国则是与网络中其他所有国家接近程度最高的国家；在"一带一路"技术密集型行业生产网络中，中国、新加坡、马来西亚、泰国、印度等国是当前网络中心地位最高的国家，中国、印度、马来西亚、俄罗斯、泰国则是与网络中其他所有国家接近程度最高的国家；在"一带一路"资本密集型行业生产网络中，中国、俄罗斯、印度尼西亚、马来西亚、印度等国是当前网络中心地位最高的国家，中国、俄罗斯、波兰、印度、泰国则是与网络中其他所有国家接近程度最高的国家；在"一带一路"资源密集型行业生产网络中，俄罗斯、印度尼西亚、泰国、哈萨克斯坦、印度等国是当前网络中心地位最高的国家，老挝、柬埔寨、俄罗斯、蒙古、中国则是与网络中其他所有国家接近程度最高的国家；在"一带一路"采矿和采石业生产网络中，俄罗斯、印度尼西亚、哈萨克斯坦、马来西亚、印度等国是当前网络中心地位最高的国家，俄罗斯、哈萨克斯坦、印度尼西亚、文莱、马来西亚则是与网络中其他所有国家接近程度最高的国家；在"一带一路"基本金属及金属制品生产网络中，中国、俄罗斯、印度尼西亚、印度、哈萨克斯坦等国是当前网络中心地位最高的国家,中国、俄罗斯、波兰、土耳其、印度、印度尼西亚则是与网络中其他所有国家接近程度最高的国家;在"一带一路"电气和光学仪器生产网络中,中国、新加坡、马来西亚、越南、菲律宾等国是当前网络中心地位最高的国家,中国、马来西亚、新加坡、捷克、波兰则是与网络中其他所有国家接近程度最高的国家。

表5-7 细分行业生产网络加权度数中心度排名前10的国家(%)

年份	排名	劳动密集型行业	技术密集型行业	资本密集型行业	资源密集型行业	C02采矿和采石业	C12基本金属及金属制品	C14电气和光学仪器
2000	1	中国(5.89)	中国(8.15)	中国(6.64)	俄罗斯(8.51)	俄罗斯(8.40)	俄罗斯(4.80)	新加坡(6.29)
	2	印度尼西亚(3.71)	新加坡(7.77)	印度尼西亚(6.37)	马来西亚(4.27)	马来西亚(3.33)	中国(4.46)	中国(5.56)
	3	印度(3.48)	马来西亚(6.31)	俄罗斯(6.35)	中国(4.19)	印度尼西亚(3.28)	哈萨克斯坦(3.38)	马来西亚(5.16)
	4	土耳其(3.16)	俄罗斯(5.43)	马来西亚(5.50)	印度尼西亚(3.77)	越南(2.60)	泰国(3.04)	菲律宾(4.28)
	5	泰国(2.63)	印度尼西亚(5.34)	泰国(5.30)	印度(3.49)	中国(2.29)	印度尼西亚(2.53)	印度尼西亚(3.77)
	6	马来西亚(2.51)	菲律宾(4.97)	哈萨克斯坦(3.97)	越南(3.03)	印度(2.07)	马来西亚(2.44)	泰国(2.36)
	7	波兰(2.19)	印度(4.12)	印度(3.97)	泰国(2.30)	文莱(1.92)	印度(2.38)	印度(1.83)
	8	越南(1.88)	泰国(3.93)	波兰(3.92)	土耳其(2.11)	波兰(1.59)	波兰(1.90)	俄罗斯(1.82)
	9	巴基斯坦(1.72)	捷克(3.27)	越南(3.32)	文莱(1.92)	哈萨克斯坦(1.46)	斯洛伐克(1.86)	波兰(1.51)
	10	捷克(1.45)	波兰(3.24)	捷克(3.26)	波兰(1.89)	泰国(1.08)	捷克(1.83)	越南(1.45)
2020	1	中国(21.26)	中国(36.81)	中国(25.88)	俄罗斯(20.10)	俄罗斯(19.28)	中国(18.80)	中国(25.36)
	2	印度(9.31)	新加坡(13.77)	俄罗斯(17.06)	印度尼西亚(12.3)	印度尼西亚(10.68)	俄罗斯(10.39)	新加坡(10.85)

续表

年份	排名	劳动密集型行业	技术密集型行业	资本密集型行业	资源密集型行业	C02 采矿和采石业	C12 基本金属及金属制品	C14 电气和光学仪器
2020	3	越南(8.00)	马来西亚(13.1)	印度尼西亚(14.66)	泰国(10.37)	哈萨克斯坦(8.53)	印度尼西亚(8.93)	马来西亚(10.68)
	4	孟加拉(6.07)	泰国(12.42)	马来西亚(13.00)	哈萨克斯坦(8.87)	马来西亚(6.18)	印度(7.16)	越南(6.97)
	5	泰国(5.83)	印度(11.49)	印度(11.47)	印度(8.04)	印度(5.16)	哈萨克斯坦(5.65)	菲律宾(5.92)
	6	土耳其(5.54)	印度尼西亚(10.26)	新加坡(9.96)	马来西亚(7.26)	蒙古(4.24)	波兰(5.52)	泰国(4.50)
	7	波兰(5.12)	越南(9.66)	波兰(9.89)	中国(6.55)	土耳其(3.79)	马来西亚(5.41)	捷克(4.46)
	8	印度尼西亚(4.78)	俄罗斯(9.64)	泰国(9.74)	越南(5.32)	文莱(3.4)	土耳其(4.43)	印度尼西亚(4.14)
	9	巴基斯坦(4.37)	捷克(9.39)	越南(7.3)	土耳其(4.93)	菲律宾(2.71)	泰国(4.14)	印度(4.07)
	10	俄罗斯(3.73)	波兰(9.35)	哈萨克斯坦(7.21)	蒙古(4.91)	中国(2.66)	越南(4.12)	匈牙利(3.91)

表 5-8 细分行业生产网络接近中心度排名前 10 的国家(%)

年份	排名	劳动密集型行业	技术密集型行业	资本密集型行业	资源密集型行业	C02 采矿和采石业	C12 基本金属及金属制品	C14 电气和光学仪器
2000	1	印度尼西亚(4.49)	中国(7.55)	尼泊尔(8.18)	越南(6.57)	俄罗斯(5.77)	俄罗斯(3.99)	中国(4.16)
	2	巴基斯坦(4.48)	俄罗斯(7.44)	中国(8.10)	俄罗斯(6.50)	哈萨克斯坦(5.61)	哈萨克斯坦(3.97)	新加坡(4.16)
	3	中国(4.34)	新加坡(7.39)	俄罗斯(8.08)	印度(6.48)	越南(3.68)	中国(3.57)	印度尼西亚(4.13)
	4	马来西亚(4.30)	印度(7.36)	印度(7.96)	文莱(6.37)	文莱(3.67)	泰国(3.57)	马来西亚(4.13)
	5	泰国(4.30)	马来西亚(7.32)	印度尼西亚(7.86)	马来西亚(6.37)	蒙古(3.66)	印度尼西亚(3.56)	菲律宾(4.13)

续表

年份	排名	劳动密集型行业	技术密集型行业	资本密集型行业	资源密集型行业	C02 采矿和采石业	C12 基本金属及金属制品	C14 电气和光学仪器
2000	6	越南 (4.29)	印度尼西亚 (7.29)	马来西亚 (7.86)	蒙古 (6.36)	印度尼西亚 (3.56)	马来西亚 (3.56)	泰国 (4.10)
	7	印度 (3.22)	菲律宾 (7.29)	波兰 (7.86)	哈萨克斯坦 (6.29)	马来西亚 (3.56)	波兰 (3.22)	印度 (4.09)
	8	波兰 (3.22)	泰国 (7.26)	泰国 (7.86)	土耳其 (6.29)	中国 (3.55)	捷克 (3.13)	俄罗斯 (3.13)
	9	土耳其 (3.22)	捷克 (7.21)	哈萨克斯坦 (7.82)	中国 (6.19)	印度 (3.54)	罗马尼亚 (3.13)	孟加拉 (3.03)
	10	俄罗斯 (3.13)	波兰 (7.21)	越南 (7.8)	印度尼西亚 (6.19)	孟加拉 (3.03)	斯洛伐克 (3.13)	保加利亚 (3.03)
2020	1	中国 (20.00)	中国 (25.00)	中国 (32.32)	老挝 (13.85)	俄罗斯 (5.86)	中国 (19.28)	中国 (14.29)
	2	印度 (18.08)	印度 (22.86)	俄罗斯 (30.77)	柬埔寨 (13.79)	哈萨克斯坦 (5.76)	俄罗斯 (18.29)	马来西亚 (13.33)
	3	越南 (17.98)	马来西亚 (22.22)	波兰 (28.57)	俄罗斯 (13.79)	印度尼西亚 (4.33)	波兰 (17.58)	新加坡 (13.22)
	4	波兰 (17.78)	俄罗斯 (22.22)	印度 (28.32)	蒙古 (13.73)	文莱 (3.97)	土耳其 (17.39)	捷克 (13.17)
	5	印度尼西亚 (17.68)	泰国 (22.22)	泰国 (27.83)	中国 (13.39)	马来西亚 (3.82)	印度 (17.2)	波兰 (13.11)
	6	土耳其 (17.68)	捷克 (22.07)	印度尼西亚 (27.59)	印度 (13.33)	爱沙尼亚 (3.68)	印度尼西亚 (17.11)	匈牙利 (13.06)
	7	孟加拉 (17.58)	印度尼西亚 (22.07)	马来西亚 (27.59)	印度尼西亚 (13.28)	立陶宛 (3.68)	马来西亚 (17.11)	印度尼西亚 (13.06)
	8	泰国 (17.58)	波兰 (22.07)	土耳其 (27.59)	哈萨克斯坦 (13.06)	拉脱维亚 (3.68)	哈萨克斯坦 (17.02)	印度 (13.06)
	9	巴基斯坦 (17.49)	土耳其 (21.92)	匈牙利 (27.35)	土耳其 (13.01)	越南 (3.68)	新加坡 (17.02)	菲律宾 (13.06)
	10	罗马尼亚 (17.39)	新加坡 (21.77)	捷克 (27.12)	越南 (13.01)	老挝 (3.67)	越南 (17.02)	越南 (13.06)

无论是"一带一路"生产网络的总体网络还是细分行业层面的生产网络,中国和俄罗斯都是网络中心性指标排名最为靠前的国家。比较来看,俄罗斯的中心地位相对有所下降,中国的中心地位则一路领先,并且还呈现出明显加大的趋势。其预示着:一方面,中国是"一带一路"生产网络中拥有最多直接合作关系的国家。显著的中心优势使中国更容易对网络中其他国家产生较强的辐射带动作用,并将产业发展的动能传递给其他国家,从而发挥出"一带一路"生产网络"发动机"的功效;另一方面,中国处于"一带一路"生产网络节点的最短路径上,中国的生产贸易行为能够快速并且有效地影响网络中其他国家,从而发挥出"一带一路"生产网络的"传导"作用。

3. 结构洞分析

结构洞分析旨在刻画各国在"一带一路"生产网络中充当中间人的程度[65]。伯特(Burt,1992)[66]提出的结构洞理论指出,若某一节点与网络中其他节点之间存在直接联系,而其他节点间不存在直接联系,那么这个节点就成了网络中的结构洞。在图5-8的简单示例中,节点D与节点A、B、C之间都存在直接联系,而节点A、节点B与节点C之间则没有直接联系,节点A、B、C需要经由节点D才能联系到彼此,于是节点D便占据了网络中AB、AC和BC三个结构洞位置。占据结构洞的节点D能够获得比节点A、B、C更多的"信息收益"及"渠道收益",从而拥有比节点A、B、C更大的竞争优势。

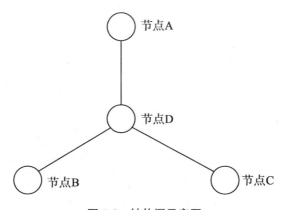

图5-8 结构洞示意图

根据伯特(Burt,1992)[66]的研究,本文采用限制度($Cons_i$)作为结构洞的衡量指标,测度了i国受网络中其他国家控制的程度大小。限制度($Cons_i$)的最大值为1,值越小意味着i国在网络中的结构洞数量越多,越不容易受其他国家控制。具体计算公式如下所示：

$$Cons_i = \sum_j c_{ij} = \sum_j \left(p_{ij} + \sum p_{iq} p_{jq} \right)^2 \tag{5-16}$$

上式中，i 和 j 表示"一带一路"生产网络中的国家；c_{ij} 表示 i 国受 j 国的限制程度；p_{ij} 表示 i 国在网络中构建的所有关系中，投入到 j 国的关系所占比重；q 国是分别与 i 国和 j 国都存在联结关系的"中间人"，$\sum p_{iq} p_{jq}$ 反馈的是 i 国和 j 国通过"中间人" q 国建立起的间接关系在所有关系中所占比重的大小。

表 5-7 展示了网络中限制度由低到高排名前 10 的国家，排名越靠前，表明该国在网络中的"中间人"优势越明显，与他国开展生产分工与合作时受到的限制越少。总体来看，所有沿线国家嵌入"一带一路"生产网络的限制度指标呈现大幅下降的趋势，表明各国在"一带一路"生产网络中的结构洞数量不断增多，中间人优势显著提升。中国、俄罗斯、印度、波兰、土耳其等国是网络中"中间人"优势最高的国家，与他国开展合作时受限程度最小。从演化的角度看，波兰、越南、孟加拉、斯洛伐克、哈萨克斯坦等国的限制度下降最快，意味着上述国家对"一带一路"生产网络中资源传递的控制能力提升迅速。

表 5-7 "一带一路"生产网络限制度排名前 10 的国家（%）

年份	排名	总体	劳动密集型行业	技术密集型行业	资本密集型行业	资源密集型行业	C02 采矿和采石业	C12 基本金属及金属制品	C14 电气和光学仪器
2000	1	俄罗斯(0.17)	中国(0.19)	俄罗斯(0.24)	俄罗斯(0.23)	俄罗斯(0.11)	俄罗斯(0.10)	俄罗斯(0.34)	中国(0.38)
	2	中国(0.19)	俄罗斯(0.33)	中国(0.27)	印度(0.29)	马来西亚(0.35)	中国(0.18)	中国(0.47)	新加坡(0.48)
	3	印度(0.25)	印度(0.65)	新加坡(0.34)	中国(0.29)	印度(0.36)	马来西亚(0.28)	土耳其(0.50)	马来西亚(0.54)
	4	土耳其(0.27)	波兰(0.65)	土耳其(0.36)	波兰(0.32)	中国(0.37)	印度尼西亚(0.36)	马来西亚(0.52)	泰国(0.64)
	5	新加坡(0.29)	马来西亚(0.68)	印度(0.37)	马来西亚(0.37)	泰国(0.63)	文莱(0.50)	新加坡(0.54)	印度尼西亚(0.64)
	6	波兰(0.29)	印度尼西亚(0.76)	波兰(0.40)	新加坡(0.39)	越南(0.70)	印度(0.50)	泰国(0.54)	菲律宾(0.66)
	7	泰国(0.31)	新加坡(0.76)	捷克(0.44)	越南(0.39)	印度尼西亚(0.70)	泰国(0.50)	印度(0.55)	印度(0.67)

续表

年份	排名	总体	劳动密集型行业	技术密集型行业	资本密集型行业	资源密集型行业	C02 采矿和采石业	C12 基本金属及金属制品	C14 电气和光学仪器
2000	8	匈牙利(0.31)	泰国(0.82)	匈牙利(0.44)	罗马尼亚(0.4)	文莱(0.79)	越南(0.5)	捷克(0.56)	匈牙利(0.69)
	9	马来西亚(0.31)	孟加拉(1)	马来西亚(0.46)	泰国(0.43)	捷克(0.85)	保加利亚(1.00)	印度尼西亚(0.67)	哈萨克斯坦(1.00)
	10	印度尼西亚(0.32)	匈牙利(1)	印度尼西亚(0.51)	印度尼西亚(0.44)	波兰(0.85)	捷克(1.00)	哈萨克斯坦(0.69)	波兰(1.00)
2020	1	中国(0.13)	中国(0.13)	中国(0.15)	中国(0.14)	中国(0.19)	俄罗斯(0.19)	中国(0.15)	中国(0.13)
	2	俄罗斯(0.15)	波兰(0.26)	俄罗斯(0.19)	俄罗斯(0.17)	俄罗斯(0.19)	中国(0.20)	俄罗斯(0.21)	马来西亚(0.32)
	3	印度(0.16)	俄罗斯(0.27)	波兰(0.2)	印度(0.21)	印度(0.21)	土耳其(0.21)	波兰(0.31)	波兰(0.33)
	4	波兰(0.17)	印度(0.28)	印度(0.21)	波兰(0.22)	土耳其(0.25)	印度尼西亚(0.27)	印度(0.31)	越南(0.34)
	5	土耳其(0.17)	土耳其(0.28)	土耳其(0.23)	土耳其(0.23)	哈萨克斯坦(0.29)	印度(0.3)	泰国(0.35)	印度(0.34)
	6	越南(0.19)	孟加拉(0.31)	捷克(0.25)	泰国(0.26)	印度尼西亚(0.31)	泰国(0.3)	土耳其(0.36)	捷克(0.37)
	7	马来西亚(0.2)	巴基斯坦(0.31)	马来西亚(0.25)	马来西亚(0.27)	马来西亚(0.32)	马来西亚(0.32)	越南(0.38)	新加坡(0.39)
	8	捷克(0.20)	越南(0.32)	泰国(0.26)	越南(0.27)	泰国(0.32)	哈萨克斯坦(0.35)	罗马尼亚(0.4)	土耳其(0.39)
	9	泰国(0.20)	印度尼西亚(0.33)	越南(0.27)	印度尼西亚(0.27)	匈牙利(0.32)	保加利亚(0.37)	印度尼西亚(0.41)	俄罗斯(0.41)
	10	印度尼西亚(0.21)	泰国(0.39)	印度尼西亚(0.27)	匈牙利(0.28)	越南(0.33)	越南(0.40)	马来西亚(0.43)	匈牙利(0.42)

注:括号内数字为限制度指标的具体数值。

进一步就"一带一路"细分行业生产网络中各国的限制度变化情况来看,所有沿线国家嵌入"一带一路"细分行业生产网络的限制度指标都呈现大幅下降的趋势,表明各国在考察的四类行业及三个核心行业生产网络中的结构洞数量不断增多,各国在网络中的"中间人"优势显著提升。比较来看,沿线国家在资本密集型行业和技术密集型行业生产网络中的平均限制度及限制度的下降水平显著低于劳动密集型行业和资源密集型行业,表明各国在资本密集型行业和技术密集型行业生产网络中的"中间人"优势提升最为显著。具体来看,在劳动密集型行业生产网络中,中国、俄罗斯、印度、波兰、马来西亚等国是网络中"中间人"优势最高的国家,土耳其、孟加拉、巴基斯坦、越南等国则是网络中"中间人"优势提升最快的国家;在技术密集型行业生产网络中,中国、俄罗斯、波兰、印度、土耳其等国是网络中"中间人"优势最高的国家,斯洛伐克、罗马尼亚、斯洛文尼亚等国则是网络中"中间人"优势提升最快的国家;在资本密集型行业生产网络中,中国、俄罗斯、印度、波兰、土耳其等国是网络中"中间人"优势最高的国家,捷克、保加利亚、斯洛文尼亚、柬埔寨等国则是网络中"中间人"优势提升最快的国家;在资源密集型行业生产网络中,中国、俄罗斯、印度、土耳其、哈萨克斯坦等国是网络中"中间人"优势最高的国家,土耳其、哈萨克斯坦、匈牙利等国则是网络中"中间人"优势提升最快的国家;在采矿和采石业生产网络中,俄罗斯、中国、土耳其、印度尼西亚、印度等国是网络中"中间人"优势最高的国家,土耳其、哈萨克斯坦、保加利亚等国则是网络中"中间人"优势提升最快的国家;在基本金属及金属制品行业生产网络中,中国、俄罗斯、波兰、印度、泰国等国是网络中"中间人"优势最高的国家,波兰、中国、罗马尼亚等国则是网络中"中间人"优势提升最快的国家;在电气和光学仪器行业生产网络中,中国、马来西亚、波兰、越南、印度等国是网络中"中间人"优势最高的国家,中国、波兰、土耳其、俄罗斯等国则是网络中"中间人"优势提升最快的国家。

纵观沿线国家最近 20 年在总体及细分行业生产网络中的限制度指标变化,中国在总体及多数行业生产网络中逐渐超越俄罗斯,成为沿线国家中限制度最低的国家。意味着中国在"一带一路"生产网络中牢牢占据"结构洞"的位置,具备网络中最大的"中间人"优势,在生产网络开展跨国合作中占据了绝对的优势。同时,中国作为"一带一路"生产网络中最具资源传递控制能力的国家,意味着中国不仅能引导"一带一路"生产网络中的信息流配置,还能对"一带一路"跨国生产分工与合作进行组织与协调,能够有利推动"一带一路"产业链的构建,并对中国主导的"双环流全球价值链"塑造起到决定性作用。

4. 主要国家的影响力分析

中心性分析侧重于从节点输入的角度考核节点的地位,而影响力分析则从输出的角度衡量节点对网络结构的贡献度。由于一个节点输入多不代表该节点在网络中具有很大的影响力,影响力需要该节点有较大的输出[65]。因此,本文选用 Hubbell 影响力指数作为中心性分析的补充,进一步揭示各国在"一带一路"生产网络中的互相影响程度。Hubbell 影响力指数的计算公式如下:

$$t = \left(\frac{1}{\alpha}I - C'\right)^{-1} C'u \tag{5-17}$$

上式中,α 表示衰减指数,参考刘军(2009)[65]的研究将其设定为 0.5,I 表示单位矩阵,u 表示与 t 列数相等的列向量,C 表示节点关系矩阵。

表 5-8 展示了"一带一路"生产网络 Hubbell 影响力指数排名前 10 的国家,排名越靠前表示该国在网络中的影响力越大。计算结果显示,总体来看,在 2000 到 2020 年间,中国、俄罗斯、新加坡、印度尼西亚、印度、马来西亚等国是网络中影响力最大的国家。从演化的角度看,中国、越南、印度、孟加拉等国的影响力呈提升趋势,泰国、哈萨克斯坦、匈牙利、斯洛伐克、巴基斯坦等国的影响力大体保持不变,俄罗斯、印度尼西亚、马来西亚、新加坡、波兰、菲律宾等国的影响力呈下降趋势。值得关注的是,中国、越南两国在"一带一路"生产网络中影响力提升最为显著。2000 年中国在"一带一路"生产网络中的影响力与俄罗斯差距不大,之后一路快速提升,直至以碾压性的优势远超其他国家。而越南作为亚洲经济奇迹的新代表,越南的影响力排名从 2000 年 10 名开外的位置提升至 2020 年的第 8 名,逐渐成为"一带一路"生产网络中影响力较大的国家。

表 5-8 "一带一路"生产网络 Hubbell 影响力指数排名前 10 的国家(%)

年份	排名	总体	劳动密集型行业	技术密集型行业	资本密集型行业	资源密集型行业	C02 采矿和采石业	C12 基本金属及金属制品	C14 电气和光学仪器
2000	1	中国(1.09)	中国(1.10)	中国(1.16)	中国(1.08)	俄罗斯(1.20)	俄罗斯(1.29)	俄罗斯(1.12)	新加坡(1.14)
	2	俄罗斯(1.08)	新加坡(1.10)	印度尼西亚(1.07)	印度尼西亚(1.07)	马来西亚(1.05)	马来西亚(1.05)	中国(1.10)	中国(1.11)
	3	印度尼西亚(1.06)	马来西亚(1.06)	印度(1.06)	俄罗斯(1.07)	中国(1.05)	印度尼西亚(1.04)	哈萨克斯坦(1.06)	马来西亚(1.10)
	4	马来西亚(1.05)	印度尼西亚(1.05)	土耳其(1.05)	马来西亚(1.05)	印度尼西亚(1.04)	越南(1.03)	泰国(1.05)	菲律宾(1.07)
	5	新加坡(1.04)	俄罗斯(1.05)	泰国(1.03)	泰国(1.05)	印度(1.04)	中国(1.02)	印度尼西亚(1.03)	印度尼西亚(1.05)

续表

年份	排名	总体	劳动密集型行业	技术密集型行业	资本密集型行业	资源密集型行业	C02 采矿和采石业	C12 基本金属及金属制品	C14 电气和光学仪器
2000	6	印度(1.03)	菲律宾(1.04)	马来西亚(1.03)	哈萨克斯坦(1.03)	越南(1.03)	印度(1.02)	马来西亚(1.03)	泰国(1.02)
	7	泰国(1.03)	印度(1.03)	波兰(1.02)	印度(1.03)	泰国(1.02)	文莱(1.02)	印度(1.03)	印度(1.01)
	8	波兰(1.02)	泰国(1.02)	越南(1.02)	波兰(1.03)	土耳其(1.01)	哈萨克斯坦(1.01)	波兰(1.02)	俄罗斯(1.01)
	9	菲律宾(1.02)	捷克(1.02)	巴基斯坦(1.02)	越南(1.02)	文莱(1.01)	波兰(1.01)	斯洛伐克(1.02)	波兰(1.01)
	10	土耳其(1.02)	波兰(1.02)	捷克(1.01)	捷克(1.02)	哈萨克斯坦(1.01)	蒙古(1.01)	捷克(1.02)	越南(1.01)
2020	1	中国(1.19)	中国(1.25)	中国(1.27)	中国(1.16)	俄罗斯(1.19)	俄罗斯(1.26)	中国(1.22)	中国(1.30)
	2	俄罗斯(1.06)	新加坡(1.04)	印度(1.06)	俄罗斯(1.07)	印度尼西亚(1.07)	印度尼西亚(1.08)	俄罗斯(1.07)	马来西亚(1.06)
	3	印度尼西亚(1.04)	马来西亚(1.04)	越南(1.04)	印度尼西亚(1.06)	泰国(1.05)	哈萨克斯坦(1.05)	印度尼西亚(1.06)	新加坡(1.06)
	4	印度(1.03)	泰国(1.03)	孟加拉(1.02)	马来西亚(1.04)	哈萨克斯坦(1.04)	马来西亚(1.03)	印度(1.03)	越南(1.03)
	5	马来西亚(1.03)	印度(1.03)	泰国(1.02)	印度(1.03)	印度(1.02)	印度(1.02)	哈萨克斯坦(1.02)	菲律宾(1.02)
	6	泰国(1.03)	印度尼西亚(1.02)	土耳其(1.02)	新加坡(1.02)	马来西亚(1.03)	蒙古(1.01)	马来西亚(1.02)	泰国(1.01)
	7	新加坡(1.02)	越南(1.02)	波兰(1.02)	泰国(1.02)	中国(1.02)	土耳其(1.01)	波兰(1.02)	捷克(1.01)
	8	越南(1.02)	俄罗斯(1.02)	印度尼西亚(1.02)	波兰(1.02)	越南(1.01)	文莱(1.01)	土耳其(1.01)	印度尼西亚(1.01)
	9	波兰(1.02)	捷克(1.02)	巴基斯坦(1.01)	哈萨克斯坦(1.01)	土耳其(1.01)	中国(1.01)	泰国(1.01)	匈牙利(1.01)
	10	捷克(1.01)	波兰(1.02)	俄罗斯(1.01)	越南(1.01)	蒙古(1.01)	菲律宾(1.01)	越南(1.01)	印度(1.01)

注：括号内数字为 Hubbell 影响力指数的具体数值。

进一步就"一带一路"细分行业生产网络中各国的 Hubbell 影响力指数度变化情况来看,在劳动密集型行业生产网络中,中国、新加坡、马来西亚、泰国、印度等国是网络中影响力最大的国家,新加坡、马来西亚、印度尼西亚、俄罗斯等国影响力呈下降趋势,中国、泰国、越南等国影响力呈上升趋势;在技术密集型行业生产网络中,中国、印度、越南、泰国、孟加拉等国是网络中影响力最大的国家,泰国、土耳其、波兰、印度尼西亚等国影响力呈下降趋势,中国、印度、越南、孟加拉等国影响力呈上升趋势;在资本密集型行业生产网络中,中国、俄罗斯、印度尼西亚、马来西亚、印度等国是网络中影响力最大的国家,印度尼西亚、马来西亚、泰国、波兰等国影响力呈下降趋势,中国、俄罗斯、印度、新加坡等国影响力呈上升趋势;在资源密集型行业生产网络中,俄罗斯、印度尼西亚、泰国、哈萨克斯坦、印度等国是网络中影响力最大的国家,俄罗斯、印度、马来西亚等国影响力呈下降趋势,印度尼西亚、泰国、哈萨克斯坦等国影响力呈上升趋势;在采矿和采石业生产网络中,俄罗斯、印度尼西亚、哈萨克斯坦、马来西亚、印度等国是网络中影响力最大的国家,俄罗斯、马来西亚等国影响力呈下降趋势,印度尼西亚、哈萨克斯坦、印度等国影响力呈上升趋势;在基本金属及金属制品行业生产网络中,中国、新俄罗斯、印度尼西亚、印度、哈萨克斯坦等国是网络中影响力最大的国家,俄罗斯、哈萨克斯坦、马来西亚等国影响力呈下降趋势,中国、印度尼西亚、印度等国影响力呈上升趋势;在电气和光学仪器行业生产网络中,中国、马来西亚、新加坡、越南、菲律宾等国是网络中影响力最大的国家,马来西亚、新加坡、菲律宾等国影响力呈下降趋势,中国、越南、捷克等国影响力呈上升趋势。

表 5-9 展现了 2020 年"一带一路"生产网络中影响力最大的两个国家即中国和俄罗斯对各沿线国家的影响力大小,研究发现:中国总体上对越南、俄罗斯、印度、泰国、印度尼西亚等国影响最大,俄罗斯对中国、波兰、土耳其、哈萨克斯坦、印度等国影响最大;在劳动密集型行业生产网络中,中国对俄罗斯、越南、波兰、孟加拉、柬埔寨等国影响最大,俄罗斯对哈萨克斯坦、中国、爱沙尼亚、波兰、孟加拉等国影响最大;在技术密集型行业生产网络中,中国对越南、泰国、印度、菲律宾、马来西亚等国影响最大,俄罗斯对哈萨克斯坦、中国、波兰、土耳其、印度等国影响最大;在资本密集型行业生产网络中,中国对越南、泰国、印度、菲律宾、马来西亚等国影响最大,俄罗斯对中国、土耳其、哈萨克斯坦、波兰、印度等国影响最大;在资源密集型行业生产网络中,中国对马来西亚、泰国、印度尼西亚、俄罗斯、越南等国影响最大,俄罗斯对中国、波兰、土耳其、斯洛伐克、罗马尼亚等国影响

最大；在采矿和采石业生产网络中，中国对沿线国家的影响相对较小，俄罗斯对中国、波兰、斯洛伐克、罗马尼亚、土耳其等国影响最大；在基本金属及金属制品生产网络中，中国对泰国、越南、巴基斯坦、印度、马来西亚等国影响最大，俄罗斯对中国、哈萨克斯坦、土耳其、泰国、波兰等国影响最大；在电气和光学仪器生产网络中，中国对越南、印度、波兰、印度尼西亚、马来西亚等国影响最大，俄罗斯对沿线国家的影响相对较小。尽管不同细分行业中沿线国家受中、俄两国影响的程度各有不同，但总的来看，中、俄两国影响范畴具有明显的地域特征：东南亚国家受中国影响更大，而中亚、西亚和欧洲国家受俄罗斯影响更大。

表 5-9 2020 年受中国、俄罗斯影响最大的沿线国家

国家	排名	总体	劳动密集型行业	技术密集型行业	资本密集型行业	资源密集型行业	C02 采矿和采石业	C12 基本金属及金属制品	C14 电气和光学仪器
中国	1	越南(0.031)	俄罗斯(0.056)	越南(0.039)	越南(0.031)	马来西亚(0.003)	印度(0.001)	泰国(0.061)	越南(0.045)
	2	俄罗斯(0.022)	越南(0.038)	印度(0.035)	泰国(0.03)	泰国(0.003)	马来西亚(0.001)	越南(0.04)	印度(0.035)
	3	印度(0.02)	波兰(0.022)	俄罗斯(0.03)	印度(0.012)	印度尼西亚(0.002)	泰国(0.001)	巴基斯坦(0.016)	波兰(0.033)
	4	泰国(0.015)	孟加拉(0.019)	印度尼西亚(0.023)	菲律宾(0.012)	俄罗斯(0.002)	土耳其(0.001)	印度(0.015)	印度尼西亚(0.026)
	5	印度尼西亚(0.014)	柬埔寨(0.017)	波兰(0.02)	马来西亚(0.011)	越南(0.002)	—	马来西亚(0.012)	马来西亚(0.026)
	6	马来西亚(0.013)	印度尼西亚(0.015)	马来西亚(0.019)	印度尼西亚(0.008)	孟加拉(0.001)	—	俄罗斯(0.01)	捷克(0.022)
	7	波兰(0.013)	印度(0.015)	土耳其(0.016)	巴基斯坦(0.008)	爱沙尼亚(0.001)	—	印度尼西亚(0.009)	俄罗斯(0.022)
	8	土耳其(0.009)	泰国(0.013)	捷克(0.012)	俄罗斯(0.008)	印度(0.001)	—	菲律宾(0.009)	土耳其(0.018)
	9	菲律宾(0.008)	土耳其(0.011)	新加坡(0.009)	波兰(0.007)	菲律宾(0.001)	—	波兰(0.008)	新加坡(0.017)
	10	孟加拉(0.006)	马来西亚(0.01)	泰国(0.009)	孟加拉(0.005)	波兰(0.001)	—	柬埔寨(0.006)	菲律宾(0.011)

续表

国家	排名	总体	劳动密集型行业	技术密集型行业	资本密集型行业	资源密集型行业	C02 采矿和采石业	C12 基本金属及金属制品	C14 电气和光学仪器
俄罗斯	1	中国(0.021)	哈萨克斯坦(0.003)	哈萨克斯坦(0.005)	中国(0.022)	中国(0.081)	中国(0.116)	中国(0.031)	哈萨克斯坦(0.002)
	2	波兰(0.007)	中国(0.002)	中国(0.003)	土耳其(0.013)	波兰(0.023)	波兰(0.035)	哈萨克斯坦(0.008)	—
	3	土耳其(0.007)	爱沙尼亚(0.001)	波兰(0.002)	哈萨克斯坦(0.008)	土耳其(0.012)	斯洛伐克(0.017)	土耳其(0.007)	—
	4	哈萨克斯坦(0.006)	波兰(0.001)	土耳其(0.002)	波兰(0.007)	斯洛伐克(0.011)	罗马尼亚(0.014)	泰国(0.005)	—
	5	印度(0.003)	—	印度(0.001)	印度(0.003)	罗马尼亚(0.009)	土耳其(0.014)	波兰(0.004)	—
	6	保加利亚(0.002)	—	越南(0.001)	罗马尼亚(0.002)	保加利亚(0.008)	印度(0.013)	越南(0.003)	—
	7	罗马尼亚(0.002)	—	—	新加坡(0.002)	印度(0.008)	保加利亚(0.012)	印度(0.002)	—
	8	斯洛伐克(0.002)	—	—	泰国(0.002)	哈萨克斯坦(0.006)	立陶宛(0.008)	菲律宾(0.002)	—
	9	泰国(0.002)	—	—	越南(0.002)	匈牙利(0.005)	泰国(0.008)	孟加拉(0.001)	—
	10	越南(0.002)	—	—	孟加拉(0.001)	立陶宛(0.005)	匈牙利(0.007)	保加利亚(0.001)	—

注：括号内数字为 Hubbell 影响力的具体数值。

2000年，中、俄两国对沿线国家的影响详见表5-10，对比两国影响力的演变，总体来看，除马来西亚、新加坡外，中国对其他沿线国家的影响力在过去20年间取得了提升，其中，中国对越南、捷克、波兰、印度、柬埔寨等国的影响力提升最为显著；俄罗斯对中国、泰国、越南的影响力在过去20年间提升显著，对波兰、哈萨克斯坦、土耳其、捷克等中亚、西亚和欧洲国家的影响力则有所下降。尽管如此，俄罗斯对波兰、哈萨克斯坦、土耳其、捷克等中亚、西亚和欧洲国家的影响还是大于中国。

表 5-10 2000 年受中国、俄罗斯影响最大的沿线国家

国家	排名	总体	劳动密集型行业	技术密集型行业	资本密集型行业	资源密集型行业	C02 采矿和采石业	C12 基本金属及金属制品	C14 电气和光学仪器
中国	1	马来西亚(0.014)	俄罗斯(0.069)	马来西亚(0.024)	泰国(0.015)	泰国(0.018)	印度尼西亚(0.007)	泰国(0.034)	马来西亚(0.033)
	2	印度尼西亚(0.012)	马来西亚(0.014)	新加坡(0.02)	印度尼西亚(0.01)	印度尼西亚(0.011)	印度(0.002)	新加坡(0.017)	新加坡(0.032)
	3	新加坡(0.012)	波兰(0.01)	印度尼西亚(0.016)	新加坡(0.01)	马来西亚(0.005)	哈萨克斯坦(0.002)	马来西亚(0.01)	匈牙利(0.008)
	4	泰国(0.011)	新加坡(0.009)	印度(0.007)	马来西亚(0.009)	印度(0.003)	马来西亚(0.002)	印度尼西亚(0.009)	印度(0.006)
	5	俄罗斯(0.01)	泰国(0.008)	越南(0.005)	越南(0.006)	巴基斯坦(0.002)	泰国(0.002)	印度(0.006)	印度尼西亚(0.005)
	6	印度(0.005)	印度(0.007)	匈牙利(0.004)	印度(0.004)	菲律宾(0.002)	巴基斯坦(0.001)	孟加拉(0.004)	土耳其(0.005)
	7	越南(0.005)	孟加拉(0.006)	泰国(0.004)	孟加拉(0.003)	俄罗斯(0.002)	菲律宾(0.001)	土耳其(0.003)	波兰(0.004)
	8	孟加拉(0.003)	越南(0.006)	土耳其(0.004)	菲律宾(0.003)	孟加拉(0.001)	俄罗斯(0.001)	菲律宾(0.002)	泰国(0.004)
	9	菲律宾(0.003)	匈牙利(0.005)	孟加拉(0.003)	俄罗斯(0.003)	哈萨克斯坦(0.001)	土耳其(0.001)	越南(0.002)	捷克(0.002)
	10	波兰(0.003)	印度尼西亚(0.005)	波兰(0.003)	波兰(0.002)	蒙古(0.001)	—	柬埔寨(0.001)	菲律宾(0.002)
俄罗斯	1	中国(0.013)	哈萨克斯坦(0.005)	中国(0.01)	中国(0.022)	波兰(0.058)	波兰(0.084)	中国(0.041)	哈萨克斯坦(0.004)
	2	波兰(0.013)	中国(0.001)	哈萨克斯坦(0.009)	哈萨克斯坦(0.009)	土耳其(0.023)	土耳其(0.033)	土耳其(0.015)	中国(0.001)
	3	哈萨克斯坦(0.009)	爱沙尼亚(0.001)	印度(0.004)	土耳其(0.008)	捷克(0.02)	捷克(0.028)	哈萨克斯坦(0.01)	印度(0.001)
	4	土耳其(0.008)	立陶宛(0.001)	土耳其(0.003)	印度(0.004)	立陶宛(0.019)	匈牙利(0.026)	印度(0.006)	立陶宛(0.001)
	5	捷克(0.005)	—	匈牙利(0.002)	爱沙尼亚(0.003)	匈牙利(0.018)	立陶宛(0.026)	马来西亚(0.006)	拉脱维亚(0.001)

续表

国家	排名	总体	劳动密集型行业	技术密集型行业	资本密集型行业	资源密集型行业	C02 采矿和采石业	C12 基本金属及金属制品	C14 电气和光学仪器
俄罗斯	6	匈牙利(0.005)	—	立陶宛(0.002)	波兰(0.003)	斯洛伐克(0.016)	斯洛伐克(0.023)	新加坡(0.006)	泰国(0.001)
俄罗斯	7	立陶宛(0.005)	—	拉脱维亚(0.002)	匈牙利(0.002)	哈萨克斯坦(0.01)	哈萨克斯坦(0.014)	匈牙利(0.004)	—
俄罗斯	8	斯洛伐克(0.004)	—	波兰(0.002)	马来西亚(0.002)	中国(0.009)	克罗地亚(0.013)	泰国(0.004)	—
俄罗斯	9	印度(0.003)	—	泰国(0.002)	罗马尼亚(0.002)	克罗地亚(0.009)	罗马尼亚(0.012)	爱沙尼亚(0.003)	—
俄罗斯	10	保加利亚(0.002)	—	保加利亚(0.001)	新加坡(0.002)	罗马尼亚(0.009)	中国(0.011)	菲律宾(0.003)	—

第五节 本章小结

本章运用社会网络分析方法从"总体—国家"和"行业—国家"两个层级构建"一带一路"生产网络的量化模拟网络,并基于整体层面、群体层面和个体层面对"一带一路"生产网络的结构特征进行刻画。研究得到:

第一,对"一带一路"生产网络整体结构特征的研究表明:首先,"一带一路"生产网络的网络密度在最近14年间取得了明显提升,表明"一带一路"生产网络中沿线国家间分工与合作关系日趋紧密,"一带一路"生产网络对各个国的影响呈现明显提升的趋势。此外,派系和K—核两个指标的测算结果表明"一带一路"生产网络各国间的凝聚力逐年增强,沿线国家在"一带一路"生产网络中倾向于"抱团合作",小团体内的凝聚力在合作中得到进一步增强。其次,不论是拓扑网络还是加权网络,网络的平均聚类系数都比较高,说明"一带一路"生产网络中的分工与合作关系网络的整体连通性很好。从动态演化的角度看,受全球经济疲软、政策不确定性和地缘风险等影响,拓扑网络和加权网络的聚类系数都在个别年份出现了波动,但就长远来看,聚类系数呈现出明显的上升趋势。多数沿线发展中国家在"一带一路"生产网络中的连通性取得了很大提升,同时也表明"一带一路"生产网络中的集团特征日趋明显;进一步运用社团探测的方法发现,"一带一路"生产网络具有明显的社团化空间组织模式特征,形成了以俄罗斯、乌克兰、白俄罗斯、哈萨克斯坦、吉尔吉斯斯坦等国为代表的欧洲—中亚社团,以印度、巴基斯坦、阿联酋、沙特阿拉伯等国为代表的南亚—西亚社团,以中国、新加坡、马来西亚、印度尼西亚等为代表的东亚—东南亚社团。在不同考察年份,"一带一路"生产网络的社团成员构成虽有一定的变化,但是总体来看,成员构成相对稳定。

第二,对"一带一路"生产网络分工格局演进的研究表明,中国、俄罗斯、新加坡、马来西亚和印度尼西亚等国家是"一带一路"生产网络中实际出口范围(度)和规模(强度)最大的国家。其中,中国以远超其他国家的实际出口实力位居网络核心。从动态演化的角度看,网络初期规模较小,但随着时间演进,网络规模增长明显,说明越来越多的沿线国家与网络中其他国家建立起了分工与合作联系。其中,越南、保加利亚、阿联酋、土耳其等国在网络中的出度提升最为显著,越南、波兰、捷克、巴基斯坦等国的入度提升最为显著,表明上述国家快速融入"一带一路"生产网络,并随着"一带一路"生产网络的发展极大地拓展了分工合作的"朋友圈"。总体来看,东南亚国家在"一带一路"生产网络中的中间品贸易总额及增速都保持在高位水平,表明东南亚国家在"一带一路"生产网络中发挥着越来越重要的作用。但是研究也发现,"一带一路"生产网络中的分工与合作关系具有无标度特性,网络中各国与网络中其他国家分工与合作规模及强度的差异正趋于扩大。

第三,就"一带一路"生产网络中主要国家的地位及影响力变化来看,核心—边缘模型的研究结果表明:一方面,"一带一路"生产网络呈现出开放的特征,网络中的核心及次级核心区域不断接受不同国家节点的信息,并积极建立联接关系,生产网络动态发展良好;另一方面,中国、俄罗斯、新加坡、马来西亚、印度尼西亚、泰国等国在"一带一路"生产网络的演化中始终处于核心及次级核心区域,表明上述国家在"一带一路"生产网络中的核心地位正趋于稳固。尤其值得关注的是,中国的核心度飞速提升,表明中国在"一带一路"生产网络中已逐渐占据绝对的核心地位。就加权度数中心度的计算结果来看,中国、俄罗斯、新加坡、马来西亚、印度尼西亚等国家在网络中拥有相对较高的中心地位。就接近度数中心度、中间中心度和PageRank指数来看,中国、俄罗斯、土耳其、印度等国家是与网络中中心程度最高的国家。从动态演化的角度看,"一带一路"生产网络中心位置逐渐被几个经济发展程度相对更高的国家锁定。但各国家的网络中心地位也并非一成不变，"一带一路"生产网络呈现出动态发展良好的特征。选用 Hubbell 影响力指数作为中心性分析的补充，进一步研究"一带一路"生产网络国家间互相影响的程度发现，在 2006 到 2020 年间，中国、俄罗斯以及新加坡、马来西亚和印度尼西亚等东南亚国家是网络中影响力最大的国家。从演化的角度看，中国、越南、伊拉克的影响力呈大幅提升趋势，印度尼西亚、阿联酋、沙特阿拉伯等国的影响力则大体保持不变，俄罗斯、新加坡、马来西亚、印度等国的影响力呈下降趋势。值得关注的是，越南、伊拉克在"一带一路"生产网络中的表现最为亮眼。越南作为亚洲经济奇迹的新代表，越南的影响力排名从 2006 年的第 23 名迅速提升至 2020 年的第 8 名；以石油工业为支柱的产油大国伊拉克逐渐走出战争的阴影，影响力排名从 2006 年的第 49 名迅速提升至 2020 年的第 10 名，两国逐渐成为"一带一路"生产网络中影响力较大的国家。

揭示"一带一路"生产网络的结构特征和演化规律，厘清网络中沿线国家的地位及影响力的变化，这是本研究的关键所在。这一部分与上一章的研究一同构成了本研究的逻辑起点，为进一步探讨"一带一路"生产网络的形成机制提供了事实依据，也为中国优化自身在"一带一路"生产网络中的地位以及提升"一带一路"生产网络治理能力提供了形势研判。

第六章 "一带一路"生产网络形成的内生机制

本章首先从互惠效应、扩张效应、传递闭合效应和时间依赖效应四个方面入手,对"一带一路"生产网络形成的内生机制展开分析并提出研究假设。之后,基于数据资料,运用时间指数随机图 TERGM 模型对"一带一路"生产网络形成的内生机制进行实证检验,并采用 GOF 检验方法对模型拟合优度做出判断。进一步地更换模型估计方法及变换"一带一路"生产网络衡量变量,以考察模型实证结果的稳健性。

第一节 机理分析与研究假设

在社会网络理论中,网络形成的自组织过程主要指网络关系可以通过自我组织形成某种网络模式,网络内既有的关系及关系结构会对网络关系的形成及消失造成影响,其实质可看作一种内生效应[163]。因此,"一带一路"生产网络形成的自组织过程即为"一带一路"生产网络形成的内生机制。在"一带一路"生产网络形成及发展过程中,自组织过程如何发挥作用?具有怎样的影响机制?为了回答这两个问题,下文从互惠效应、扩张效应、传递闭合效应和时间依赖效应四个方面对"一带一路"生产网络形成的自组织机制展开分析。

1. 互惠效应

在社会网络分析理论中,互惠性是至关重要的一个指标,被大量运用于有向网络的结构解析、形成及演化机制分析[163]。在社会网络分析中,网络中节点与节点之间存在两类连接方式,即单向连接及双向连接的方式。其中,双向连接即节点间呈现双向互动的连接模式,在地缘经济、国际贸易等领域表现为网络中的两国彼此存在贸易、经济的联系与依赖,因此在不受其他外力影响的情况下,两国间的关系将更为稳定地延续下去,这一连接模式也被叫作"强连接",其图形表现如同图6-1中的子图 a 所示;单向连接即节点间仅存在单向联系,其图形表现如同图6-1中的子图 b 所示。

图6-1 网络中的互惠关系示例

在"一带一路"生产网络中,网络关系的形成一方面可能是由于拥有某种特征的国家寻求合作伙伴,也可能是某国为响应合作国率先构建的单向关系而产生的互惠行为,从而引起网络结构改变。由于互惠性是关系构建中最基本也是最重要的原因之一,它可以检测沿线国家是否会通过"回报"来构建关系,是对"一带一路"生产网络关系构建反馈过程的度量[217]。因此,本文检测互惠性有助于揭示"一带一路"生产网络的形成机制并解释其组织原则。据此提出假设:

H1:"一带一路"生产网络存在互惠效应,即沿线国家具有通过"回报"来构建关系的倾向。

2. 扩张效应

在有向网络分析中,扩张效应描述的是网络中的节点向其他多个节点主动构建关系的趋势。扩张效应的动因包括:一方面,"一带一路"沿线国家多为经济落后的发展中国家,在"再工业化"浪潮和亚洲国家制造成本攀升的背景下,沿线国家面临欧美国家"高端回流"和拉美国家"低端分流"的双重困境[1,46],而"一带一路"倡议迎合了沿线发展中国家借助外力实现突破式发展的需求[2]。沿线国家具有差异化的资源禀赋和互补程度较高的产业结构,"一带一路"生产网络能充分发挥不同国家的比较优势,有助于构建新的价值链关联。另一方面,在新冠肺炎疫情重创全球制造业的背景下,市场萎缩、需求转变和供应链不稳定等诸多因素促使沿线国家积极调整生产布局,通过组建区域价值链、调整产业的区域布局、构建多元化的国际供应链经营战略等方式,降低外部风险对国内经济的冲击。因此,本文提出假设:

H2:"一带一路"生产网络存在扩张效应,即沿线国家具有向外构建多个生产分工与合作关系的倾向。

3. 传递闭合效应

在有向网络分析中,传递闭合效应也被称作几何加权边共享伙伴分布,描述的是网络中两个节点通过第三个节点形成连接关系的可能性,这一效应实质上反馈的是网络社团形成(集群)的倾向。有向网络中存在着很多简单或多重2路径(○→○→○),即节点 A 和节点 B 借由节点 C 或者多个其他节点达成关系的传递,作为节点 A 和节点 B "中间人"的节点 C 一方面向节点 A 和节点 B 中的一个节点发出关系,又接收从另外一个节点处发出的关系[159]。"一带一路"生产网络中有很多2路径构局,使得沿线国家能够借由多重路径达成间接合作关系的传递,最终促使优势资源在生产网络不同国家间流动。传递闭合效应是在2路径构局的基础上多了一条节点 A 与节点 B 直接相连的边,由此产生了三元组的传递闭合。传递闭合效应在"一带一路"生产网络的宏观表现就是沿线国家在生产分工与合作中出现集聚,形成了内部关系紧密的"小团体",即社团,使"一带一路"生产网络的宏观结构更加稳定。在贸易、科技、合作网络的研究中均发现,三元组传递闭合是影响关系选择及驱动网络内部"小团体"形成的关键内生机制[163]。在"一带一路"生产网络网络中,沿线国家间的生产分工与合作会受到地理距离、制度距离、文化距离、双边政治关系等多种因素的影响,横亘在各国间的信息不对称问题会带来极大的合作风险,这是沿线国家在跨国生产分工与合作中无法忽视的问题。为了降低信息不对称引致的合作风险,沿线国家会更倾向于选择与既有合作国有合作关系的另一个国家结成新的生产分工与合作关系。由前文分析可知,沿线国家倾向于抱团合作,使得连通的生产分工与合作关系趋于闭合。因此,本文提出假设:

H3:"一带一路"生产网络存在传递闭合效应,即沿线国家在网络中的2路径结构有形成传递闭合三元组的集群倾向。

4. 时间依赖效应

在地缘经济关系网络、国际分工网络的有向网络研究中,稳定性是衡量网络形成机制的一个重要指标。所谓有向网络的稳定性,指的是在网络构成不变即网络构成的节点恒定情况下,节点间的连接可能会在某一个时期形成,而在下一个时期仍然保留,这种表现出来的路径依赖特性表明网络具有稳定性特征,换而言之,表明网络具有时间依赖效应。

"一带一路"生产网络的形成和发展过程是否存在时间依赖效应?带着这个问题,观察上一章中历史时期的"一带一路"生产网络可视化图形可发现,很多沿线国家间的生产分工与合作关系形成后,生产分工与合作关系在之后几个时期仍然存在,表明"一带一路"生产网络可能存在时间依赖效应。进一步剖析网络关系稳定延续的机理得到:首先,"一带一路"生产网络中的关系体现的是沿线国家互动的"状态"而非"事件",而"状态"的特性在于其具有延续性,因此"一带一路"生产网络中关系的形成具有时间依赖效应;其次,"一带一路"生产网络很大比例的生产分工与合作涉及初级产品的流转,而初级产品多与各国的自然资源禀赋有关,自然资源禀赋的独特性使得以资源获取为主要特征的此类生产分工与合作具有较高的稳定性[218];最后,从合作成本的角度来看,沿线国家间已经形成的信任关系、流转的产品质量等因素会对合作成本造成影响[219]。沿线国家间合作越深入,更换合作伙伴的成本会越高,因此,沿线国家更倾向于维系原有的合作关系。据此,本文提出假设:

H4:"一带一路"生产网络存在时间依赖效应,即当期的生产分工与合作关系具有延续到下一时期的倾向。

第二节 变量选取与模型构建

1. 指数随机图模型简介

指数随机图 ERGM 模型以及在此基础上进一步研发的时间指数随机图 TERGM 模型是当前较为前沿的关系数据计量模型[159]。与 Logistic 模型等经典计量模型相比,ERGM 模型和 TERGM 模型更注重网络中关系与关系的相互依赖性,换而言之,即网络中某一关系产生的可能性取决于其他关系存在与否。所以,ERGM 模型和 TERGM 模型的目标不仅在于预测某一关系发生的可能性,还在于该关系在某一特定关系存在时的发生概率。此外,ERGM 模型和 TERGM 模型不同于中心性分析、结构洞等仅分析某一网络结构特征的指标,也不同于核心—边缘模型等只分析单个网络结构的模型,而是通过多重指标来揭示网络结构的变化及其形成过程。在网络整体特性没有特别设定时,ERGM 模型和 TERGM 模型能够根据网络的局部连接状态条件来实现网络的随机化生成。

ERGM 模型和 TERGM 模型旨在阐述网络中关系的连接情况及其产生原因,模型的因变量是网络形成的概率,自变量是一组影响网络局部结构或直接来源于其局部关系构造的统计量。ERGM 模型和 TERGM 模型自变量主要包括：①网络的自组织特征变量，也被称作网络的纯结构效应变量，具体包括：网络的边数、扩张性、闭合性、互惠性等。TERGM 模型还可以考核网络结构稳定性和变异性的影响；②与行为者属性相关的结构特征变量，例如拥有某一特定属性的节点接收效应、发出效应以及同配性等；③外部环境因素变量，如可能对国际生产网络产生影响的双边政治关系网络、互补关系网络等其他网络以及空间因素变量。在上述自变量中，网络的自组织特征变量属于内生变量，因为它们都是由网络关系本身代表的局部网络结构统计量；后两类变量在社会网络理论中属于外生变量，它们是由网络关系自身以外的节点属性以及其他关系网络来表示的网络结构变量，几类变量的关系详见图 6-2。在综合考虑上述三类变量的情况下，ERGM 模型和 TERGM 模型可以同时检测网络的形成是否存在自组织效应以及是否受到行为者属性和其他外部环境因素影响等问题。

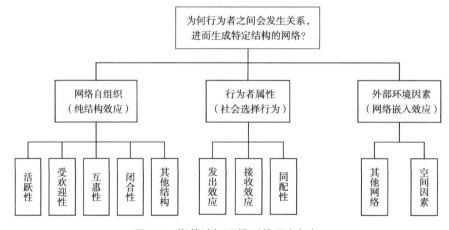

图 6-2 指数随机图模型的研究框架

资料来源：Lusher et al.(2013)[159]。

与指数随机图模型相应的是，"一带一路"生产网络由于各沿线国家间的国际分工不断细化，各沿线国家间将内生地形成更多的分工与合作关系，而网络节点间连接关系的互惠性和集聚性都属于网络内生的自组织效应。沿线国家的经济条件、资源禀赋、互补关系等因素也会使沿线国家相互吸引并使其更可能形成新的分工与合作关系。同时，沿线国家间的双边政治关系、地理距离等外部网络关系也将影响分工与合作关系的建立和发展，这些则属于行为者属性和外部环境因素的影响。"一带一路"生产网络可能由以上多个连接关系构建过程的交叉与汇集而最终演化成现有的网络结构,因此,指数随机图模型的分析框架是系统分析"一带一路"生产网络内生的自组织行为、行动者属性和外生影响因素网络如何影响"一带一路"生产网络形成的最佳选择。

2. 变量测量与数据说明

①被解释变量。本文的被解释变量反映了一个特定的用无权网络模拟下的"一带一路"生产网络形成的概率。无权网络 $A^t = \{a_{ij}^t\}$ 的构建与上一章相同,即参考李敬等(2017)[6]的研究,设定无权网络的阈值为1亿美元:如果 i 国对 j 国出口的实际国内增加值不小于1亿美元,则将两国间的这一生产分工与合作关系纳入考察,设定 $a_{ij}^t = 1$;如果 i 国对 j 国出口的实际国内增加值小于1亿美元,则忽略两国间的这一生产分工与合作关系,设定 $a_{ij}^t = 0$。

②衡量自组织机制的相关解释变量。自组织机制主要是考察"一带一路"生产网络形成过程中来自生产网络系统的内部过程。这个部分不考虑沿线国家间的地理条件、政治关系等外生因素,仅研究在"一带一路"生产网络动态变化过程中,网络的自组织效应变量即内生结构变量如何决定生产网络关系的形成与变化,这一变量系数的正负表明在控制其他因素的前提下,该网络内生结构在"一带一路"生产网络中出现的可能性是否显著高(低)于随机情况下的预期值。

本文选取边(edges)、互惠性(mutual)、扩张性(gwodegree)、传递闭合性(gwesp)和稳定性(stability)来衡量网络的内生结构效应,借此验证自组织机制是否在"一带一路"生产网络形成的过程中发挥了作用。其中,边类似于计量经济学模型中的常数项,代表"一带一路"生产网络中沿线国家间生产分工与合作关系形成的基准倾向。在模型构成复杂时,边这一项的影响通常不做考察;互惠性是理论机制部分提出的互惠效应的测量指标,描述了生产网络中沿线国家间形成互惠关系的倾向,测度的是生产网络中沿线国家 i 对 j 出口一定阈值的国内增加值时,是否提高了 j 随后向 i 出口一定阈值国内增加值的概率;扩张性是理论机制部分提出的扩张效应的测量指标,又称作几何加权出度分布,描述了生产网络中沿线国家 i 主动与其他国家构建生产分工与合作关系的分布趋势;传递闭合性是理论机制部分提出的传递闭合效应的测量指标,又称作几何加权边共享伙伴分布,描述了生产网络中沿线国家 i 和 j 通过 k 国形成分工与合作关系的可能性,这一效应实质上反馈的是网络社团形成(集群)的倾向;稳定性是理论机制部分提出的时间依赖效应的测量指标,描述了生产网络中沿线国家构建的生产分工与合作关系在下一时期稳定不变的可能性。若稳定性系数为正,则表明"一带一路"生产网络中的关系具有稳定不变的倾向。

表 6-1 内生机制主要变量解释及对应假设

变量	网络构局	解释	假设
边(edges)		代表"一带一路"生产网络中沿线国家间生产分工与合作关系形成的基准倾向	—
互惠性(mutual)		"一带一路"生产网络中沿线国家间形成互惠关系的倾向	H1
扩张性(gwodegree)		"一带一路"生产网络中沿线国家 i 主动与其他国家构建生产分工与合作关系的分布趋势	H2
传递闭合性(gwesp)		"一带一路"生产网络中沿线国家 i 和 j 通过 k 国形成合作关系的可能性	H3
稳定性(stability)		"一带一路"生产网络中沿线国家构建生产分工与合作关系在下一时期稳定不变的可能性	H4

3. TERGM 模型构建

指数随机图模型(ERGM)和时间指数随机图模型(TERGM)作为当下社会科学问题研究领域较为前沿的统计分析模型,不仅跳出了传统计量模型对于解释变量需满足独立性的严格要求,还能将不同类型的网络关系纳入考察,能够对错综复杂的网络关系进行处理,并同时研究内、外生机制对网络形成的影响[159]。因此,在网络形成及演化机制的研究中,ERGM 或 TERGM 模型备受研究者青睐。

相较于 ERGM 模型选取某一时间点上的静态截面数据进行分析,TERGM 模型将多个历史时期的数据考虑在内,能够考虑到网络的动态变化因素。通过更为充分的提取历史数据中的信息,有效提升了模型估计的准确性,并让模型参数估计结果具有更高的可解释性[220]。某种程度上,ERGM 模型和 TERGM 模型二者的区别类似于计量经济学模型中的横截面数据模型和动态面板数据模型。由于 TERGM 模型充分考虑了网络数据的时间依赖特性,本文选取 TERGM 模型作为本章中的主要实证模型,参考唐晓彬和崔茂生(2020)[130]以及刘林青等(2021)[217]的做法,选取 2007、2010、2013、2016、2019 和 2020 共六个时期的数据构建"一带一路"生产网络的观测网络,对"一带一路"生产网络形成的内生机制进行定量检测,构建的 TERGM 模型如下所示:

$$P(A^t|\theta^t, A^{t-k}) = (1/c)\exp(\theta_0 \text{edges} + \theta_1 \text{mutual} + \theta_2 \text{gwodegree} + \theta_3 \text{gwesp} + \theta_4 \text{stability}) \tag{6-1}$$

上式中,A^t、A^{t-k} 分别表示 t 时期以及 $t-k$ 时期的"一带一路"生产网络格局,$P(A^t|\theta^t, A^{t-k})$ 为依据离散时间马尔科夫链原理构建的时间概率模型,并设定 t 时期的"一带一路"生产网络格局只与之前 k 期的网络格局相关。θ 为待估参数,$1/c$ 为确保概率处于 0 和 1 之间的归一化系数。edges 表示"一带一路"生产网络中的边变量,作用类似于计量模型中的截距项。衡量内生机制的解释变量包括:互惠性(mutual)、扩张性(gwodegree)、传递闭合性(gwesp)和稳定性(stability)。

第三节 实证结果分析

1. TERGM 模型实证结果

运用 TERGM 模型对"一带一路"生产网络形成的内生机制(即自组织机制)进行检验,并使用最大伪似然估计(MPLE)进行参数估计,得到 TERGM 模型的参数估计结果如表 6-2 所示。表 6-2 中,Model1 为针对"一带一路"生产网络总体(除服务业外所有行业)自组织效应的实证检验结果,Model 2~5 依次为针对"一带一路"劳动密集型、技术密集型、资本密集型和资源密集型行业生产网络自组织效应的实证检验结果,Model 6~8 依次为针对"一带一路"三个核心行业即采矿和采石业、基本金属及金属制品业、电气和光学仪器业生产网络自组织效应的实证检验结果。

表 6-2 "一带一路"生产网络形成的内生机制的 TERGM 实证结果

变量	Model1	Model2	Model3	Model4	Model5	Model6	Model7	Model8
edges	−1.31***	−1.36**	−1.37***	−1.80***	−2.26***	−1.89***	−1.74***	−1.18***
	(0.30)	(0.58)	(0.17)	(0.20)	(0.18)	(0.35)	(0.27)	(0.21)
mutual	2.19***	1.16**	1.69***	1.66***	1.28***	−0.36	1.81***	1.81***
	(0.35)	(0.35)	(0.29)	(0.25)	(0.43)	(0.88)	(0.44)	(0.34)
gwodegree	−1.79**	−1.73***	−2.12***	−0.92***	−0.48	−1.17	−2.13***	−3.04***
	(0.55)	(0.54)	(0.38)	(0.03)	(0.53)	(0.78)	(0.54)	(0.70)
gwesp	0.40†	0.58*	0.58***	0.73***	1.05***	0.96***	0.64**	0.12†
	(0.23)	(0.29)	(0.19)	(0.20)	(0.10)	(0.22)	(0.26)	(0.20)
stability	2.93***	2.80***	2.67***	2.61***	2.35***	2.36***	2.40***	2.27***
	(0.24)	(0.26)	(0.26)	(0.29)	(0.27)	(0.41)	(0.35)	(0.31)

注：***、**、*、†分别表示在 0.1%、1%、5%和 10%的显著性水平下显著。

就内生机制的检验结果来看，"一带一路"生产网络的形成存在自组织效应。具体来看，与多数网络形成机制相关研究的结论类似[130,160,164]，作为内生结构变量的边数（edges）的系数无论在总体层面还是细分行业层面均显著为负，表明"一带一路"生产网络的形成并非完全随机，因此，探寻影响其网络关系的形成动因和影响因素是有价值的。互惠性的系数在总体层面以及除采矿和采石业外的细分行业层面均显著为正，表明"一带一路"生产网络存在互惠性特征。采矿和采石业生产网络不具备这一互惠性特征，因采矿和采石业的资源属性较强且生产工艺相对简单，这一行业的国内增加值实际出口多是单向的：将矿石产品出口至资源需求国，需求国不会再"回馈"以大规模的矿石产品出口。但是就"一带一路"生产网络总体及多数行业来看，能够认为互惠性对"一带一路"生产网络的形成产生了积极的正向影响，假设 H1 得以验证。扩张性的系数均为负，且多数情况显著，表明"一带一路"生产网络的形成存在扩张性，且沿线国家合作关系构建没有被少数国家垄断，而是呈现出一种分散的趋势，假设 H2 得以验证。传递闭合性的系数均显著为正，表明无论是总体层面还是细分行业层面，"一带一路"生产网络趋于闭合，即沿线国家在"一带一路"生产网络中具有"抱团合作"倾向，假设 H3 得以验证。稳定性的系数均显著为正，表明各国在"一带一路"生产网络中构建的既有合作关系不会随着时间变化产生太大的变动，"一带一路"生产网络呈现出稳定发展的趋势，假设 H4 得以验证。

2. 拟合优度检验

TERGM 模型不能简单运用常见的 AIC、BIC、R^2 等指标对模型的拟合优度进行判断。常见的做法是基于 TERGM 模型获得的参数来生成大量的模拟网络图,并比较模拟网络与真实网络特征的差异,通过 GOF 检验对模型拟合优度做出判断[163,221]。本文对表 6-1 中基于总体层面构建的 Model1 的参数估计结果实施了 1000 次模拟,并将生成的模拟网络与真实网络的网络特征进行比较,二者的可视化比较结果如图 6-3 所示。基于细分行业层面构建的 Model2~8 的 GOF 检验详见附录 1。

图 6-3 及附录 1 中的六个子图分别对应于模拟网络的以下网络结构特征:节点间测地线距离(Geodesic distances)、几何加权二元组伙伴分布(Dyad-wise shared partners)、几何加权共享伙伴分布(Edge-wise shared partners)、点入度(Indegree)、点出度(Outdegree)和三元组普查(Triad census)。图中的黑色实线表示真实的网络结构特征值,而灰色线条表示基于 TERGM 模型获得的参数来生成的模拟网络结构特征 95% 置信水平下的置信区间范畴。置信区间的中间值

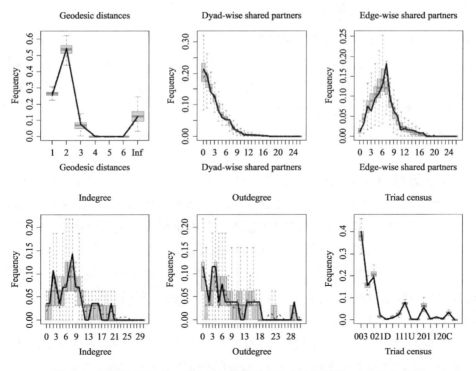

图 6-3 总体层面"一带一路"生产网络形成的内生机制的 GOF 检验结果

越接近真实的网络结构特征值,表明 TERGM 模型的拟合效果越好[221,222]。图 6-3 及附录 1 的六个子图中,模拟网络结构特征置信区间中间值都非常接近真实的网络结构特征值,由此判定涵盖了内生机制所有衡量变量的综合模型 Model1 的仿真结果能在很大程度上代表真实网络,基于 TERGM 模型的分析是可靠的。

3. 稳健性检验

为了验证实证分析结论的准确性,本文采用更换模型估计方法及变换"一带一路"生产网络衡量变量的方式对上文的实证结果进行稳健性检验,具体措施包括:

一方面,将模型的估计方法变换为马尔可夫链蒙特卡罗极大似然估计法(MCMA MLE),对反馈"一带一路"生产网络内生机制模型的实证结果进行稳健性检验。MCMA MLE 方法主要通过生成仿真图来估计模型参数,与前文使用的 MPLE 方法相比各具优点。MPLE 方法的显著优势在于运算量相对较小,且不容易出现模型退化问题。当面对大样本时,MPLE 方法估计得到的参数还具有一致性的优势。MCMA MLE 的计算量大于 MPLE,但当生成图数量较为庞大时,MCMA MLE 方法较之于 MPLE 方法更为精确[220]。表 6-3 中的 Model9~16 呈现了参数估计方法调整为 MCMA MLE 后的结果。其中,Model9~16 依次代表"一带一路"生产网络总体、劳动密集型行业、技术密集型行业、资本密集型行业、资源密集型行业以及三个"一带一路"生产网络核心行业(采矿和采石业、基本金属及金属制品业、电气和光学仪器业)生产网络自组织效应的实证检验结果。

另一方面,参考 Orefice et al. (2014)[205]、商辉(2019)[223]和陈俊营(2020)[71]等学者的研究,选用另一类常用的国际生产网络衡量指标——双边中间品出口为替代变量,对"一带一路"生产网络总体层面内生机制检验结果进行再一次验证。其中,中间品的界定采用联合国国民核算体系(SNA)的认定方法,将 BEC 分类中的 111、121、21、22、31、322、42 和 53 这 8 类产品界定为中间产品。双边中间品出口数据取自联合国商品贸易数据库,个别国家缺失的出口数据采用其他国家当年向该国进口的贸易额替代。此外,本文对所有中间品双边出口数据进行不变价处理(以 2000 年为基期)。构建无权网络的方式与第五章中运用国内增加值构建网络的方式类似:设定无权网络的阈值为 1 亿美元,如果沿线国家 i 对沿线国家 j 出口的中间品实际贸易总额不小于 1 亿美元,设定 $a_{ij}^t=1$;如果 i

国对 j 国出口的中间品实际贸易总额小于 1 亿美元，设定 $a_{ij}^t=0$。由于联合国贸易数据库中覆盖的国家比 ADB 投入产出表更为齐全，故此处以 60 个沿线国家[①]作为样本，最终的实证分析结果如表 6-3 中的 Model17 所示。

表 6-3 "一带一路"生产网络形成的内生机制的稳健性检验

变量	Model9	Model10	Model11	Model12	Model13	Model14	Model15	Model16	Model17
edges	−1.47***	−1.64***	−1.67***	−2.15***	−2.35***	−1.92***	−2.01***	−1.49***	−1.73***
	(0.32)	(0.22)	(0.28)	(0.24)	(0.2)	(0.18)	(0.22)	(0.19)	(0.24)
mutual	2.15***	1.03***	1.73***	1.68***	1.17***	−0.20***	1.60***	1.73***	2.07***
	(0.18)	(0.29)	(0.2)	(0.2)	(0.24)	(0.41)	(0.26)	(0.28)	(0.07)
gwodegree	−1.54***	−1.76***	−2.33***	−1.00***	−0.55***	−1.22***	−1.84***	−2.94***	−1.29**
	(0.62)	(0.39)	(0.44)	(0.41)	(0.32)	(0.31)	(0.41)	(0.40)	(0.44)
gwesp	0.54**	0.84**	0.81**	1.02**	1.14**	0.97**	0.89**	0.46**	0.35†
	(0.27)	(0.17)	(0.23)	(0.2)	(0.16)	(0.16)	(0.19)	(0.15)	(0.21)
stability	2.91***	2.69***	2.63***	2.57***	2.27***	2.28***	2.3***	2.23***	2.62***
	(0.09)	(0.11)	(0.09)	(0.09)	(0.09)	(0.11)	(0.11)	(0.11)	(0.09)

注：***、**、*、† 分别表示在 0.1%、1%、5% 和 10% 的显著性水平下显著。

就自组织机制的稳健性检验结果来看，不论是采用 MCMA MLE 方法，还是将"一带一路"生产网络衡量指标变为中间品双边实际出口，稳健性检验的估计结果均显示：作为内生结构变量的边数的系数都显著为负，表明"一带一路"生产网络的形成并非完全随机；采矿和采石业生产网络中的互惠性系数为负，表明这一行业的国内增加值实际出口或中间品实际出口多是单向的。但是其他情况下的互惠性系数均为正，表明就"一带一路"生产网络总体及多数行业来看，能够认为互惠性对"一带一路"生产网络的形成产生了积极的正向影响。扩张性的系数在考察的总体层面和细分行业层面均为负，而传递闭合性和稳定性的系数则均为正，表明"一带一路"生产网络的形成具有自组织效应，假设 H1、H2、H3、H4

[①] 60 个国家分别为：保加利亚、克罗地亚、捷克、爱沙尼亚、匈牙利、拉脱维亚、立陶宛、波兰、斯洛伐克、斯洛文尼亚、中国、泰国、马来西亚、新加坡、印度尼西亚、菲律宾、阿富汗、阿尔巴尼亚、亚美尼亚、阿塞拜疆、巴林、孟加拉国、白俄罗斯、不丹、波黑、文莱、柬埔寨、埃及、格鲁吉亚、印度、伊朗、伊拉克、以色列、约旦、哈萨克斯坦、科威特、吉尔吉斯斯坦、老挝、黎巴嫩、马尔代夫、蒙古、缅甸、尼泊尔、阿曼、巴基斯坦、卡塔尔、摩尔多瓦、俄罗斯、沙特阿拉伯、斯里兰卡、叙利亚、塔吉克斯坦、北马其顿、土耳其、土库曼斯坦、乌克兰、阿联酋、乌兹别克斯坦、越南、也门。

再次得以验证。

第四节　本章小结

本章将"一带一路"生产网络形成的自组织过程视作"一带一路"生产网络形成的内生机制,并从互惠效应、扩张效应、传递闭合效应和时间依赖效应四个方面入手,对"一带一路"生产网络形成的自组织机制展开分析并提出研究假设。之后,基于数据资料,运用时间指数随机图模型(TERGM)对"一带一路"生产网络形成的自组织机制进行实证检验,研究表明:"一带一路"生产网络的形成具有互惠效应、扩张效应、传递闭合效应和时间依赖效应,具体来看:互惠性对"一带一路"生产网络的形成产生了积极的正向影响;"一带一路"生产网络的形成存在扩张性,且沿线国家间的合作关系没有被少数国家垄断;"一带一路"生产网络趋于闭合,各国倾向于"抱团合作";各国构建的既有合作关系不会随着时间变化产生太大的变动,"一带一路"生产网络呈现出稳定发展的趋势。

在现有国际生产网络形成机制的相关研究中,学者多从要素禀赋优势、区位优势、规模经济以及贸易自由化政策等因素出发,探讨这些因素对国际生产网络形成和发展的影响。当前尚缺乏对国际生产网络关系形成的内生机制的探讨。因此,本章厘清了"一带一路"生产网络形成的内生机制,这既是本文研究的要点,也是本文的重要创新点。

第七章 "一带一路"生产网络形成的外生机制

上一章系统分析并验证了"一带一路"生产网络的形成存在自组织机制。Lusher et al. (2013)[159]指出,网络中行动者对于构建关系的偏好以及外部环境因素也会对网络的形成产生重要影响,这被视作网络形成的外生机制。本章从机理分析和实证检验两个方面对"一带一路"生产网络形成的外生机制展开研究。

第一节 机理分析与研究假设

1. 社会性选择机制

社会性选择机制主要是考察同质性、偏好连接(马太效应、制度邻近)因素对沿线国家选择合作国家构建生产分工与合作关系的影响[184,224]。对于"一带一路"生产网络的形成和发展,社会性选择行为效应包括马太效应[184]、经济属性的同配性和制度邻近效应[130,160]。马太效应、同配性、制度邻近性等社会性选择行为效应变量系数显著(正或为负),则表明在控制其他因素的前提下,沿线国家对合作国家的选择并非随机,其选择具有明显的偏好。

(1)马太效应

社会网络中的马太效应通常是指强者越来越强的复杂系统特征。马太效应在国际分工网络、国际贸易网络的研究中屡见不鲜,更有研究者运用仿真实验证实了马太效应是很多网络形成和演化的关键机制[184]。

在社会网络理论中,"明星"节点具有构建及获得连接的更高概率,其理论基础是网络理论中的择优连接机制。根据合作伙伴选择的标准,马太效应发挥作用的明星优势主要来自关系优势(关系择优)及自身实力优势(能力择优)两个方面。就关系优势来看,根据社会资本理论的观点,关系就是一种资本,关系能够带来额外的优势。例如中国在"一带一路"生产网络中积累的合作关系越多,越有利于"互相尊重、合作共赢"外交理念的传达,越能够在切实合作中获取沿线国家的认同与信任,进而提高构建新合作关系的成功概率;就自身实力优势来看,沿线各国为开展深度合作,倾向于选择实力强的国家作为合作对象。在"一带一路"生产网络中,实力强的国家通常拥有较高的技术实力以及制造能力,可以实现多元化的产品制造,能够吸引其他国家围绕在其身旁,通过与其建立合作关系满足自己的需求,而这在一定程度上会推动这些国家威望及吸引力的进一步提升,进而为其迎来更多的合作伙伴。

"一带一路"生产网络可能存在马太效应的一个具体例子是:中国凭借先进的制造技术及雄厚资本实力,成为"一带一路"生产网络典型的"明星"国家。中国主动与越来越多的沿线国家构建起生产分工与合作关系,同时也接收到越来越多的来自沿线国家发出的生产分工与合作邀约,对网络中的其他国家产生越来越大的影响力。中国在"一带一路"生产网络中的这种明星效应产生了正向反馈,吸引到更多的关系资源,使得中国能够比其他国家更快建立新的合作关系,且更容易接收到来自其他国家发起的合作。对此本文提出假设:

H5:"一带一路"生产网络存在马太效应,经济实力强的国家在关系构建与关系接收方面都更受欢迎。

(2)同配效应

在社会网络分析中,同配性(Homophily)是指网络中具有某种属性的节点倾向于与相同属性的节点连接,"人与类聚"就是同配效应在现实生活中的一种具体表现。在"一带一路"生产网络的研究中,同配效应用于描述具有同等经济地位的国家间形成生产分工与合作关系的可能性。因"一带一路"倡议提出尚不足10年,研究"一带一路"生产网络的文章还不多见,更鲜有文献运用网络分析方法考察"一带一路"生产网络形成的同配效应,但同配效应已经被研究者广泛发现于经济、贸易合作网络[225-226]。通常,经济体选择合作对象时更有可能选择属性类似的其他经济体作为合作对象。同样,经济体的属性对其他经济体是否选择其为合作对象具有同样的影响,即同配效应不光影响网络中的经济体是否与其他经济体构建关系,也影响经济体是否被其他经济体选择。因此,同配效应是影响网络形成与演变的重要机制[184,227]。

本文主要从沿线国家的经济属性出发，考察同配效应对"一带一路"生产网络形成与演变的影响。正的同配效应表明经济地位相当的沿线国家之间更容易形成或维持生产分工与合作关系，负的同配效应则表明经济地位悬殊的沿线国家之间更容易形成或维持生产分工与合作关系。同配效应在"一带一路"生产网络形成与发展过程中发挥作用的主要原因可能在于：一方面，经济地位相当的沿线国家之间通常拥有类似的需求偏好以及旗鼓相当的科技水平与制造能力。需求偏好的相似性通常更能促成两国间形成跨国投资与贸易关系，旗鼓相当的科技水平与制造能力能够使两国间的生产分工与合作更为顺畅[160]。另一方面，经济规模相近的经济体之间通常具有规模类似的国内市场规模，当经济体期待能获得合作伙伴的国内市场时，其寻找合作伙伴时倾向于寻找市场规模更大的合作国，最终达成的平衡可能是经济规模相当的经济体更容易签订合作协议。李(Lee,2013)[227]、Wu et al.(2020)[184]等学者的研究显示，经济地位悬殊的经济体之间签署的自由贸易协定(Fta)将更有利于小型经济体。Fta将增加小型经济体对大型经济体的贸易流量，导致小型经济体的贸易顺差增加，大型经济体的贸易顺差减少，甚至变成负数，导致大经济体可能不愿意签署Fta。因此，本文提出假设：

H6：经济地位相当的沿线国家间更有可能形成生产分工与合作关系，即"一带一路"生产网络的形成存在同配效应。

(3)制度邻近效应

制度邻近效应是指制度相近的两国搭建或保持生产分工与合作关系的概率通常大于距离遥远的两国。本文主要从事前成本和事后成本的变化分析政治、经济和法律等正式制度距离对生产分工与合作关系形成的影响机理。

第一，政治制度距离的影响。政治制度距离过大意味着两国的政治关切、政治认同各不相同，贸易、投资谈判成本会进一步提升，并且双方政府效能的巨大差异会导致合同签订的效率低。此外，政治制度距离过大更易引发贸易纠纷。而贸易摩擦的发生则意味着交易双方将会支付额外的费用去维护自身的权利，增加交易过程的不确定性和交易成本，不利于两国生产分工与合作的有序开展。

第二，经济制度距离的影响。合作国之间存在较大的经济制度差异，会使得合作双方花费更多的精力去熟悉当地的经济制度，了解当地市场的相关规则，以此获得更加顺畅的谈判交流，并拟定合同的各项约定，导致信息搜寻成本和谈判成本的增加。经济制度越相似,意味着交易主体双方能够更快地达成合作共识,进一步降低贸易纠纷或贸易摩擦发生的概率。因此,经济制度距离越大,则跨国合作中产生的交易费用越高,越不利于双方跨国合作的开展。

第三,法律制度距离的影响。合作国之间进行交易时,若双方的法律相关制度相差很大,合作双方就需要付出很多时间和财力去完成合同的签署,导致事前成本上升;若合同履行后产生纠纷,需通过相应的方式去适应合作国的相关规定,熟悉对方的纠纷解决法律机制,导致事后纠纷解决成本也随之上升。总之,合作国之间的法律距离会引起不确定性的提高,导致事前成本和事后成本的增加,不利于双方的合作,对双方跨国合作的开展带来阻碍。

基于上述分析,本文提出假设:

H7:制度邻近的沿线国家间更有可能形成生产分工与合作关系,即"一带一路"生产网络的形成存在制度邻近效应。

2. 关系嵌入机制

关系嵌入机制主要是考察各国间其他关系网络对"一带一路"生产网络形成与发展的影响。罗宾斯(Robins,2007)[181]指出,在网络的形成和演化过程中,以外生关系网络为代表的外部环境因素会对其产生重要影响。例如,在国际贸易网络中,各国在经济、地理、政治关系等层面都存在关联关系,由此构成的经济、地理、政治关系网络相对于贸易网络来说是外生因素,这些外生关系网络会对国际贸易网络的形成与演化产生切实影响[160]。本文认为,作用于"一带一路"生产网络形成和发展的外生关系网络主要包括互补关系网络、地理关系网络和双边政治关系网络三类,其产生的影响主要为互补效应、地理邻近效应和双边政治关系影响,三类效应相关衡量变量的系数显著,即表明关系嵌入机制是影响"一带一路"生产网络形成的重要机制。

(1)互补效应

"一带一路"生产网络中的互补关系是以各国间的比较优势为基础的。在国际贸易框架下,学者们普遍认为比较优势、规模经济等因素是国际垂直专业化分工的基石[228]。在李嘉图和H—O框架下,很多学者研究发现比较优势和要素禀赋差异是垂直专业化分工的动因,认为生产工序的划分仍然是按照传统的比较优势思路进行的。琼斯(Jones,1988)[95]也指出比较优势和规模报酬递增是推进生产过程分散化进程的主要动因。

"一带一路"沿线各国的资源禀赋、技术水平、产业发展水平等方面存在显著的异质性。例如,俄罗斯、伊拉克、印度尼西亚、阿曼、哈萨克斯坦、乌克兰等国具有丰富的自然资源储备,承担了"一带一路"区域内初级产品主要提供者的角色。而中国、新加坡、越南、马来西亚等国作为区域内制造中心,成为了区域内初级产品的主要吸纳方。同时,因为出色的生产能力,中国、新加坡、越南、马来西亚等国也为区域内其他国家生产并提供资本品和消费品的出口。基于理性人的假说,沿线国家更倾向于生产与交易本国具有比较优势的产品,因此,资源禀赋、技术水平、产业发展的地域空间格局在一定程度上决定了"一带一路"生产网络的空间格局。

差异化的资源禀赋、技术水平、产业发展水平在某种程度上展现了沿线国家间具有较高的国际分工结构匹配程度和分工合作潜力。多位学者的研究表明,互补关系越紧密则国家间的经贸往来将越深入。"一带一路"沿线国家间高度互补的资源、技术及产业结构关系将各国的利益更为紧密地结合起来,成为各国开展分工合作的最基本动力。基于互补关系形成的合作关系有利于各国取长补短,提升资源的使用效率,产生"1+1>2"的效果,推动"一带一路"生产网络生产分工与合作绩效得以提升。在沿线国家分工合作关系逐渐深化的过程中,各国倾向于通过签订自由贸易区协定、投资协定、互相提供最惠国待遇等措施降低合作成本,使得合作关系进一步稳固。而沿线国家间经贸往来的可持续性发展又进一步强化了各国间的互补性。因此,本文提出假设:

H8:互补关系有助于促进"一带一路"生产网络的关系形成及稳固发展。

(2)地理邻近效应

地理因素是影响各国跨国投资、国际贸易和生产分工与合作的重要因素。地理邻近效应是指由于产品跨境流通的便捷性与经济性,相邻两国搭建或保持生产分工与合作关系的概率通常大于距离遥远的两国。地理邻近效应在国际分工网络、国际贸易网络的研究中屡见不鲜,有研究者运用引力模型与指数随机图模型等方法,实证检验发现地理邻近效应会对国际分工网络、国际贸易网络的形成及演化造成影响。

地理因素对"一带一路"生产网络形成发挥作用的影响机制主要可以由以下三种效应做出解释:第一,成本效应的影响。即使放在交通、通信极为便利的今天,运输成本也是跨国生产与贸易活动的重要影响因素之一。此外,在产品内分工主导的新型国际分工中,中间品的流转过程会产生时间成本,而这会极大地降低贸易流量[229]。齐军领和范爱军(2012)[230]的研究表明运输时间增长10%,国际贸易流量将下降6.3%。第二,协同效应的影响。在产品内分工中,生产环节分布于不同国家,地理邻近的国家间进行分工合作除了能有效提升交货的及时性,地理邻近意味着两国文化的相似性可能更高,而这也有利于分工合作中的沟通以及知识和技术的传播,进而促进两国协同生产的效率。第三,集聚效应的影响。国际分工在某一地理空间上形成集聚后,产业链条的完善会进一步强化各种要素在地理空间上的集聚,表现出空间经济的自组织机制。发展较为成熟的东亚、欧洲、北美生产网络就是这种地理锁定效应的最好例证。

"一带一路"倡议中的"丝绸之路经济带"与"海上丝绸之路"都是地理范畴,倡议的实质是中国为突破现有发展,联合海陆国家,尤其以周边国家的合作关系为重点,持续推动社会空间再生产的一项空间策略。地理位置邻近是"一带一路"倡议依托的基础,中国周边关系构建与维持是"一带一路"倡议的重要内容。2020年沿线国家中间品出口中,双边出口排名前十的国家对(含出口指向)分别是:中国—越南、中国—印度、俄罗斯—中国、越南—中国、新加坡—中国、马来西亚—中国、中国—马来西亚、印度尼西亚—中国、中国—泰国、中国—新加坡。可以看出,出口排名前十的情况都发生在接壤邻国或虽不接壤但距离靠近的国家之间。因此,本文提出假设:

H9:地理位置邻近的沿线国家间更有可能形成生产分工与合作关系,即"一带一路"生产网络的形成存在地理邻近效应。

(3)双边政治关系影响

国内外诸多学者都对双边政治关系影响国际贸易和跨国投资出了有益的探讨。总结多位学者的研究成果,本文认为良好的双边政治关系有利于促进"一带一路"生产网络的形成与稳定发展,其影响机理具体如下:

第一,跨国经贸合作的增长主要来自双边合作成本的减少[231]。良好的双边政治关系有利于推动优惠贸易协定、投资协议的签订,进而降低两国贸易成本以及生产分工与合作成本,从而切实提高跨国生产分工与合作的收益,最终推动双边合作增进与合作关系稳定[232-233]。

第二,良好的双边政治关系能够为跨国企业投资提供实质性的制度安排,促进企业对外投资。双边政治关系越好,两国建立外交关系时间越长,越有利于各种规则的完善和投资者利益的保护,进而有助于投资者对东道国制度的适应与自我调整修正[234],对跨国生产分工与合作的正常运转具有一定的保障作用[235]。

第三,良好的双边政治关系能够在一定程度上抵消东道国政治、经济以及文化冲突风险对跨国生产带来的负面影响,进而促进"一带一路"生产网络的形成与稳定发展。一方面,风险发生时,良好的双边政治关系有益于母国政府对东道国施加政治影响,以此为本国企业争取到更强的产权保护[236];另一方面,良好的双边政治关系有利于提升东道国消费者对投资企业母国的好感度,提高对企业产品的认同度,从而有利于企业保持和提高在当地市场中占有的份额,同时维持企业在东道国生产、物流、金融、结算等环节的稳定[237];此外,"一带一路"生产网络涉及亚洲、欧洲、非洲等不同区域,沿线国家间文化差异度较大,在经贸合作中很容易激发文化冲突。良好的双边政治关系能够促进官方及民间的交流,减轻两国间的信息屏障,减少两国间的沟通成本,增进国家间的文化输出,并提升两国文化亲密度,进而降低因为文化差异产生的交易成本及冲突发生的概率[238]。

从"一带一路"生产网络的现实情况看,"一带一路"沿线国家间的双边政治关系总体上较为亲密,而沿线国家间的生产分工与合作规模也日益壮大,二者呈现正相关的特征。以中国的情况为例,即中国外交部政策规划司的数据显示,中国与个别沿线国家的双边政治关系不乏曲折和震荡,但总体上看,中国与沿线国家间的双边政治关系具有越来越好的发展势头,而中国与沿线国家间的分工合作也呈现逐年提升的趋势。俄罗斯、印度尼西亚、越南、泰国等国是中国出访次数最多的国家,俄罗斯、新加坡、泰国等国是来访中国次数最多的国家,表明上述沿线国家与中国具有非常良好的政治关系,与此同时,从国内增加值进出口贸易规模来看,俄罗斯、越南、新加坡、印度尼西亚、泰国也是中国在"一带一路"生产网络中最重要的合作伙伴。结合机理分析,本文提出假设:

H10:双边政治关系良好的沿线国家间更有可能形成生产分工与合作关系,即双边政治关系对"一带一路"生产网络的关系形成及发展具有正向促进作用。

3. 外在驱动因素的影响机制

"一带一路"生产网络的形成除了受到自组织效应、社会性选择行为效应、外生关系网络的影响外,"一带一路"交通基础设施联通能力提升、"一带一路"倡议以发展为导向的新合作机制推动、中国影响力提升、中美战略竞争等外生驱动因素也对"一带一路"生产网络形成与发展起到了至关重要的影响作用。

(1)"一带一路"交通基础设施联通能力提升的影响

在"一带一路"生产网络的分工与协作中,产品生产过程的各个生产环节被分解到不同国家完成。分工演进的理论研究指出,尽管专业化分工有利于生产效率的提升,但专业化分工带来的跨国生产环节的增多也会明显提升生产的交易成本[239]。与生产成本一样，交易成本对生产网络的形成与发展也会产生巨大影响。如果交易成本过大，以至于生产网络分工协作的总成本超过了总收益，那么生产网络的分工协作也就难以为继。而交通基础设施联通能力的优化能在很大程度上缩减交易成本，有利于推动沿线国家"一带一路"生产网络的分工与协作。阿米提和贾沃西克（Amiti & Javorcik，2008）[240]指出，交通基础设施是否发达是跨国公司是否进入一国的重要考量指标，因为运输成本事关企业的盈利能力。当中间产品跨越多个地区或国家时，运输成本在总成本中的比例就不容忽视，即便是运输成本小幅度的下降，也会对产品内分工带来可观的扩张效应。利默尔和斯托伯（Leamer & Storper，2014）[241]进一步指出，即使在20世纪交通和通信取得了巨大的进步之后，由于运输成本是一种不可忽视的交易成本，大多数实物商品的交换仍继续在有限的地理区空间内进行。

交通基础设施联通能力提升影响"一带一路"生产网络形成的作用机制除了包括降低交易成本外，还包括能够诱发价值链迁移，进而深化沿线国家参与"一带一路"生产网络分工的深度。从开放的角度看，交通基础设施联通能力的提升对沿线国家吸引外来生产要素的流入也发挥着至关重要的作用。经前文分析可知，在"一带一路"生产网络中的分工类型中，产品内分工占据了主导地位，而与产品内分工相伴而来的另一典型现象就是跨越国境的生产要素流动。吸引和集聚外来生产要素是沿线国家参与"一带一路"生产网络的重要途径。沿线国家通过吸引及集聚来自"一带一路"其他国家的生产要素，在国内承担产品生产中的某些生产环节，这一现象的实质是价值链的梯度转移。而交通基础设施联通能力的提升是诱发价值链梯度转移的重要作用机制，这在中国、越南等承接大量外来制造业转入的沿线国家的实践经验中得到了证实。

交通基础设施联通能力的提升是"一带一路"建设最为显要的亮点之一。随着"六廊六路多国多港"这个共建"一带一路"主体框架的确立及不断完善，"一带一路"区域内的交通基础设施联通能力得到大幅度提升。自"一带一路"倡议提出以来，在不到10年的时间里，互联互通的基础设施建设成绩斐然。在陆上交通方面，中老铁路全线开通运营，中巴经济走廊的喀喇昆仑公路顺利完工，中俄黑河大桥建设完工，巴基斯坦一号铁路干线升级改造、中尼跨境铁路等项目相继按计划推进。在海上交通方面，巴基斯坦瓜达尔港、斯里兰卡汉班托塔港、吉布提港等港口运营良好。"一带一路"互联互通水平显著提高，与此同时，前文分析得到，沿线国家间的区域内贸易额也飞速增长。结合机理分析，本文提出假设：

H11：交通基础设施联通能力提升可以通过降低交易成本和诱发价值链迁移的作用机制，提高沿线国家参与"一带一路"生产网络分工协作的可能性。

(2)"一带一路"倡议以发展为导向的新合作机制推动

在"一带一路"倡议提出前，世界生产体系主要由东亚、西欧和北美三大区域主宰，"一带一路"沿线国家中的多数国家被排除在世界生产体系外。随着世界分工体系"核心—边缘"分工模式的不断形成及固化，经济发展水平较低的国家想要融入分工体系并实现分工收益提升变得越来越难[242]。所以，从这一点上看，"一带一路"生产网络将亚洲、非洲的落后国家纳入到国际生产分工体系中，构建海陆贯通的新型跨国生产协作模式，不止有利于构建贯通全球的价值链，还有利于形成平等合作的"共赢链"[243]。因此，从本质上看，"一带一路"倡议是中国协同沿线广大发展中国家，以共同促进分工演进、提升整体分工水平，最终有力推动社会空间再生产的一种空间策略[244]。

当前主流的区域经济一体化机制是以规则为导向，而"一带一路"的区域合作机制则表现为发展导向[245]。主流的区域经济一体化机制会设定准入门槛，明确成员国的权利及义务，制定出时间表、路线图及争端解决机制，并围绕上述内容出台明确的规则。与此不同的是，共建"一带一路"不以规则为导向，至少现阶段并不以制定规则为重点，而是依据发展为导向，并最终搭建起了行动框架。2015年，在中国政府出台的《推动共建丝绸之路经济带和21世纪海上丝绸之路的愿景与行动》中，就清晰地反映出这一导向[246]。

"一带一路"倡议开启了一种崭新的国际经济合作模式[247]。在"一带一路"建设中，倡导的是"合作、共赢"的理念，为实现沿线国家共同发展，采取的是灵活多样的合作形式。除自由贸易协定或自由贸易协定的"升级版"外，还包括次区域合作、经济走廊、国际大通道、产业园区、国际产能合作等内容丰富的非机制化安排。例如，中国与东盟国家的合作主要采用的是双边自由贸易区协定的升级版以及区域全面经济伙伴关系协定（RCEP），除此之外，还包括中国—中南半岛经济走廊、中菲工业园区合作规划、涉及中国四省、中国香港、中国澳门和越南的两廊一圈、澜沧江—湄公河合作机制、"两国双园"国际产能合作模式等多种多样的合作形式。一言概之，"一带一路"以发展为导向的合作机制的选择原则是"遇山开道、遇河架桥"，以更好地促进沿线国家的合作共赢。因此，本文提出假设：

H12：共建"一带一路"将更多发展中国家纳入国际生产分工体系，"一带一路"以发展为导向的合作机制促进了"一带一路"生产网络的形成与发展。

(3)主导国中国影响力提升的影响

中国推动"一带一路"生产网络发展的核心优势在于能够从生产端和需求端对"一带一路"生产网络的形成和发展产生影响;凭借亚太价值链枢纽的优势,延伸发展中国家的价值链;通过提供区域公共品弥补亚洲经济一体化的缺位,提高沿线国家加入"一带一路"生产网络的主观能动性。作用机制具体如下:

第一,中国通过提供庞大的国内需求市场,促进"一带一路"生产的最终品逐渐回流,从而有利于"一带一路"生产网络的稳固发展。在最近20年间,中国的消费需求对"一带一路"沿线国家经济增长的贡献度快速提升,投射到贸易结构上就是来自中国的最终品进口规模大幅提高,中国逐渐成为区域内最终产品的最大"吸收地"。根据 UN Comtrade 数据库中细分类别的双边 BEC 贸易数据计算显示,剔除通货膨胀影响,2020 年中国从其他沿线国家进口的资本品和消费品规模分别达到 502.74 亿及 250.61 亿美元,较 20 年前增长了 10 倍有余,从 2000 年区域内资本品进口第二和消费品进口第七,一跃成为进口规模远超其他国家的区域内最终品进口最多的国家。张彦和刘德学(2022)[248]的研究也表明,从全球制造业最终产品流向来看,全球最终产品流向中国市场的比重显著增加,亚洲市场与欧美市场的重要性亦呈现此消彼长的变化。可以预见,随着中国经济实力的飞速提升,加上中国庞大的人口基数及国内市场,未来中国在"一带一路"区域内的最终产品吸纳作用会进一步提升,这将有助于"一带一路"区域自我需求市场的形成,降低沿线国家受欧美发达国家制造业回流的影响,有利于推动"一带一路"生产网络稳定发展。

第二,通过制造能力优势,吸引沿线国家加入"一带一路"生产网络。在制造业综合竞争力方面,中国的优势毋庸置疑。为了评估一国制造业竞争力的大小,联合国工业发展组织构建了一个竞争性工业业绩(Competitive Industrial Performance,CIP)指数。该指数不是衡量一国的潜力,而是比较已经显示的制造业能力。在 2008 年的 CIP 排名中,中国位列第 6 名,排名在德国、美国、日本、瑞士和韩国之后。而到了 2020 年,中国的排名一举跃至第二位,仅次于德国。而从增加值占世界份额的情况来看,中国对全球制造业增加值的影响指数高达 0.30,位居全球第一,这一数值远高于德国(0.05)、韩国(0.03)、日本(0.07)和美国(0.17)。中国拥有全球最大的制造品贸易,且在制造业增加值上显著超过美国、德国和日本等发达国家,更是远远领先于其他沿线国家,这是中国推进"一带一路"沿线国家工业化的有利条件。提倡现代化理论的罗斯托指出,趋向技术成熟的经济体在耐心帮助那些渴望进步的落后经济体的过程中扮演着重要的角色。中国作为拥有卓越制造能力的制造大国，可以不行使强制手段，也不强迫参与国加入，通过优秀的制造能力和产业链的吸引力，吸引沿线国家参与到"一带一路"生产网络的分工中来。

第三，凭借亚太价值链枢纽的优势，延伸沿线国家的价值链。在全球经济衰退及贸易保护主义盛行的背景下，以美国为代表的发达国家奉行"制造业回归"的政策。新型冠状病毒感染的爆发，更是促使以保护"供应链安全"为名的发达国家制造业回流及重新布局的呼声越来越响。西方发达国家愈演愈烈的贸易保护行为对"一带一路"地区的全球价值链分布带来了极大的潜在风险，更有学者预测亚洲的全球价值链可能会因此而"缩短"[246]。而凭借亚太价值链枢纽的优势，中国有能力引领沿线国家全球价值链的扩张。在积极参与国际分工的过程中，中国不断吸收和内化发达国家溢出的先进技术并持续创新，凭借卓绝的制造能力以及相对完整的工业体系，为"一带一路"沿线国家生产分工与合作的顺利开展提供了强大支撑，使得中国有能力引领沿线国家全球价值链的扩张。随着"一带一路"五通建设的逐步推进，中国对沿线国家价值链延伸的引领能力进一步得到提高。不同于20世纪80年代东亚生产网络中分工呈现出的"雁阵模式""一带一路"生产网络，中国与沿线国家的生产分工模式不仅不限于产业间的技术垂直分工以及层级转移，还形成了以产业链及中间品贸易为基础的产品内分工网络[249]。中国对"一带一路"沿线国家全球价值链扩张的引领，以合作共赢及共同发展为基础，同时注重通过与发达国家价值链环流的积极互动，最终形成"共轭环流"的局面[250,251]。

第四，通过提供区域公共品弥补亚洲经济一体化的缺位，提高沿线国家加入"一带一路"生产网络的主观能动性。长久以来，没有一个亚洲大国可以供给全面的区域公共产品，使得亚洲的中小国家在处理与大国的关系时奉行"骑墙策略"[246]。习近平总书记在多个场合公开表态，中国有能力、有意愿提供更多的公共产品。在基础设施类、制度类、服务类、文化类、环境类和国防类六类公共产品中，"一带一路"区域内的基础设施类公共产品供给严重不足，沿线国家对基础设施建设的需求较为急切，而中国具有丰富的基础设施建设经验，因此，将基础设施建设成为中国提供"一带一路"公共产品的"先行军"势在必行。除基础设施建设外，中国也在制度类、服务类、文化类、环境类公共产品上持续发力。截至2021年6月，中国已与共建"一带一路"国家签署《政府间科技合作协定》达80余份。

截至2019年4月,中国已与共建"一带一路"国家和国际组织签署生态环境合作文件近50份。作为未来"一带一路"公共产品提供的大国,中国凭借雄厚的国力,通过提供以基础设施为主的公共产品,极力改变沿线欠发达国家在"时空压缩"中的弱势地位,提升沿线国家在全球化进程中的发展潜力[243],从根本上提高了沿线国家融入"一带一路"生产网络的能力与主观意愿。根据以上分析,本文提出假设:

H13:主导国中国凭借在区域内越来越大的影响力,提高了沿线国家融入"一带一路"生产网络的能力与主观意愿,有力推动了"一带一路"生产网络的形成与发展。

(4)中美战略合作与竞争的影响

中美双方战略竞争的实质是崛起国与守成国的矛盾[252]。就历史演化规律来看,崛起国在追赶守成国的过程中,可以缩小与守成国的差距,但这一过程伴随着重重困难。尤其当崛起国与守成国的实力差距逐渐缩小时,守成国会对崛起国施以很大的阻力,干扰崛起国的发展,这就是所谓的"崛起困境"[253]。观察中美双方战略竞争的走势,两国关系已逐渐演化为竞争关系,并且竞争呈现焦灼发展的态势[254]。最近几届美国政府认为,中国对美国构成的核心竞争优势是中国日益增长的经济实力以及影响力。随着两国经济实力及影响力差距的缩小,作为守成国的美国对崛起国的中国施加的阻力将会越来越大。即便中美两国互为对方最重要的经贸伙伴,但紧密的经济联系也改变不了中美竞争走向白热化的态势。就美国政府及政治精英看来,中美两国结构性矛盾的症结恰恰就是两国经贸关系造成的,中美两国之间的经贸联系越密切,中美贸易失衡状况就会越严重。所以,中美经济联系的紧密程度无法逆转两国竞争白热化的态势,只要中国经济仍然处于快速增长的状态,美国与中国的竞争关系就会更甚从前。

"一带一路"倡议提出于中美战略竞争不断激化时期。提出"一带一路"倡议、向西布局"一带一路"生产网络是中国应对中美战略竞争激化及可能与美国经济体系"脱钩"的必然选择[255]。一方面,通过加强与周边国家的产能合作,向西布局"一带一路"生产网络,构建能有效改变中国对美国脆弱性依赖的区域经济结构,跳出美国布置的经济压力网,为中国经济的持续崛起铺平道路。另一方面,作为负责任的区域大国,中国有能力也有责任帮助周边国家实现可持续发展[256]。向西布局"一带一路"生产网络,在欧亚大陆内部构建完善的国际分工体系,各国凭借自己的要素禀赋、生产优势以及发展诉求融入其中。在有序的生产分工与合作中,帮助欧亚大陆凹陷地带的发展中国家突破发展瓶颈,实现经济跨越式发展。此外,推动"一带一路"生产网络向前,也有利于中国将经济实力转化为对周边国家的影响力。

现实数据也表明,中美战略竞争激化的时期,中国正以更积极的态度推动"一带一路"倡议,布局"一带一路"生产网络。美国在 2017 年底及 2018 年初先后公布了《美国国家安全战略》和《国防战略》两份报告,明确把中国视为"竞争者"和"战略对手",并公开指出将以美式的"举国之力"来与中国竞争。而据"中国一带一路网"公布的文件显示,2015 年、2016 年中国与"一带一路"国家签署了 9 份双边文件,签署的文件数量在 2017 年激增至 69 份,2018 年、2019 年签署的文件数量也高达 77 份,2020 年因受新型冠状病毒感染影响,签署的文件数量大幅度下降,但在随后的 2021 年和 2022 年又快速提升。区域贸易协定数据库(DESTA)的优惠贸易协定(PTA)数据也显示,在中美战略竞争激化的几年(2017 年至今),中国与沿线样本国家处于生效状态的 PTA 数量以及沿线国家间处于生效状态的 PTA 数量都较之前提升不少。

从政治层面上看,沿线国家多倾向于维持对冲战略,不选边;从经济层面上看,由于美国更重政治举措,而中国更注重经济上的合作,沿线国家在"一带一路"生产网络中的生产分工与合作倾向于深化。从政治层面上看,中、美两国在欧亚大陆地区都具有很大的影响力,目前两国都无法甩开另一国,成为次级区域的主导者,使得以东南亚国家为代表的多数欧亚大陆发展中国家在中美战略竞争激化的情境下倾向于选择对冲策略,而不是追随策略,在大国间平衡,以更好地实现区域安全、经济发展以及国内稳定[257-258];从经济层面上看,一方面,中美战略目标的重点并不完全相同,从"亚太再平衡"战略到"印太战略",美国主推的地区战略都以维护美国主导地位为首要目标,且具有很强的排他性[259-260]。而中国提出的"一带一路"倡议以促进各方共同发展为导向,包容性更强,更符合沿线国家追求经济发展的利益诉求。另一方面,经济依赖是影响沿线国家战略取向的关键原因。现有研究表明,当第三国对中国或美国的经济依赖程度显著高于另一国时,第三国大概率会选择追随依赖程度高的这一国,或采取对冲战略[261]。

但是,也并非所有沿线国家都倾向于选择对冲战略。例如亲美国家在中美战略竞争激化的过程中便有可能会倒向美国,其中一个典型的例子便是立陶宛。而即便不是美国盟国的国家,也有可能在中美战略竞争中倒向美国,印度便是典型的例子。作为中国的邻国,印度是南亚次大陆最大的国家,也是"一带一路"的关键大国。尽管印度所奉行的是多边联盟政策,不与任何大国结盟。但面对美国提出的"印太战略"和中国提出的"一带一路"倡议,印度明显亲睐前者,抵触后者。原因在于,印度一直将中国视为竞争对手,但印度的经济实力远逊于中国,难以向南亚国家提供与"一带一路"倡议处于同等水平的替代方案,于是印度迫切期望借助美国力量来抗衡中国。因此,在中美战略竞争激化的背景下,印度极大可能会欣然接受美国在多层面的拉拢,积极与美国开展合作。

客观地就中、美两国在"一带一路"区域出台的战略竞争力来看,在欧美再工业浪潮、全球经济衰退等多重因素冲击下,美国对欧亚大陆发展中国家的经济联系趋向于减弱。2020年6月,美国智库对外关系理事会(CFR)出台的研究报告 *China and the Belt and Road Initiative in South Asia* 中也指出,以美元对抗"一带一路"不可行,因为美国不可能提供和中国水平相当的投资。

根据以上分析,本文提出假设:

H14:中美战略竞争激化促使中国更积极的推动"一带一路"倡议、布局"一带一路"生产网络,多数沿线国家在中美战略竞争中更倾向于采取对冲策略。随着中国与沿线国家经济联系的不断加深,有力地推动了"一带一路"生产网络的形成与发展。

H15:随着中美战略竞争激化,促使美国的同盟国家以及与中国有地缘竞争的国家倾向美国一方,对"一带一路"生产网络的形成与发展产生了消极作用。压缩了在"一带一路"生产网络中的合作空间,对"一带一路"生产网络的形成与发展带来了消极影响。

第二节 变量选取与模型构建

1. 变量测量与数据说明

(1)被解释变量

本文的被解释变量反映了一个特定的用无权网络模拟下的"一带一路"生产网络形成的概率。无权网络 $A^t = \{a_{ij}^t\}$ 的构建与上一章相同,即参考李敬等(2017)[6]的研究,设定无权网络的阈值为1亿美元:如果 i 国对 j 国出口的实际国内增加值不小于1亿美元,则将两国间的这一生产分工与合作关系纳入考察,

设定 $a_{ij}^t=1$;如果 i 国对 j 国出口的实际国内增加值小于 1 亿美元,则在无权网络的构建中忽略两国间的这一生产分工与合作关系,设定 $a_{ij}^t=0$。

(2)衡量自组织机制的相关解释变量

由于"一带一路"生产网络的形成具有自组织效应,脱离自组织效应对网络形成的外生机制进行检验可能会夸大外生机制的影响。因此,本章在控制自组织机制的基础上检验外生机制。其中,自组织机制的衡量变量主要包括边数(edges)、互惠性(mutual)、扩张性(gwodegree)和稳定性(stability),变量的详细解释与上一章相同,此处不再一一赘述。

(3)衡量社会性选择机制的相关解释变量

社会性选择机制主要是考察同质性、偏好连接(马太效应、制度邻近)因素对沿线国家选择合作国家构建生产分工与合作关系的影响[184,224]。对于"一带一路"生产网络的形成和发展,社会性选择行为效应不仅包括经济属性的同配性[130,160]、马太效应[184],还包括制度邻近效应。若同配性、马太效应和制度邻近效应等社会性选择行为效应变量的系数显著(不为 0),则表明在控制其他因素的前提下,沿线国家对合作国家的选择并非随机,其选择具有明显的偏好。

本文使用基于 Pagerank 指数测算的同配性指标($HomophilyPagerank_{ij}$)作为理论机制部分提出的同配效应的测量指标,计算公式如下所示:

$$Homophily\ Pagerank_{ij} = |Pagerank_{it} - Pagerank_{jt}| \qquad (7-1)$$

上式中,$Pagerank_{it}$ 和 $Pagerank_{jt}$ 分别为沿线国家 i 与 jt 年在网络中的 PageRank 指数值。其中,PageRank 指数的实质是基于反馈的网络生成原理测度的目标国家在网络中的中心性。i 国在 t 年网络中的 PageRank 指数计算公式为:

$$Pagerank_i = \frac{(1-\sigma)}{N} + \sigma \sum \frac{Pagerank_j}{k_{out-j}} \qquad (7-2)$$

上式中,$Pagerank_j$ 为与 i 国有贸易联系的 j 国的 PageRank 指数值,k_{out-j} 为 j 国的出度值,σ 为阻尼系数,参考张琨等(2013)[262]的研究,将 σ 设置为 0.85。$HomophilyPagerank_{ij}$ 的值越大,表明沿线国家 i 与 j 在网络中的中心地位越接近。模型中,若 $HomophilyPagerank_{ij}$ 的系数显著为正,表明"一带一路"生产网络中的各沿线国家倾向于与网络地位相当的国家构建生产分工与合作关系。

本文使用实际 GDP 的对数值作为节点属性,并同时引入节点的发送效应(nodeocov. GDP)和接收效应(nodeicov. GDP),以此考察理论机制部分提出的马太效应。为剔除通货膨胀的影响,使用美国的消费者价格指数(以 2000 年为基期)对历年 GDP 数据进行平减。GDP 和消费者价格指数均来自世界银行数据库。模型中,若 nodeocov.GDP 的系数显著为正,表明"一带一路"生产网络中经济越发达的国家在网络中构建关系的概率越高;若 nodeicov.GDP 的系数显著为正,表明经济越发达的沿线国家接收合作关系的概率越高。

本文使用两国间的制度距离的协变量网络 edgecov.ZDJL 衡量沿线国家间的制度邻近关系。在制度距离的测算上,借鉴许家云等(2017)[263]的研究,使用世界银行提供的全球治理指标(WGI)来反映制度质量,并从表达与问责、政治稳定与无暴力程度、政府效能、监管质量、法治水平和腐败控制六个维度考察"一带一路"生产网络各国的制度质量。WGI 的六个二级指标数值在-2.5 和 2.5 之间,数值越高代表该国的制度质量越高。参考许家云等(2017)[263]的做法,采用 KSI 指数法进行测算,具体公式如下所示:

$$ZDJL_{ij} = \frac{1}{6}\sum_{g=1}^{6}\left[(I_{gi}^{t} - I_{gj}^{t})^{2}/V_{g}^{t}\right] \tag{7-3}$$

上式中,I_{gi}^{t} 表示 i 国 t 年的第 g 项指标值,I_{gj}^{t} 表示 j 国 t 年的第 g 项指标值,V_{g}^{t} 表示第 g 项指标值的方差。根据公式可以计算出"一带一路"生产网络中两两沿线国家间的制度距离。协变量矩阵(edgecov.ZDJL)中的数值越小,表明两国的制度越接近;反之则表明两国制度相差越大。模型中,若协变量矩阵的系数显著为负,表明"一带一路"生产网络中的各沿线国家倾向于与其制度水平较为接近的国家构建生产分工与合作关系。

(4)衡量关系嵌入机制的相关解释变量

关系嵌入机制主要是考察外部关系对沿线国家选择合作国家构建生产分工与合作关系的影响[184]。对于"一带一路"生产网络的形成和发展,关系嵌入效应具体又包括互补效应、地理邻近效应以及双边政治关系影响三个部分。关系嵌入效应变量系数的正负表明在控制其他因素的前提下,"一带一路"生产网络的形成与目标外部关系网络重叠,即沿线国家对合作国家的选择会受到相关外部关系的影响。

本文使用贸易互补指数 CIm_{ij} 作为理论机制部分提出的互补效应的测量指标。沿线国家的出口结构与网络中另一国的进口结构越相似,则两国间产业结构的互补程度越高[264-265]。本文使用 CIm_{ij} 来衡量沿线国家 i 与 j 之间产业结构的互补程度,计算公式如下所示:

$$CSm_{ij} = 1 - \frac{1}{2}\sum_{n}|e_{it}^{n} - a_{jt}^{n}| \qquad (7\text{-}4)$$

$$CCm_{ij} = \frac{\sum_{n} e_{it}^{n} a_{jt}^{n}}{\sqrt{\sum_{n}(e_{it}^{n})^{2} \sum_{n}(a_{jt}^{n})^{2}}} \qquad (7\text{-}5)$$

$$CIm_{ij} = \frac{CSm_{ij} + CCm_{ij}}{2} \qquad (7\text{-}6)$$

上式中,CSm_{ij} 为修正后的专业化系数,CCm_{ij} 为一致系数,e_{it}^{n} 为沿线国家 it 年产业 n 的出口额占所有产业出口总额的比例,a_{jt}^{n} 为沿线国家 jt 年产业 n 的进口额占所有产业进口总额的比例。若沿线国家 i 的出口结构与 j 的进口结构完全相同,则 CSm_{ij} 与 CCm_{ij} 两个指标取值为 1,此时两个沿线国家之间的合作潜力非常高。CSm_{ij} 与 CCm_{ij} 的值越大,表明两国间产业结构的互补性越高,其潜在合作机遇及利益也越大。为降低指标衡量的偏差,本文使用 CSm_{ij} 和 CCm_{ij} 的算术平均数作为产业结构的互补指数 CIm_{ij}。CIm_{ij} 的值越高,表明两国间的产业结构互补性越高;反之,表明两国间的潜在互补性越低。模型中,若 CIm_{ij} 的系数显著为正,表明沿线国家间互补的产业结构促进了"一带一路"生产网络关系的形成。这里涉及的进、出口数据均取自 UN Comtrade 数据库中的 HS2 类别数据。

本文使用两国首都间距离的协变量矩阵(edgecov. distcap)衡量沿线国家间的地理关系,地理数据来源于 CEPII 数据库。模型中,若 edgecov. distcap 的系数显著为负,表明"一带一路"生产网络中各沿线国家倾向于与地理位置上与其邻近的国家构建生产分工与合作关系。使用双边政治关系的协变量网络(edgecov. POL)衡量沿线国家间政治关系的亲近程度。参考沃特纳(Voeten, 2013)[266]的研究,本文选取联合国大会投票的相似度来衡量各国间的政治关系,具体公式如下所示:

$$POL_{ij}^{t} = \sum_{k=1}^{N}|V_{ki}^{t} - V_{kj}^{t}|/D_{\max} \qquad (7\text{-}7)$$

其中,V_{ki}^{t} 和 V_{kj}^{t} 为 i 国和 j 国在 t 年的第 k 次投票情况,$D_{\max}$ 为 i 国和 j 国在 t 年投票中的最大可能距离。需要说明的是:①出于数据有用性的考虑,本文只选取 193 国的投票成员国进行投票,未考虑的投票成员国为 15 国;②为突出投票数据的差异,本文剔除了全投赞成票以及 90% 以上的票数都为赞成的情况;③参考吴和宗(Woo & Chung, 2018)[267]的研究,将投票为赞成的情况赋值为 1,

将投票为反对的情况赋值为-1,将投票为弃权的情况赋值为0,将未参与投票的情况予以剔除(不参与比较)。POL_{ij}计算值越低,i国和j国在联合国大会投票的相似度越高,表明i国和j国之间的政治关系越亲密;反之则表明两国的政治关系越疏远。各国在联合国大会的投票数据来源于联合国数字图书馆(United Nations Digital Library)。模型中,若 edgecov. POL 的系数显著为负,则表明"一带一路"生产网络中的各沿线国家倾向于与其政治关系较好的国家构建生产分工与合作关系。

(5)衡量外在驱动因素的相关解释变量

除自组织效应、社会性选择行为效应以及关系嵌入效应的影响,理论机制部分提出,"一带一路"交通基础设施联通能力提升、新合作机制推动、中国影响力提升以及中美战略竞争等因素对"一带一路"生产网络的形成和发展也可能存在影响。

本文使用世界银行数据库中的铁路货运量(百万吨/千米)指标作为"一带一路"交通基础设施联通能力提升的衡量指标,铁路货运量越高,则认为目标国家的交通基础设施联通能力也越高。本文将铁路货运量作为节点属性引入模型,并同时考察了发送效应(nodeocov. Railway)和接收效应(nodeicov. Railway)的不同影响。模型中,若 nodeocov. Railway 的系数显著为正,表明"一带一路"生产网络中交通基础设施联通能力越高的国家在网络中构建分工与合作关系的能力越强;若 nodeicov. Railway 的系数显著为正,表明交通基础设施联通能力越高的沿线国家接收合作关系的概率也越高。

"一带一路"倡议提供的是一种以发展为导向的新型区域经济合作机制[245]。本文使用两国间是否签署优惠贸易协定(PTA)的协变量网络(edgecov. PTA)衡量沿线国家间的经贸合作密切程度。PTA 数据来源于 DESTA 数据库[268]。模型中,若 edgecov. PTA 的系数显著为正,表明各沿线国家签署的以发展为导向的区域内优惠贸易协定显著推动了各国构建生产分工与合作关系。

在"一带一路"生产网络的形成过程中,中国始终发挥着积极、正向的推动作用。随着中国影响力的进一步提升,中国逐渐成为有能力、有担当的"一带一路"区域的主导者。本文使用目标国家对中国的出口额占其国内生产总值的比重即出口贸易依赖度衡量中国对目标国家的影响力大小,指标数值越大,表明中国对目标国家的影响力越大(温尧等,2021)[171]。本文将这一指标作为节点属性引入模型,并同时考察了发送效应(nodeocov. influence)和接收效应(nodeicov. influence)的不同影响。模型中,若 nodeocov. influence 的系数显著为正,表明作为"一带一路"倡议提出国暨主导国的中国,随着中国影响力的不断提升,中国为推动"一带一路"倡议的落地做出的积极举措取得了良好的收效,有利地提高了沿线国家在"一带一路"生产网络中构建生产分工与合作关系的概率;若 nodeicov. influence 的系数显著为正,表明中国影响力的提升能够显著提升沿线国家在"一带一路"生产网络中接收生产分工与合作关系的概率。

为了验证中美战略竞争是否影响"一带一路"生产网络形成,本文分别将政治上亲近美国而疏远中国的情况以及与美国签署优惠贸易协定(PTA)的情况引入分析。具体地,依据前文提到的联合国大会投票相似度公式(7-7)考察各国与中、美两国的政治亲密度,将计算得到的双边政治关系指标值按从小到大的顺序排名。数值越小排名越靠前,表明两国政治关系越亲密;数值越大排名越靠后,表明两国政治关系越疏远。若沿线国家 i 与美国的政治关系指标(POL_{iM})排名位于前 50 名且与中国的政治关系指标(POL_{iZ})排名位于最后 50 名,表明 i 国在政治上亲近美国而与中国相对疏远,将政治上亲近美国而疏远中国的属性赋值为 1;反之赋值为 0。本文将这一指标作为节点属性引入模型,并同时考察了发送效应(nodeocov. QMSZ)和接收效应(nodeicov. QMSZ)的不同影响。模型中,若 nodeocov. QMSZ 或 nodeicov. QMSZ 的系数显著为负,表明亲美疏中的态度会显著降低沿线国家在"一带一路"生产网络中构建或接收生产分工与合作关系的概率;若 nodeocov. QMSZ 或 nodeicov. QMSZ 的系数显著为正,表明亲美疏中的态度会显著提高沿线国家在"一带一路"生产网络中构建或接收生产分工与合作关系的概率;若系数不显著,则说明亲美疏中的态度不会对沿线国家在"一带一路"生产网络中构建或接收生产分工与合作关系产生影响。此外,将沿线国家与美国签署优惠贸易协定(PTA)数量作为节点属性引入模型,并同时考察了发送效应(nodeocov. USPTA)和接收效应(nodeicov. USPTA)的不同影响。模型中,若 nodeocov. USPTA 或 nodeicov. USPTA 的系数显著为负,表明与美国签署优惠贸易协定越多,沿线国家在"一带一路"生产网络中构建或接收生产分工与合作关系的概率越低;若 nodeocov. USPTA 或 nodeicov. USPTA 的系数显著为正,表明与美国签署优惠贸易协定数量与沿线国家在"一带一路"生产网络中构建或接收生产分工与合作关系的概率成正比;若系数不显著,则说明与美国签署优惠贸易协定不会对沿线国家在"一带一路"生产网络中构建或接收生产分工与合作关系产生影响。

外生机制主要变量解释及对应假设如表 7-1 所示。

表 7-1 外生机制主要变量解释及对应假设

机制	变量	网络构局	解释	假设
社会性选择机制	马太效应(发送效应 nodeocov. GDP 和接收效应 nodeicov. GDP)	发送效应：●→ 接收效应：→●	经济相对发达的沿线国家在"一带一路"生产网络中构建(接收)生产分工与合作关系的倾向	H5
	同配效应(HomophilyPagerank)	●→●	网络中心地位相似的沿线国家形成生产分工与合作关系的倾向	H6
关系嵌入机制	制度邻近效应(edgecov. ZDJL)	○--▶○	制度邻近性、互补关系网络、地理邻近性、双边政治关系网络、优惠贸易协定网络对"一带一路"生产网络关系形成的影响	H7
	互补效应(edgecov. CIm)			H8
	地理邻近效应(edgecov. distcap)			H9
	双边政治关系影响(edgecov. POL)			H10
	以发展为导向的新合作机制推动的影响(edgecov. PTA)			H12
外在驱动因素的影响机制	交通基础设施联通能力提升的影响(发送效应 nodeocov. Railway 和接收效应 nodeicov. Railway)	发送效应：●→ 接收效应：→●	交通基础设施联通能力强、受中国影响大、政治关系上亲美疏中、与美国签订合作协议的沿线国家在"一带一路"生产网络中构建(接收)生产分工与合作关系的倾向	H11
	中国影响力提升的发送效应(发送效应 nodeocov. inf 和接收效应 nodeicov. inf)			H13
	亲美疏中的影响(发送效应 nodeocov. QMSZ 和接收效应 nodeicov. QMSZ)			H14、H15
	美国战略吸引的影响(发送效应 nodeocov. USPTA 和接收效应 nodeicov. USPTA)			

2. TERGM 模型及 ERGM 模型构建

指数随机图模型(ERGM)和时间指数随机图模型(TERGM)作为当下社会科学问题研究领域较为前沿的统计分析模型,不仅跳出了传统计量模型对于解释变量需满足独立性的严格要求,还能同时将不同类型的网络关系纳入考察,能够对错综复杂的网络关系进行处理,并对同时研究内、外生机制对网络形成的影响[159]。因此,在网络形成及演化机制的研究中,ERGM 或 TERGM 模型备受研究者青睐。

相较于 ERGM 模型选取某一时间点上的静态截面数据进行分析,TERGM 模型将多个历史时期的数据考虑在内,能够考虑到网络的动态变化因素。通过更为充分地提取历史数据中的信息,有效提升了模型估计的准确性,并让模型参数估计结果具有更高的可解释性[220]。某种程度上,ERGM 模型和 TERGM 模型二者的区别部分类似于计量经济学模型中的横截面数据模型和动态面板数据模型。由于 TERGM 模型充分考虑了网络数据的时间依赖特性,本文选取 TERGM 模型作为本章中的主要实证模型,参考唐晓彬和崔茂生(2020)[130]以及刘林青等(2021)[218]的做法,选取 2007、2010、2013、2016、2019 和 2020 共六个时期的数据构建"一带一路"生产网络的观测网络,对"一带一路"生产网络形成的外生机制进行定量检测,构建的 TERGM 模型如下所示:

$$P(A^t|\theta^t, A^{t-k}) = (1/c)\exp(\theta_0 \text{edges} + \theta_1 \text{mutual} + \theta_2 \text{gwodegree} + \theta_3 \text{gwesp} + \theta_4 \text{stability} + \theta_5 \text{exogenous}) \quad (7\text{-}8)$$

上式中,A^t、A^{t-k} 分别表示 t 时期以及和 $t-k$ 时期的"一带一路"生产网络格局,$P(A^t|\theta^t, A^{t-k})$ 为依据离散时间马尔科夫链原理构建的时间概率模型,并设定 t 时期的"一带一路"生产网络格局只与之前 k 期的网络格局相关。θ 为待估参数,$1/c$ 为确保概率处于 0 和 1 之间的归一化系数。edges 表示"一带一路"生产网络中的边变量,作用类似于计量模型的截距项。衡量内生机制的解释变量包括:互惠性、扩张性、传递闭合性和稳定性;外生变量(exogenous)由衡量社会性选择机制、关系嵌入机制和外在驱动因素的影响机制的一系列解释变量构成。其中,衡量社会性选择机制的解释变量包括:同配性(HomophilyPagerank)、马太效应(nodeocov.GDP 和 nodeicov.GDP)以及制度邻近效应(edgecov.ZDJL);衡量关系嵌入机制的解释变量包括:互补效应(CIm)、地理邻近效应(edgecov.distcap)以及双边政治关系影响(edgecov.POL);衡量外在驱动因素影响机制的解释变量包括:"一带一路"交通基础设施联通能力提升(nodeocov.Railway

和 nodeicov.Railway)、以发展为导向的新合作机制推动(edgecov.PTA)、中国影响力提升(nodeocov.inf 和 nodeicov.inf)以及中美战略竞争的影响(nodeocov. QMSZ 和 nodeicov. QMSZ 以及 nodeocov. USPTA 和 nodeicov. USPTA)。

尽管 ERGM 模型不像 TERGM 模型能考察"一带一路"生产网络形成的时间依赖特征,且 ERGM 模型仅基于特定时期的截面数据进行考察,分析不如运用多个时期数据构建的 TERGM 模型全面,但选取"一带一路"倡议提出前后不同时期的数据,可以利用 ERGM 模型进一步考察"一带一路"生产网络形成机制的构成要素作用力大小在倡议提出后的变化。于是,本文构建 ERGM 模型如下所示:

$$Pr(A=a|\pi) = (1/k)\exp(\pi_0 \text{edges} + \pi_1 \text{mutual} + \pi_2 \text{gwodegree} + \pi_3 \text{gwesp} + \pi_4 \text{exogenous}) \quad (7\text{-}9)$$

上式中,a 表示网络中的某条特定关系是否存在,关系存在为 1,否则为 0。$Pr(A=a|\pi)$ 为某条特定关系 a 在可行集 A 中出现的概率,π 为待估参数,$1/k$ 为确保概率处于 0 和 1 之间的归一化系数。由于 ERGM 模型基于截面数据考察的特性,故 ERGM 模型不包含体现变量时间因素的稳定性变量(stability)。其他变量解释与 TERGM 模型解释相同,这里不再一一赘述。

第三节 实证结果分析

1. TERGM 模型实证结果

由于"一带一路"生产网络的形成具有自组织效应,脱离自组织效应对"一带一路"生产网络形成的外生机制进行检验可能会夸大外生机制的影响。于是,本文在考虑网络形成的自组织效应的基础上,从总体和细分行业两个层面构建了涵盖内生机制和外生机制所有衡量变量的 8 个 TERGM 综合模型。其中,Model18 的考察对象是总体层面的"一带一路"生产网络,Model19、20、21、22 的考察对象依次为"一带一路"劳动密集型、技术密集型、资本密集型和资源密集型行业生产网络,Model23、24、25 依次为"一带一路"三个核心行业即采矿和采石业、基本金属及金属制品业、电气和光学仪器业生产网络。使用最大伪似然估计(MPLE)进行参数估计,得到 TERGM 综合模型的参数估计结果如表 7-2 所示:

表 7-2 "一带一路"生产网络形成机制的 TERGM 实证结果

机制	变量	Model18	Model19	Model20	Model21	Model22	Model23	Model24	Model25
自组织机制	edges	3.10 (3.57)	5.60** (2.06)	−1.26 (2.88)	0.74 (0.60)	2.11 (2.80)	4.62† (2.84)	5.28* (2.97)	−6.12** (1.94)
	mutual	1.86*** (0.32)	0.46 (0.28)	1.10*** (0.29)	1.72*** (0.33)	0.77** (0.27)	−1.20† (0.70)	1.63*** (0.38)	1.35*** (0.30)
	gwodeg	−2.53*** (0.56)	−2.11* (0.78)	−1.94* (0.73)	−0.35* (0.15)	−0.56 (0.49)	−1.56* (0.62)	−2.26*** (0.41)	−2.37† (1.44)
	gwesp	0.10† (0.06)	0.44 (0.37)	0.49* (0.22)	0.66** (0.25)	0.96*** (0.08)	0.85*** (0.25)	0.62** (0.22)	0.04 (0.27)
	stability	2.7*** (0.23)	2.58*** (0.45)	2.43*** (0.30)	2.29*** (0.30)	2.04*** (0.30)	1.93*** (0.50)	2.01*** (0.39)	1.96*** (0.37)
社会性选择机制	nodeocov.GDP	0.04 (0.04)	−0.12 (0.08)	0.11 (0.11)	0.02 (0.07)	−0.03 (0.06)	0.10 (0.10)	−0.01 (0.13)	0.14 (0.11)
	nodeicov.GDP	−0.08 (0.06)	−0.07 (0.06)	−0.11 (0.08)	−0.10* (0.08)	−0.03 (0.08)	−0.17** (0.06)	−0.15*** (0.04)	f0.06† (0.04)
	Homophily Pagerank	0.06 (0.08)	0.10 (0.12)	−0.07 (0.08)	0.02 (0.11)	−0.04 (0.12)	−0.03 (0.18)	0.07 (0.08)	0.15† (0.09)
	edgecov.ZDJL	−0.08* (0.04)	−0.05 (0.11)	−0.04 (0.10)	0.00 (0.03)	−0.18** (0.06)	−0.16** (0.06)	0.00 (0.11)	−0.01 (0.07)
关系嵌入机制	CIm	1.45*** (0.32)	0.56** (0.24)	2.51* (1.05)	1.94*** (0.47)	0.98*** (0.15)	0.16 (0.60)	0.40 (0.55)	4.46*** (0.69)
	edgecov.distcap	−0.49† (0.23)	−0.38*** (0.13)	−0.20 (0.21)	−0.26 (0.27)	−0.47** (0.06)	−0.68*** (0.17)	−0.54** (0.17)	−0.05 (0.18)
	edgecov.POL	0.14 (2.12)	−0.82 (1.96)	−1.5† (0.93)	−2.65† (1.56)	−1.04 (0.63)	0.78 (1.17)	−2.94* (1.32)	−1.2 (1.76)
外在驱动因素的影响机制	nodeocov.Railway	0.07*** (0.02)	0.06** (0.02)	0.09*** (0.02)	0.12*** (0.02)	0.08* (0.02)	0.06** (0.02)	0.12*** (0.01)	0.08*** (0.02)
	nodeicov.Railway	0.04* (0.02)	0.10*** (0.03)	0.09* (0.03)	0.03† (0.02)	0.07** (0.02)	0.11*** (0.03)	0.05* (0.02)	0.05* (0.02)
	edgecov.PTA	0.07* (0.03)	0.08 (0.06)	0.16*** (0.04)	0.09 (0.06)	0.14*** (0.04)	0.14 (0.11)	0.22*** (0.05)	0.25** (0.10)
	nodeocov.inf	0.14** (0.05)	0.12*** (0.04)	0.15*** (0.04)	0.11*** (0.02)	0.07** (0.03)	0.00 (0.05)	0.12*** (0.03)	0.14*** (0.04)

续表

机制	变量	Model18	Model19	Model20	Model21	Model22	Model23	Model24	Model25
外在驱动因素的影响机制	nodeicov.inf	0.02 (0.05)	0.01 (0.16)	−0.02 (0.02)	−0.01 (0.02)	0.04** (0.02)	0.03 (0.03)	0.01 (0.02)	−0.05 (0.13)
	nodeocov.QMSZ	−0.94*** (0.20)	−0.79 (0.55)	−0.82*** (0.16)	−1.26* (0.47)	−0.52 (0.40)	−0.64 (1.52)	−0.61*** (0.17)	−0.25 (0.56)
	nodeicov.QMSZ	−0.28* (0.14)	−0.26 (0.61)	−0.52† (0.24)	0.18 (0.25)	−0.41** (0.16)	−0.35 (0.26)	−0.63* (0.24)	−0.76† (0.59)
	nodeocov.USPTA	−0.52† (0.27)	−0.02 (0.15)	0.02 (0.24)	0.09 (0.20)	−0.59 (0.43)	−0.34 (0.27)	−0.19† (0.11)	−0.04† (0.03)
	nodeicov.USPTA	0.48*** (0.12)	0.15 (0.21)	0.40 (0.28)	−0.04 (0.28)	0.41 (0.32)	0.66** (0.21)	0.77*** (0.18)	0.38† (0.22)

注：***，**，*，†分别表示在0.1%，1%，5%和10%的显著性水平下显著。

在包含内生机制和外生机制的多变量TERGM模型中，作为内生结构变量的边数（edges）类似于计量模型中的常数项，通常不对其做解释[130,160]，互惠性、扩张性、传递闭合性和时间依赖性衡量变量的结果与上一章单独考察网络形成的自组织效应时无太大差异，这里不再一一赘述。

在控制自组织效应的情况下，就社会性选择机制的检验结果来看，马太效应发出效应（nodeocov.GDP）的系数在总体生产网络以及细分行业生产网络中均不显著，表明经济发达与否并不是一国在"一带一路"出口国内增加值的决定因素。马太效应接收效应（nodeicov.GDP）的系数在资本密集型行业以及采矿和采石业、基本金属及金属制品业、电气和光学仪器业三个核心行业中显著为负，表明在上述行业中，一国经济发达程度与其来自"一带一路"区域增加值的流入呈负相关关系。nodeicov.GDP的系数在总体层面和其他细分行业影响都不显著，表明在总体层面和其他细分行业中，经济发达与否并不是其他沿线国家国内增加值流入一国的决定性因素。这也解释了虽然波兰2020年的GDP总额是越南的两倍有余，但波兰向"一带一路"区域出口的国内增加值以及沿线国家流入波兰的国内增加值却远小于越南。由此得出，假设H5在"一带一路"生产网络中并不成立，即"一带一路"生产网络中不存在显著的马太效应，在"一带一路"生产网络中，并非经济越发达，一国构建合作关系和接收合作关系的概率就越高。同配性（Homophily Pagerank）的系数在电气和光学仪器行业生产网络中显著为正，表明各国具有与网络地位相当的国家构建关系的倾向，假设H6在"一带一路"电气和光学仪器行业生产网络中得以验证。而HomophilyPagerank的系数在总体层面和其他细分行业生产网络中均不显著,表明H6在总体层面和其他细分行业生产网络中并不成立。制度环境(edgecov.ZDJL)的系数在总体层面以及资源密集型行业与采矿和采石业生产网络中显著为负,表明制度距离的协变量网络与"一带一路"总体层面生产网络以及资源密集型行业与采矿和采石业生产网络存在明显的重叠,制度距离对沿线国家构建生产分工与合作关系具有负向作用。从总体层面及资源密集型行业与采矿和采石业来看,沿线国家更倾向于与制度环境相差不大的国家构建生产分工与合作关系,假设H7在"一带一路"总体层面生产网络以及资源密集型行业与采矿和采石业生产网络中得以验证。

在控制自组织效应的情况下,就关系嵌入机制的检验结果来看,互补性(CIm)的系数在采矿和采石业和基本金属及金属制品行业生产网络中的影响为正,但不显著,而在总体生产网络以及其余细分行业生产网络中均显著为正,表明沿线国家间的互补关系是"一带一路"生产网络形成的重要动因,假设H8在"一带一路"总体生产网络以及多数细分行业生产网络中得以验证。地理距离(edgecov.distcap)的系数在技术密集型行业、资本密集型行业和电气和光学仪器业生产网络中为负,但并不显著,而在总体和其他细分行业生产网络中均显著为负,表明地理关系的协变量网络与"一带一路"生产网络存在明显的重叠,地理距离对沿线国家在"一带一路"生产网络中构建关系具有负向作用。在多数情况下,遥远的地理距离会显著降低沿线国家间构建生产分工与合作关系的概率,假设H9得以验证。政治关系(edgecov.POL)的系数在技术密集型行业、资源密集型行业与基本金属及金属制品行业生产网络中显著为负,表明政治关系的协变量网络与"一带一路"上述行业类型生产网络存在明显的重叠。沿线国家间的政治关系越疏远,则两国在技术密集型行业、资源密集型行业与基本金属及金属制品行业生产网络中构建生产分工与合作关系的可能性越低。换而言之,表明亲近的双边政治关系有益于"一带一路"生产网络关系的构建,假设H10在"一带一路"技术密集型行业、资源密集型行业与基本金属及金属制品行业生产网络中得以验证。

在控制自组织效应的情况下,就外在驱动因素影响机制的检验结果来看,沿线国家交通基础设施联通能力提升的发出效应(nodeocov.Railway)和接收效应(nodeicov.Railway)的系数在总体层面生产网络以及细分行业生产网络中均显著为正,表明交通基础设施联通能力越高的沿线国家在"一带一路"生产网络中构建生产分工与合作关系以及接收生产分工与合作关系的可能性也越高,假设 H11 得以验证。以发展为导向的新合作机制推动(edgecov.PTA)的系数在劳动密集型行业、资本密集型行业与采矿和采石业生产网络中为正,但并不显著,而在总体和其他细分行业生产网络中均显著为正,表明 PTA 协变量网络与"一带一路"生产网络存在明显的重叠,说明在以发展为导向的新合作机制推动下,各项贸易优惠协定的签订显著促进了"一带一路"生产网络的形成与稳定发展,假设 H12 在"一带一路"总体生产网络及技术密集型行业、资源密集型行业、基本金属及金属制品行业和电气和光学仪器行业等细分行业生产网络中得以验证。中国影响力提升的发出效应(nodeocov.Einfluence)的系数在采矿和采石业生产网络中为正,但并不显著,而在总体和其他细分行业生产网络中均显著为正,表明受中国影响越大的沿线国家,越倾向于积极响应参与"一带一路"生产分工与合作的倡议,扩大在"一带一路"区域的国内增加值实际出口。中国影响力提升的接收效应(nodeicov.Einfluence)的系数在资源密集型行业生产网络中显著为正,而在总体和其他细分行业生产网络中影响均不显著,表明除资源密集型行业外,多数情况下来自"一带一路"区域增加值的流入与受中国影响大小无关。但仅从国内增加值流向区域内其他国家的角度看,作为"一带一路"倡议提出国暨主导国的中国,为推动"一带一路"倡议的落地做出的积极举措取得了良好的收效。随着中国影响力的不断提升,有利地提高了沿线国家在"一带一路"生产网络中主动构建生产分工与合作关系的概率,假设 H13 得以验证。在国际秩序转型与中美战略竞争的背景下,"亲美疏中"发出效应(nodeocov.QMSZ)的系数在劳动密集型行业、资源密集型行业、采矿和采石业和电气和光学仪器业生产网络中为负,但并不显著,而在总体和其他细分行业生产网络中均显著为负,表明亲美疏中的态度会显著降低沿线国家国内增加值流向"一带一路"区域的概率。"亲美疏中"接收效应(nodeicov.QMSZ)的系数在劳动密集型行业、资本密集型行业与采矿和采石业及电气和光学仪器业生产网络中并不显著,而在总体和其他细分行业生产网络中均显著为负,表明亲美疏中的态度也会显著降低沿线国家接收区域内其他国家国内增加值的概率,部分验证了假设 H15。就进一步与美国合作进展的影响来看,与美国合作进展提升的发出效应(nodeocov.USPTA)的系数在总体层面和基本金属及金属制品、电气和光学仪器两个核心行业生产网络中显著为负,表明在上述行业中,沿线国家与美国积极签订各项贸易优惠协定会显著抑制其在"一带一路"构建生产分工与合作关系的意愿,部分验证了假设 H15。而与美国合作进展提升的接收效应(nodeicov. USPTA)的系数在总体层面和三个核心行业生产网络中均显著为正,表明与美国积极签订各项贸易优惠协定的沿线国家会收获更多的来自区域内其他国家的国内增加值。这解释了在中美博弈激化的背景下,沿线国家多倾向于维持对冲战略,在大国中努力平衡,选择有利于自身经济发展的大国方案,从中美日益激烈的战略竞争中获取更多利益,部分验证了假设 H14。在中美博弈激化背景下,中国与沿线国家以及沿线国家之间签署的 PTA 数量显著提升,结合前文得出 PTA 协变量网络与"一带一路"生产网络存在明显的重叠,说明多数沿线国家在中美战略竞争中更倾向于采取对冲策略,随着中国与沿线国家经济联系的不断加深,有力推动了"一带一路"生产网络分工的形成与发展,假设 H14 再一次得以验证。

2. 拟合优度检验

本文基于表 7-1 中基于总体层面构建的 Model18 的参数估计结果,实施了 1000 次模拟,并将生成的模拟网络与真实网络的网络特征进行比较,二者的可视化比较结果如图 7-1 所示。基于细分行业层面构建的 Model19～24 的 GOF 检验详见附录 1。

图 7-1 及附录 2 中的六个子图分别对应于模拟网络的以下网络结构特征:节点间测地线距离(Geodesic distances)、几何加权二元祖伙伴分布(Dyad-wise shared partners)、几何加权共享伙伴分布(Edge-wise shared partners)、点入度(Indegree)、点出度(Outdegree)和三元组普查(Triad census)。图中的黑色实线表示真实的网络结构特征值,而灰色线条表示基于 TERGM 模型获得的参数来生成的模拟网络结构特征 95% 置信水平下的置信区间范畴。置信区间的中间值越接近真实的网络结构特征值,表明 TERGM 模型的拟合效果越好[221-222]。图 7-1 及附录 2 的六个子图中,模拟网络结构特征置信区间中间值都非常接近真实的网络结构特征值,由此判定涵盖了外生机制所有衡量变量的综合模型 Model18～25 的仿真结果能在很大程度上代表真实网络,基于 TERGM 模型的分析是可靠的。

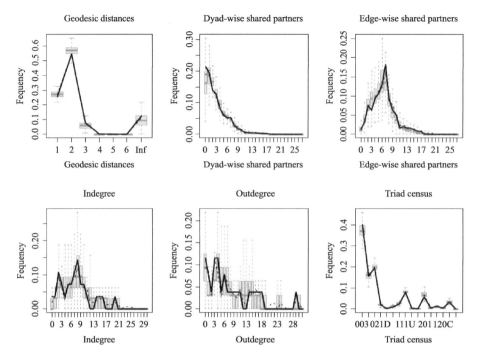

图 7-1 "一带一路"生产网络形成的外生机制的 GOF 检验结果

3. 稳健性检验

为了验证实证分析结论的准确性,表 7-3 中的 Model26~33 呈现了参数估计方法调整为 MCMA MLE 后的结果。其中,Model26~33 依次代表"一带一路"生产网络总体、劳动密集型行业、技术密集型行业、资本密集型行业、资源密集型行业以及三个"一带一路"核心行业生产网络形成机制的实证检验结果;另一方面,参考 Orefice et al. (2014)[205]、商辉(2019)[223]、陈俊营(2020)[71]等学者的研究,选用另一类常用的国际生产网络衡量指标——中间品双边实际出口,将其作为运用投入产出法分解得到的国内增加值出口(DVA)的替代变量,对"一带一路"生产网络总体层面外生机制检验结果进行再一次验证。其中,中间品的界定、数据来源、具体处理、样本的拓展及网络构建方法与第六章第三节中一致,此处不再赘述。最终的实证结果如表 7-3 中的 Model34 所示。

表 7-3 "一带一路"生产网络形成机制的稳健性检验结果

机制	变量	Model26	Model27	Model28	Model29	Model30	Model31	Model32	Model33	Model34
自组织机制	edges	2.94 (2.06)	3.97 (2.63)	−1.20 (2.21)	0.01 (2.08)	1.97 (2.06)	5.05* (2.38)	3.39 (2.47)	−6.59** (2.51)	−28.2*** (2.60)
	mutual	1.83*** (0.22)	0.47 (0.31)	1.22*** (0.24)	1.81*** (0.26)	0.7** (0.26)	−0.91* (0.44)	1.69*** (0.33)	1.58*** (0.31)	0.94*** (0.08)
	gwodeg	−2.11** (0.70)	−2.1*** (0.48)	−2** (0.61)	−0.51 (0.55)	−0.82* (0.4)	−1.64*** (0.39)	−1.66*** (0.49)	−2.48*** (0.53)	−0.19 (0.53)
	gwesp	0.11† (0.07)	0.64*** (0.19)	0.55* (0.26)	0.74** (0.23)	0.88*** (0.17)	0.77*** (0.17)	0.71*** (0.19)	0.26 (0.17)	0.06 (0.31)
	stability	2.68*** 0.10	2.56*** 0.12	2.41*** 0.10	2.31*** 0.09	2.04*** 0.09	1.97*** 0.11	2.01*** 0.11	1.92*** 0.11	2.15*** 0.10
社会性选择机制	nodeocov.GDP	0.03 (0.05)	−0.09 (0.06)	0.06 (0.06)	0.02 (0.05)	0.01 (0.05)	0.08 (0.06)	0.00 (0.07)	0.13 (0.07)	0.62*** (0.08)
	nodeicov.GDP	−0.07 (0.05)	−0.05 (0.07)	−0.1† (0.06)	−0.09† (0.05)	−0.06 (0.05)	−0.2** (0.07)	−0.13† (0.07)	−0.06 (0.07)	0.64*** (0.05)
	Homophily Pagerank	0.06 (0.08)	0.08 (0.08)	−0.07 (0.08)	0.01 (0.07)	−0.04 (0.08)	−0.02 (0.08)	0.05 (0.08)	0.14† (0.08)	0.14 (0.09)
	edgecov.ZDJL	−0.07† (0.04)	−0.06 (0.07)	−0.05 (0.05)	0.01 (0.05)	−0.17* (0.08)	−0.12 (0.10)	−0.03 (0.06)	−0.02 (0.06)	−0.03† (0.02)
关系嵌入机制	CIm	1.53*** (0.45)	0.71 (0.49)	2.64*** (0.71)	1.74** (0.54)	0.68 (0.43)	0.15 (0.52)	0.88 (0.58)	4.31*** (0.84)	1.87*** (0.34)
	edgecov.distcap	−0.47** (0.14)	−0.37** (0.14)	−0.12 (0.13)	−0.2† (0.11)	−0.42*** (0.11)	−0.59*** (0.14)	−0.44*** (0.13)	−0.03 (0.14)	−0.74*** (0.09)
	edgecov.POL	0.14 (0.87)	−0.72 (1.01)	−1.8* (0.89)	−2.63** (0.87)	−1.16 (0.96)	0.17 (1.08)	−2.42* (1.04)	−1.13 (1.01)	−1.53*** (0.31)
外在驱动因素的影响机制	nodeocov.Railway	0.07*** (0.02)	0.06** (0.02)	0.09*** (0.02)	0.11*** (0.02)	0.07*** (0.02)	0.05** (0.02)	0.12*** (0.02)	0.08*** (0.02)	0.01† (0.01)
	nodeicov.Railway	0.04* (0.02)	0.09*** (0.02)	0.08*** (0.02)	0.03 (0.02)	0.06** (0.02)	0.09*** (0.02)	0.04† (0.02)	0.03 (0.02)	0.04** (0.01)
	edgecov.PTA	0.11† (0.07)	0.07 (0.08)	0.15* (0.07)	0.10† (0.06)	0.12† (0.06)	0.17* (0.07)	0.21** (0.08)	0.26*** (0.07)	0.16*** (0.05)
	nodeocov.inf	0.1*** (0.02)	0.08*** (0.02)	0.11*** (0.03)	0.11*** (0.02)	0.05† (0.03)	0.01 (0.04)	0.09*** (0.03)	0.13*** (0.04)	0.01† (0.00)

续表

机制	变量	Model26	Model27	Model28	Model29	Model30	Model31	Model32	Model33	Model34
外在驱动因素的影响机制	nodeicov.inf	0.02 (0.02)	0.03 (0.03)	−0.01 (0.04)	−0.02 (0.03)	0.03 (0.03)	0.03 (0.04)	0.01 (0.03)	−0.04 (0.05)	0.01* (0.00)
	nodeocov.QMSZ	−1.01*** (0.24)	−0.58 (0.38)	−0.69** (0.25)	−1.09*** (0.26)	−0.28 (0.26)	−0.40 (0.38)	−0.42 (0.33)	−0.39 (0.42)	−0.14† (0.08)
	nodeicov.QMSZ	−0.32† (0.24)	−0.17 (0.29)	−0.51* (0.24)	0.20 (0.23)	−0.37 (0.25)	−0.32 (0.31)	−0.42† (0.27)	−0.71* (0.30)	0.18 (0.11)
	nodeocov.USPTA	−0.52* (0.26)	0.01 (0.32)	−0.12 (0.23)	−0.02 (0.24)	−0.48† (0.29)	−0.32 (0.36)	−0.02† (0.01)	−0.06† (0.03)	0.43*** (0.09)
	nodeicov.USPTA	0.50* (0.24)	0.17 (0.30)	0.41 (0.27)	−0.08 (0.28)	0.44† (0.25)	0.64* (0.28)	0.40† (0.29)	0.32† (0.21)	0.22 (0.15)

注：***，**，*，† 分别表示在 0.1%，1%，5% 和 10% 的显著性水平下显著。

在包含内生机制和外生机制的多变量 TERGM 模型中，作为内生结构变量的边数（edges）类似于计量模型中的常数项，通常不对其做解释[130,160]，不论是采用 MCMA MLE 方法，还是将"一带一路"生产网络衡量指标变为双边中间品出口，互惠性、扩张性、传递闭合性和时间依赖性衡量变量的结果与表 6-1、表 6-2 和表 7-1 中的实证结果无太大差异，这里不再一一赘述。

在控制自组织效应的情况下，使用马尔可夫链蒙特卡罗极大似然估计法（MCMA MLE）对模型估计的结果与前文使用最大伪似然估计（MPLE）的估计结果并无明显差异。除了假设 H5 不成立，即"一带一路"生产网络中不存在显著的马太效应，同配效应、制度邻近效应、互补效应、地理邻近效应、双边政治关系影响、沿线国家交通基础设施联通能力提升、中国影响力提升、以发展为导向的新合作机制推动、中美战略竞争的影响是"一带一路"生产网络形成的重要决定机制。

将"一带一路"生产网络衡量指标变为中间品双边实际出口后，多数变量的实证结果与前文研究并无太大的差异，但在马太效应和中美战略竞争影响的实证检验中得出了与前文研究大相径庭的结果，差异体现在：第一，马太效应发出效应（nodeocov.GDP）的系数在以国内增加值实际出口衡量的"一带一路"生产网络中并不显著，马太效应接收效应（nodeicov.GDP）的系数在部分行业中显著为负，表明"一带一路"生产网络的形成不存在显著的马太效应。而在以中间品双边实际出口衡量的"一带一路"生产网络中，马太效应发出效应（nodeocov.GDP）和接收效应（nodeicov.GDP）的系数在总体层面均显著为正，表明"一带一路"生产网络的形成存在显著的马太效应,即经济越发达的国家在网络中构建关系的能力越强,接收合作关系的概率也越高。第二,在以国内增加值实际出口衡量的"一带一路"生产网络中,与美国合作进展提升的发出效应(nodeocov. USPTA)的系数在总体层面和基本金属及金属制品、电气和光学仪器两个核心行业生产网络中显著为负,表明在上述行业中,沿线国家与美国积极签订各项贸易优惠协定会显著抑制其在"一带一路"构建生产分工与合作关系的意愿。而在以中间品双边实际出口衡量的"一带一路"生产网络中,与美国合作进展提升的发出效应(nodeocov. USPTA)的系数在总体层面显著为正,表明沿线国家与美国积极签订各项贸易优惠协定会显著促进其在"一带一路"区域内出口中间品。之所以得出差异如此大的结论,与中间品贸易数据的缺陷有很大的关系。在前文分析中便探明"一带一路"区域内的生产分割现象非常突出,对于生产工序高度分割的产品,其贸易价值中包含了由上游国家创造的价值,直接使用贸易数据进行统计,会高估各国在分工中的真实贡献。尤其是当工序复杂的产品反复、多次跨越国境,就造成了出口国特别是承担工序复杂产品的经济发达程度高的国家的贸易数据被重复叠加。经济越发达,承担工序复杂产品生产越多,该国的贸易数据"被夸大"的程度也就越大,而这便是造成马太效应和中美战略竞争影响的实证检验结果与前文不符的原因。这也从侧面印证了 Wang et al. (2017)[80]提出的观点,即增加值数据对国际生产网络的衡量具有更好的适用性。

4. 仿真网络分析

仿真网络分析旨在校验 TERGM 模型的有效性。若以 TERGM 模型拟合结果为基础进行仿真,生成的仿真网络的结构指标与现实网络出入不大,则表明 TERGM 模型能对现实网络的形成机制做出很好的解释[159]。本文以涵盖了内、外生机制所有衡量变量的综合模型 Model18 的拟合结果作为基础,模拟生成了 100 个"一带一路"生产网络仿真网络(节选的第 1、33、66、100 号仿真图如图 7-2 所示)。在对这 100 个"一带一路"生产网络仿真网络做可视化处理及网络结构特征解析后发现,在模拟生成的 100 个仿真网络中,沿线国家在"一带一路"生产网络中的网络地位与现实情况相差较小,尤其是中国、俄罗斯、印度、波兰、土耳其、马来西亚等核心国家,其在仿真网络中的平均中心度(Mean Degree)分别为 55.2、47.6、37.3、35.0、34.6 与 29.9,接近现实网络的指标值,这再一次验证了本文采用 TERGM 模型的仿真网络能够非常好的对现实中"一带一路"生产网络的形成机制做出解释。

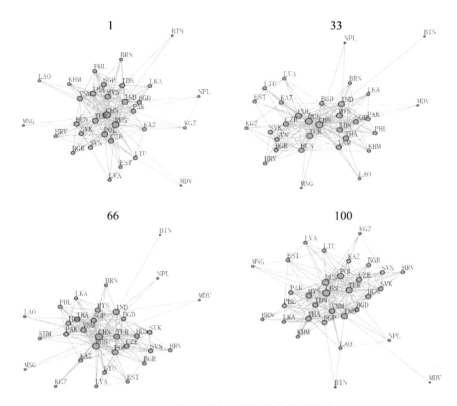

图 7-2 "一带一路"生产网络的仿真网络节选

5. 基于 ERGM 模型的扩展分析

由第五章的分析可知,"一带一路"生产网络的格局及网络结构特征呈现动态变化趋势,一个问题油然而生:"一带一路"倡议提出前后,"一带一路"生产网络形成机制的构成要素作用力大小是否发生了变化?为了探究这一问题,本文分别选取 2007、2010、2013、2016 和 2020 年的数据,在围绕"一带一路"倡议提出前后的五个时间截面构建起 ERGM 模型,参数估计结果如表 7-4 所示。比较五年 ERGM 模型实证结果发现:

第一,就不同时期自组织机制的检验结果来看,互惠性的系数均显著为正,扩张性的系数均显著为负,传递闭合性的系数在多数考察年份显著为正,结论与前文类似,这里不再赘述。值得注意的是,互惠性的系数呈现先降后升的趋势,2020 年 mutual 的系数为 3.19,较"一带一路"倡议提出时的 2.73 上升不少,表明"一带一路"倡议提出后,"一带一路"生产网络中沿线国家间的互惠性大幅提升,这也在一定程度上解释了 TERGM 模型中稳定性(stability)系数显著为正的原因。

表 7-4 "一带一路"生产网络形成机制的扩展分析

机制	变量	ERGM 模型					
		2007	2010	2013	2016	2019	2020
自组织机制	edges	3.73 (2.47)	4.79* (2.37)	5.92* (2.49)	3.63 (2.39)	2.60 (2.10)	3.38 (2.10)
	mutual	2.97*** (0.41)	2.49*** (0.37)	2.73*** (0.40)	2.30*** (0.35)	3.17*** (0.34)	3.19*** (0.35)
	gwodeg	−2.22* (1.06)	−2.48* (1.11)	−2.91* (1.15)	−2.28* (1.16)	−3.53* (1.44)	−3.44** (1.31)
	gwesp	0.77† (0.46)	0.87† (0.42)	0.50 (0.66)	1.14† (0.74)	0.24 (0.55)	0.38* (0.17)
社会性选择机制	nodeocov.GDP	−0.08 (0.07)	−0.02 (0.07)	−0.04 (0.07)	−0.03 (0.06)	0.01 (0.07)	0.03 (0.06)
	nodeicov.GDP	−0.08 (0.08)	−0.16* (0.07)	−0.13† (0.08)	−0.11† (0.07)	−0.07 (0.07)	−0.12 (0.07)
	HomophilyPagerank	0.07 (0.08)	0.06 (0.08)	0.04 (0.09)	0.05 (0.09)	0.05 (0.07)	0.08† (0.04)
	edgecov.ZDJL	0.06 (0.05)	0.00 (0.06)	0.06† (0.03)	0.05 (0.05)	−0.02 (0.05)	−0.06* (0.02)
关系嵌入机制	CIm	2.79*** (0.64)	3.62*** (0.60)	3.17*** (0.58)	2.74*** (0.53)	2.61*** (0.51)	3.15*** (0.51)
	edgecov.distcap	−0.65*** (0.15)	−0.56*** (0.15)	−0.84*** (0.17)	−0.65*** (0.17)	−0.58*** (0.15)	−0.62*** (0.16)
	edgecov.POL	−1.01 (1.18)	−2.38* (1.05)	−0.63 (1.01)	−1.12 (1.11)	0.23 (0.93)	−0.09 (0.98)
	nodeocov.Railway	0.15*** (0.02)	0.15*** (0.02)	0.17*** (0.03)	0.14*** (0.02)	0.12*** (0.03)	0.14*** (0.03)
外在驱动因素的影响机制	nodeicov.Railway	0.04 (0.02)	0.08*** (0.02)	0.07** (0.03)	0.05* (0.02)	0.09*** (0.02)	0.06* (0.02)
	edgecov.PTA	0.18 (0.12)	0.33** (0.10)	0.32** (0.10)	0.23* (0.09)	0.33*** (0.10)	0.25** (0.10)
	nodeocov.Inf	0.12*** (0.03)	0.14*** (0.04)	0.23*** (0.04)	0.11*** (0.03)	0.07*** (0.03)	5.64* (2.34)

续表

机制	变量	ERGM 模型					
		2007	2010	2013	2016	2019	2020
外在驱动因素的影响机制	nodeicov.Inf	0.09* (0.04)	−0.08 (0.05)	0.11† (0.06)	0.07† (0.04)	−0.01 (0.03)	−0.01 (2.48)
	nodeocov.QMSZ	−1.18** (0.41)	−1.83*** (0.34)	−1.9*** (0.35)	−1.55*** (0.36)	−1.49*** (0.31)	−1.43*** (0.32)
	nodeocov.QMSZ	0.70† (0.40)	−0.18 (0.31)	−0.41 (0.33)	−0.20 (0.31)	−0.26 (0.28)	−0.45 (0.30)
	nodeocov.USPTA	0.58† (0.34)	0.47 (0.33)	0.47 (0.34)	0.15 (0.31)	−0.38 (0.33)	−0.58† (0.35)
	nodeicov.USPTA	0.16 (0.36)	0.13 (0.35)	0.47 (0.36)	0.64† (0.33)	0.99** (0.32)	1.01** (0.34)

注：***、**、*、† 分别表示在0.1%、1%、5%和10%的显著性水平下显著。

第二，就不同时期社会性选择机制的检验结果来看，马太效应发出效应（nodeocov.GDP）的系数均不显著，接收效应（nodeicov.GDP）的系数在部分年份为负，同配性（Homophily Pagerank）的系数在部分年份为正，结论与前文类似，这里不再赘述。值得注意的是，制度环境（edgecov.ZDJL）的系数在2013年显著为正，但这一情况在2013年之后逐渐转变，edgecov.ZDJL的系数从2013年的显著为正转变为2016年的系数为正但不显著，再转变为2019年的系数为负但不显著，最后转变为2020年的系数显著为负，表明沿线国家对跨国生产分工与合作对象国在制度环境差异属性上的选择倾向发生了变化：从倾向于与制度环境差异大的国家构建生产分工与合作关系，转变为更倾向于与制度环境差异小的国家构建生产分工与合作关系。

第三，就不同时期关系嵌入机制的检验结果来看，互补性（CIm）的系数均为正，地理距离（edgecov.distcap）的系数均为负，政治关系（edgecov.POL）的系数仅在2010年显著为负。三个变量的系数大小在五个考察期有所波动，但总体上与前文得到的分析类似，这里不再赘述。

第四，就不同时期外在驱动因素影响机制的检验结果来看，沿线国家交通基础设施联通能力提升的发出效应（nodeocov.Railway）和接收效应（nodeicov.Railway）、以发展为导向的新合作机制推动（edgecov.PTA）、中国影响力提升的接收效应（nodeicov.Einfluence）和更趋于与美国合作的"亲美疏中"发出效应

(nodeocov. QMSZ)的系数在多数情况下影响显著,更趋于与美国合作的接收效应(nodeicov. QMSZ)的系数在多数情况下影响不显著。上述变量的系数大小在五个考察期有所波动,但变化趋势并不明显,总体上与前文得到的分析类似,这里不再赘述。值得关注的是,以下三个变量在6个考察时期呈现出较为明显的变化规律:①中国影响力提升的发出效应(nodeocov. Einfluence)呈现先升后降再上升的变化规律,2020年该变量系数值一跃提升至5.64,远高于"一带一路"提出之初的0.23,表明"一带一路"提出后,中国的影响力对"一带一路"生产网络形成的正向作用大幅提升,极大地提高了沿线国家在"一带一路"生产网络中主动构建生产分工与合作关系的概率。作为"一带一路"倡议提出国暨主导国的中国,为推动"一带一路"倡议的落地做出的积极举措取得了极大的收效。②与美国合作进展提升的发出效应(nodeocov. USPTA)的系数从显著为正,转变为系数为正但不显著,再转变为系数为负但不显著,最后转变为2020年的系数显著为负,表明沿线国家与美国积极签订各项贸易优惠协定对其在"一带一路"构建生产分工与合作关系意愿的影响发生了质的变化:从正向促进,到影响不显著,再到反向抑制。③美国合作进展提升的接收效应(nodeicov. USPTA)的系数从影响不显著转为显著,系数大小也在2013年之后大幅提升,可能的解释是在中美博弈激化的背景下,沿线国家多倾向于维持对冲战略,在大国中努力平衡,选择有利于自身经济发展的大国方案,从中美日益激烈的战略竞争中获取更多利益。无论是nodeocov. USPTA的系数由正转负,还是nodeicov. USPTA的系数大幅提升,都预示着中美战略竞争对"一带一路"生产网络形成的影响变得更为明显。

第四节 本章小结

本章从社会性选择机制、关系嵌入机制和外在驱动因素的影响机制三个方面入手,对"一带一路"生产网络形成的外生机制及其作用机理展开分析并提出研究假设。其中,社会性选择机制包括马太效应、经济属性的同配性和制度的邻近性,关系嵌入机制包括互补效应、地理邻近效应和双边政治关系影响,外在驱动因素包括"一带一路"交通基础设施联通能力提升、以发展为导向的新合作机制推动、中国影响力提升、中美战略竞争的影响。基于数据资料,在控制自组织效应的情况下,运用时间指数随机图模型(TERGM)对"一带一路"生产网络形成的外生机制进行实证检验,研究结果表明了除马太效应不显著外,同配性、互补效应、制度的邻近性、地理邻近效应、双边政治关系影响、交通基础设施联通能力提升、新合作机制推动、中国影响力提升、中美战略竞争都对"一带一路"生产网络的形成产生了显著影响。扩展分析发现,"一带一路"倡议提出后:①沿线国家间的互惠性大幅提升;②沿线国家转变为更倾向于与制度环境差异小的国家构建生产分工与合作关系;③中国的影响力对"一带一路"生产网络形成的正向作用大幅提升;④中美战略竞争对"一带一路"生产网络形成的影响变得更为明显。研究结论对"一带一路"生产网络未来发展预测及战略布局规划具有重要指导意义。

第八章 结论、启示与展望

第一节 研究结论

本文全方位论述了"一带一路"生产网络形成的事实,辨析了其与东亚、欧洲和北美三大发展成熟的国际生产网络的差异化特征。运用投入产出法从价值链的角度考察了"一带一路"国际分工中的利益分配,并刻画出"一带一路"重点行业的典型跨国长产业链条。在此基础上,基于剔除通货膨胀影响得到的实际国内增加值数据,构建了"一带一路"生产网络无权及加权两类模拟网络,并从"总体—国家"和"行业—国家"两个层级,以及整体、群体和个体三个层面,动态刻画了"一带一路"生产网络的结构特征,丰富了"一带一路"生产网络的研究成果。其次,基于网络视角,从网络形成的自组织过程出发,创新性地提出"一带一路"生产网络的形成具有互惠效应、扩张效应、传递闭合效应和时间依赖效应。同时,融合国际分工、社会网络、地缘经济等多学科领域研究成果,从社会性选择机制、关系嵌入机制和外在驱动因素的影响机制三个方面入手,对"一带一路"生产网络形成的外生机制及其作用机理展开分析并提出研究假设。其中,探究"一带一路"以发展为导向的新合作机制推动、中国影响力提升、中美战略竞争对"一带一路"生产网络形成的影响机理尚属首次。进一步地,使用网络形成机制研究中前沿的时间指数随机图模型(TERGM)对"一带一路"生产网络的形成机制进行实证检验与仿真,并使用指数随机图模型(ERGM)进行扩展分析。本文的研究结论可总结为以下四个方面:

1."一带一路"生产网络形成的特征事实

第一,"一带一路"地区生产的商品在世界市场所占比重持续上升,已经成为影响世界市场的一股重要力量。同时,"一带一路"沿线国家彼此之间的依赖性逐渐增强,沿线国家之间的贸易与投资关系呈现出明显的区域化发展趋势。第二,与东亚、欧洲和北美三大区域以产业内分工为主导的国际分工模式不同,产业间分工始终是"一带一路"区域内最主要的国际分工模式。另外,"一带一路"和东亚产品内分工的"生产分割"现象比欧洲和北美突出。第三,"一带一路"增加值创造正在快速提升,尤其在技术密集型行业中表现更为明显;"一带一路"价值链体系具有向内发展的趋势;沿线国家快速融入到"一带一路"价值链分工体系中;"一带一路"形成了以"中国—电气和光学仪器""中国—基本金属及金属制品""俄罗斯—采矿和采石业"为枢纽的跨国长产业链条,上述长产业链条对"一带一路"生产网络架构的稳定性起着重要支撑作用。

2."一带一路"生产网络的结构特征

就整体层面的网络结构特征来看,总体上,沿线国家在"一带一路"生产网络中开展生产分工与合作的"距离"越来越小,互惠特征日益明显,沿线国家在"一带一路"生产网络中的生产分工与合作关系日趋紧密,并倾向于"抱团合作";在细分行业中,沿线各国间的生产分工与合作关系多发生于技术密集型行业和资本密集型行业,但新形成的生产分工与合作关系主要发生于劳动密集型行业。技术密集型行业和资本密集型行业生产网络跨国生产分工与合作的关系紧密度和凝聚力都更胜于劳动密集型行业和资源密集型行业。这些变化特征也在三个核心行业中得以体现。

就群体层面的网络结构特征来看,总体上,"一带一路"生产网络内形成了以中国为首的东—南亚洲社团和以俄罗斯为首的欧洲—中亚—西亚社团,社团成员构成相对稳定;在细分行业中,不同行业生产网络的社团数量和具体社团构成存在差异,但多数行业的社团构成都极具地域特征。

个体层面的网络结构特征表明:①中国、俄罗斯等国在与沿线国家的生产分工与合作关系中构建起了一定比例的强关系,在"一带一路"生产网络中的核心地位正趋于稳固。②中国、俄罗斯、印度尼西亚、印度、马来西亚、泰国、新加坡、越南等国在"一带一路"生产网络中拥有相对较高的中心地位,能够对网络中其他国家产生较强的辐射带动作用;中国、俄罗斯、印度、马来西亚、土耳其等国是与网络中其他所有国家接近程度最高的国家,其生产贸易行为能够快速并且有效的影响网络中其他国家。③中国、俄罗斯、印度、波兰、土耳其等国是网络中"中间人"优势最高的国家,与他国开展合作时受限程度最小,对网络中资源传递的控制能力最高。④中国、俄罗斯、新加坡、印度尼西亚、印度、马来西亚等国是网络中影响力最大的国家。从演化的角度看,中国、越南、印度、孟加拉等国的影响力呈提升趋势,俄罗斯、印度尼西亚、马来西亚、新加坡等国的影响力呈下降趋势。

3. "一带一路"生产网络形成的内生机制

基于网络视角,本文从网络形成的自组织过程出发,创新性地提出"一带一路"生产网络形成具有互惠效应、扩张效应、传递闭合效应和时间依赖效应,运用 TERGM 模型检验得到:①就"一带一路"生产网络总体及除采矿和采石业外的多数细分行业来看,互惠性对"一带一路"生产网络的形成产生了积极的正向影响(假设 H1 得以验证);②"一带一路"生产网络的形成存在扩张性,且沿线国家合作关系构建没有被少数国家垄断,而是呈现出一种分散的趋势(假设 H2 得以验证);③无论是总体层面还是细分行业层面,"一带一路"生产网络趋于闭合,即沿线国家在"一带一路"生产网络中具有"抱团合作"倾向(假设 H3 得以验证);④各国在网络中构建的既有合作关系不会随着时间变化产生太大的变动,"一带一路"生产网络呈现出稳定发展的趋势(假设 H4 得以验证)。

GOF 检验表明涵盖了内生机制所有衡量变量的综合模型 Model1 的仿真结果能在很大程度上代表真实网络。通过更换模型估计方法及变换"一带一路"生产网络衡量变量的方式对实证结果进行稳健性检验(假设 H1、H2、H3、H4 在稳健性检验中再次得以验证)表明"一带一路"生产网络的形成具有自组织效应。

4. "一带一路"生产网络形成的外生机制

融合国际分工、社会网络、地缘经济等多学科领域研究成果,本文从社会性选择机制、关系嵌入机制和外在驱动因素的影响机制三个方面入手,对"一带一路"生产网络形成的外生机制及其作用机理展开分析并提出研究假设,运用 TERGM 模型检验得到(假设 H5 并不成立),即"一带一路"生产网络中不存在显著的马太效应,并非经济越发达,一国构建合作关系和接收合作关系的概率就越高。其余假设或在总体层面或在具体行业中得到验证,表明同配性、制度的邻近性、地理邻近效应、互补效应、双边政治关系影响、交通基础设施联通能力提升、新合作机制推动、中国影响力提升、中美战略竞争都对"一带一路"生产网络的形成产生了影响。

GOF 检验结果表明 TERGM 模型的分析是可靠的。稳健性检验中,更换模型估计方法为马尔可夫链蒙特卡罗极大似然估计法,结论与前文无太大差异;变换"一带一路"生产网络衡量变量为双边中间品出口后,马太效应和中美战略竞争影响的检验结果与前文研究相差较大。究其原因,中间品贸易数据高估了各国在分工中的真实贡献。经济越发达,承担工序复杂产品的生产越多,该国的贸易数据"被夸大"的程度也就越大,这可能是造成马太效应和中美战略竞争影响的实证检验结果与前文不符的原因(除假设 H5、H14 和 H15 外,假设 H6~H13 再次得以验证)。进一步地,以涵盖了内、外生机制所有衡量变量的综合模型的拟合结果作为基础,模拟生成"一带一路"生产网络仿真网络,发现仿真网络的结构指标与现实网络的偏差较小,再一次验证了本文采用 TERGM 模型的仿真网络能够非常好地对现实中"一带一路"生产网络的形成机制做出解释。

最后,围绕"一带一路"倡议提出前后的五个时间截面构建 ERGM 模型,探讨"一带一路"生产网络形成机制构成要素作用力的动态变化。研究发现:①"一带一路"倡议提出后,生产网络中沿线国家间的互惠性大幅提升;②沿线国家从倾向于与制度环境差异大的国家构建生产分工与合作关系,转变为更倾向于与制度环境差异小的国家构建生产分工与合作关系;③"一带一路"提出后,中国的影响力对"一带一路"生产网络形成的正向作用大幅提升,极大地提高了沿线国家在"一带一路"生产网络中主动构建生产分工与合作关系的概率;④沿线国家与美国积极签订各项贸易优惠协定对其在"一带一路"构建生产分工与合作关系意愿的影响发生了质的变化(从正向促进,到影响不显著,再到反向抑制),这些变化都预示着中美战略竞争对"一带一路"生产网络形成的影响变得更为明显。

第二节 政策启示

1. 加强"一带一路"生产网络中的跨国合作

(1)扩大"一带一路"生产网络的合作规模

由第五章的研究得知,中国位于"一带一路"生产网络的核心区域及网络中心,是网络中"中间人"优势和影响力最大的国家。在推动"一带一路"生产网络建设时,应充分发挥中国在"一带一路"生产网络中的"枢纽""桥梁"和"中间人"作用,建立以中国为枢纽的国际生产分工与合作体系,形成中国"先进制造技术+雄厚资本实力"与沿线国家"丰富的自然资源禀赋+充裕的劳动力资源"优势互补的分工体系。在扩展"一带一路"生产网络合作规模的过程中,一方面,要充分考虑合作对象国的比较优势、经济基础、发展愿景和合作意愿等多种因素,要有选择、有重点、有先后的构建"核心—辐条"式的生产网络建设路径;另一方面,应提倡"多元并发"的生产网络建设模式,因地制宜地选择适合沿线国家的合作模式及合作深度。

(2)重视与周边国家的跨国生产体系建设

由第四章和第五章的研究得知,一方面,中国及其周边国家是"一带一路"生产网络中分工最为活跃、创造增加值最多、增长势头最为强劲的地区,中国与泰国、越南等周边国家成为"一带一路"生产网络的重要支点;另一方面,不论是总体层面还是细分行业层面,中国与周边国家多同属于一个社团,相互间的合作比其他国家更为紧密,中国对泰国、越南、巴基斯坦、马来西亚、印度尼西亚、柬埔寨等周边国家的影响力也大于其他地区。因此,未来应将周边国家继续作为中国的关键合作对象,深化与周边国家的跨国生产体系建设,这既是"一带一路"生产网络持续发展的必要条件,也是在中美博弈白热化背景下应对中美经济"脱钩"的底线思维。在中国与周边国家的跨国生产体系建设中,要充分考虑周边国家的发展目标,主动为周边国家创造最终品市场,以消化周边国家逐年增长的生产能力,摆脱对美国主导的经济体系的依赖,主动与周边国家在"一带一路"生产网络内构建稳固的合作关系。

(3)加强与关键节点国家的合作

中国在"一带一路"生产网络合作对象扩展的限度上,需要保持适当规模,以确保战略资源的集中投放。在优先合作对象选择上,一方面应优先选择兼具历史合作渊源和合作新需求的周边国家,另一方面应优先与次级区域上的关键节点国家开展合作,再由点及线、由线及面,逐步打通"一带一路"生产网络的内部关联。在具体关键节点国家的选择上,应优先选择核心度、加权中心度、接近中心度和影响力较高而限制度较低的国家,将其作为中国打通次级区域联系的关键节点。结合第五章的研究成果,可将俄罗斯、波兰作为通向欧洲的战略支点,将土耳其作为通向西亚的战略支点,将哈萨克斯坦作为通向中亚的战略支点,将印度、巴基斯坦作为通往南亚的关键节点,将越南、泰国作为通往东南亚的关键节点。

2. 提升"一带一路"区域贸易协定的覆盖范围和协定质量

(1)积极布局"一带一路"自贸区网络

第四章的研究表明,"一带一路"产品内分工的"生产分割"现象比欧洲和北美突出。同时,第七章的实证分析中验证了 PTA 协变量网络与"一带一路"生产网络存在明显的重叠,说明各项贸易优惠协定的签订显著促进了"一带一路"生产网络的形成与稳定发展。上述信息表明,"一带一路"自由贸易区网络的构建将成为推动"一带一路"生产网络发展的重要支撑。但是,当前"一带一路"自由贸易区的分布仍然处于零散状态。沿线国家数量众多,发展水平参差不齐,中国在短时间内很难做到同时与所有沿线国家构建自由贸易区,因此有重点、分步骤地布局"一带一路"自贸区网络的建设路径就显得尤为重要。思路是优先选择重点国家作为"一带一路"自贸区网络的战略支点,再由重点国家辐射至其他国家,由点及线、由线及面,逐步形成系统、高效、全面的"一带一路"自贸区网络。在重点国家的选择上,一方面可选取兼具历史合作渊源和合作新需求的周边国家,另一方面可选取次级区域上的关键节点国家。

(2)推动"一带一路"区域贸易协定向高水平发展

中国与沿线国家构建自由贸易区的过程中要对条款进行把关,应着力提升"一带一路"区域贸易协定的水平。具体实现方式包括:①凭借中国在"一带一路"生产网络中的影响力,主动发挥带头作用,制定充分考虑沿线国家利益需求的多样化贸易协定条款。例如与经济发展水平较高的沿线国家更多地制定其在意的"WTO—X"条款,与欠发达的沿线国家则更多地制定其在意的"WTO＋"条款。②制定的贸易协定条款不仅局限于关税类条款,着力于构建深入到其他经济领域合作的深度条款。在与经济实力、要素禀赋悬殊的国家开展深度合作时,使用深度条款覆盖,推动优势互补的生产体系构建,使各国在深度合作中取长补短,在"一带一路"区域形成新的价值链关联。③贸易协定对跨国生产分工与合作的推动作用主要源自贸易协定所改善的贸易便利化水平,中国应与沿线国家着重就贸易便利化水平提升进行谈判,力争制定更多贸易便利化条款。

3. 提高"一带一路"分工层次和沿线国家产业发展水平

(1)推动"一带一路"生产网络价值链环流建设

第四章研究表明,沿线国家已快速融入到"一带一路"价值链分工体系中,但多数沿线国家在细分行业中位于价值链下游,这也从一定程度上反映出多数沿线国家的获利能力和价值链地位仍然相对较低的事实。而最近三年席卷全球的新型冠状病毒感染,在重创全球经济的同时,使得全球价值链大幅收缩。在此背景下,中国应利用中心优势,积极构造"一带一路"生产网络价值环流,减少沿线国家受到新冠肺炎疫情带来的全球价值链遇冷的影响,并帮助沿线国家提升分工收益。"一带一路"生产网络价值环流构建的关键在于:由中国主导,并以建设发展中国家价值环流为核心。在建设中,当前阶段可以选择中国拥有比较优势和核心知识产权且契合沿线国家发展战略的行业来搭建以中国为主导的价值链,例如以中国高铁为代表产品的交通运输设备制造,以 5G 网络为代表产品的通信和电子设备制造以及交通基础设施建设等行业。下一阶段,可将与沿线国家的合作领域扩展到其他行业。在以沿线国家为主体的发展中国家价值环流中,中国凭借在"一带一路"生产网络的"枢纽""桥梁"和"中间人"角色,帮扶沿线欠发达国家提高其技术水平和生产效率,进而提高沿线国家相关产业的国际竞争力,推动沿线欠发达国家提升其全球价值链地位,并在"一带一路"生产网络的价值分配中获得更多的分工收益。

(2)提升沿线国家产业发展水平

第四章中研究得到,产业间分工始终是"一带一路"区域内最主要的国际分工模式,资源密集型行业流向区域内的增加值占比明显高于资本密集型行业和技术密集型行业,这侧面反映出"一带一路"生产网络的产业发展尚且处于较低的水平。为深化中国与沿线国家的产业合作,实现中国产业转型升级及沿线国家产业发展水平提升,一方面,应持续加大"一带一路"海外工业园区的建设力度,吸引各国先进企业进入园区,形成上下游产业关联,推动知识及技术的传播,进而发挥产业聚集效应并激发技术外溢,使沿线国家产业发展水平得以提升;另一方面,应积极推动中国部分制造业的跨境转移,提高沿线落后国家的工业化水平;此外,助推金融行业、物流行业、互联网行业等高附加值的服务业"走出去",积极帮助沿线国家建立健全产业发展体系,确保"一带一路"跨国生产分工与合作顺利开展,同时切实帮助沿线国家提升产业发展水平。

4. 打造"一带一路"生产网络全方位的支持体系

(1)加强"一带一路"基础设施互联互通建设

第七章研究得到"一带一路"交通基础设施联通能力提升对"一带一路"生产网络的形成产生了正向影响,因此,助推"一带一路"生产网络的发展需要继续加强"一带一路"基础设施互联互通建设。由于"一带一路"沿线国家主要是经济欠发达的发展中国家,基础设施相对落后,且自身也缺乏提升基础设施水平的资金实力。作为"一带一路"倡议的发起国,中国应鼓励沿线国家通过亚投行、亚开行、丝路基金等机构获取基础设施建设的资金支持。同时,中国应以"一带一路"基础设施互联互通建设为着力点,以"一带一路"六大经济走廊为依托,落实"一带一路"沿线所有可能的核心节点以及主干道,并对建设项目的优先顺序进行充分评估及安排,进一步地投入资金、技术和人员援助等措施对沿线国家的基础设施建设施以帮扶。除交通基础设施外,鼓励中国移动、中国电信、中国联通等中国通信巨头企业和华为技术、中兴通讯等通信设备巨头企业与沿线国家企业开展合作,推动沿线国家信息通信基础设施水平快速提升。

(2)打造"一带一路"良好的营商环境和政策环境

良好的营商环境和政策环境有利于降低国际分工成本,提升沿线国家在"一带一路"生产网络中的参与度和获利水平。具体建议包括:第一,沿线国家在投资建厂、发放相关证照等方面给予外国投资者一定的政策支持,打造"一带一路"生产网络高水平的营商环境。第二,沿线国家要积极发挥领头作用,成立智库或建设相关网站,帮助外国投资者充分了解本国各项政策、人文环境和相关法律法规等信息,有效降低由于信息不对称造成的跨国经营风险。第三,沿线国家应持续推进管理制度创新,精简不必要的行政审批流程,成立相应的监管机关,并设置评价标准,对相关行政部门进行监督与考核,提升办事效率。同时,助推国内相关管理制度与国际接轨,营造"一带一路"生产网络透明、高效的政策环境。

(3)提升"一带一路"沿线国家间的政治互信

第七章研究得到,良好的双边政治关系对"一带一路"生产网络中合作关系的形成产生了正向影响,因此,助推"一带一路"生产网络的发展需要继续提升沿线国家间的政治互信。具体措施包括:第一,增加与沿线国家领导人的互访互动,提高与沿线国家尤其是制度差异较大国家的政治互信程度。同时,在领导人互访期间,带领更多的本国企业随访人员,为企业家创造更多的商务沟通与交流机会。第二,推动各城市与沿线国家城市建立友好城市关系。依托政府赋予双边城市的"优先待遇",提高各城市与沿线国家城市的合作匹配度。同时,鼓励民间广泛开展各类商务交流和沟通活动,推动友好城市间积极开展合作。第三,积极作为,主动降低双边政治冲突对跨国生产带来的负面影响。双边政治冲突会对进出口贸易造成冲击,给跨国生产带来严重的负面影响。双边政治冲突时,沿线国家政府应疏导舆情,尽早控制事态发展,确保企业跨国生产安全、有序进行。

5. 妥善应对中美战略竞争的影响

第七章的研究表明,中美战略竞争对"一带一路"生产网络的形成与发展具有显著影响,并且发现沿线国家与美国积极签订各项贸易优惠协定对其在"一带一路"构建生产分工与合作关系意愿的影响发生了质的变化:从正向促进,到影响不显著,再到反向抑制。预示着,随着中美战略竞争进一步加剧,中美战略竞争成为"一带一路"生产网络形成与发展过程中不可忽视的重要影响因素。因此,妥善处理中美战略竞争关系对"一带一路"生产网络的发展具有重要意义。本文提出如下建议:

(1)加快构建"一带一路"倡议的中国话语和中国叙事体系

中国必须重视中国话语和中国叙事体系的构建及宣传,并加大官方宣传力度及推动沿线国家与中国的文化交流,降低甚至消除部分沿线国家、部分政治群体、部分民众对"一带一路"倡议的错误认知,增进这部分国家、政治群体和民众对"一带一路"倡议的了解,提升其与中国的"群我"意识以及对"一带一路"倡议的认同。

(2)加强与沿线国家的多元化合作

中美战略竞争的应对之道,不能将目光局限于美国战略和中美博弈本身,应该从更广阔的视野去审视这一问题。第六章研究得到,"一带一路"生产网络存在传递闭合效应和时间依赖效应。一方面,"一带一路"生产网络中的合作关系趋于闭合,即沿线国家具有"抱团合作"倾向;另一方面,各国在网络中构建的既有合作关系不会随着时间变化产生太大的变动,"一带一路"生产网络呈现出稳定发展的趋势。基于此,中国应与沿线国家加强多元化合作,强化"一带一路"生产网络的自组织效应。一方面,应充分了解各国的利益诉求,尊重沿线国家既有的区域合作模式,形成"多中心"共同支撑"一带一路"生产网络发展的良性发展格局;另一方面,应将"共商共建共享"的原则贯穿到"一带一路"机制化和常态化建设中,提高"一带一路"多边合作质量,在网络传递闭合效应和时间依赖效应的加持下,降低中美战略竞争的负面影响。此外,值得注意的是,新型冠状病毒感染的爆发,使得人员流动受阻,商业项目因市场萎缩大受影响,一些国家为应对疫情甚至陷入财政危机,这给"一带一路"的多边合作带来了巨大的挑战。中国与沿线国家的多元化合作还应凭借数字经济及云平台的优势,大力推进"云端多边"数字贸易体系建设,推进人才、服务、技术等轻资产的援建,改善"一带一路"单一贸易合作结构,推动多元要素在"一带一路"生产网络的循环与流动。

第三节 研究展望

本书论述了"一带一路"生产网络形成的特征事实,并以社会网络分析方法为研究工具,研究"一带一路"生产网络的网络结构特征和演化规律。之后,本书探讨了"一带一路"生产网络形成的内、外生机制,并运用社会网络分析的时间指数随机图模型(TERGM)和指数随机图模型(ERGM)进行实证检验,取得了阶段性的成果。现阶段的研究还存在一些不足,需要在后期研究中继续完善。

第一,本书从国内增加值流动视角考察"一带一路"生产网络的结构特征与形成机制,在"一带一路"生产网络的形成与演化中,资金流动、技术流动也深切地影响着生产网络的发展演化。从资金流动和技术流动的视角全方位考察"一带一路"生产网络的发展与演化将是笔者未来的一个研究着力点。

第二,新型冠状病毒感染对国际生产网络造成了极其严重的影响,由此暴露出的跨国生产分工体系的脆弱性问题受到各国重视,激发出各国对影响国家经济安全的产业链条的深刻反思。结合贸易保护主义势力抬头以及大数据、人工智能等多项技术的迅猛发展的时代背景,未来"一带一路"生产网络的产业布局及价值链分工特征可能会出现新的变化,这将是笔者未来持续研究的方向。

参考文献

[1] 佟家栋,谢丹阳,包群,等."逆全球化"与实体经济转型升级笔谈[J].中国工业经济,2017(6):5-59.

[2] 吴福象,段巍.国际产能合作与重塑中国经济地理[J].中国社会科学,2017(2):44-64,206.

[3] SCHUH G., POTENTE T., VARANDANI R. M., SCHMITZ T. Methodology for the Assessment of Structural Complexity in Global Production Networks[J]. Procedia CIRP, 2013,7:67-72.

[4] HELBLE M., NGIANG B. L. From Global Factory to Global Mall? East Asia's Changing Trade Composition and Orientation[J]. Japan & the World Economy, 2016,39(9):37-47.

[5] CINGOLANI I., IAPADRE L., TAJOLI L. International Production Networks and the World Trade Structure[J]. International Economics, 2018, 153:11-33.

[6] 李敬,陈旎,万广华,等."一带一路"沿线国家货物贸易的竞争互补关系及动态变化——基于网络分析方法[J].管理世界,2017(4):10-19.

[7] 郑智,刘卫东,宋周莺,等."一带一路"生产网络演化及中国经济贡献分析[J].地理研究,2020,39(12):2653-2668.

[8] KELLY P. F. Production Networks, Place and Development: Thinking through Global Production Networks in Cavite, Philippines[J]. Geoforum, 2013,44:82-92.

[9] ROSSI A. Does Economic Upgrading Lead to Social Upgrading in Global Production Networks? Evidence from Morocco[J]. World Development, 2013,46:223-233.

[10] 王益民,宋琰纹.全球生产网络效应、集群封闭性及其"升级悖论"——基于大陆台商笔记本电脑产业集群的分析[J].中国工业经济,2007(4):46-53.

[11] 张鹏,王娟.全球生产网络中国产业升级结构封锁效应及突破[J].科学学研究,2016,34(4):520-527,557.

[12] KLUTH A., JäGER J., SCHATZ A., BAUERNHANSL T. Evaluation of Complexity Management Systems-Systematical and Maturity-Based Approach[J]. Procedia CIRP, 2014,17:224-229.

[13] GUALDI S., MANDEL A. On the Emergence of Scale-Free Production Networks[J]. Journal of Economic Dynamics and Control, 2016, 73: 61-77.

[14] FERDOWS K., VEREECKE A., DE MEYER A. Delayering the Global Production Network into Congruent Subnetworks[J]. Journal of Operations Management, 2016,41(1):63-74.

[15] VAN HOLT T., WEISMAN W. Global Production Network Mapping for Transforming Socio-Ecological Systems[J]. Current Opinion in Environmental Sustainability, 2016,20:61-66.

[16] YANG X., DERUDDER B., TAYLOR P. J., NI P., SHEN W. Asymmetric Global Network Connectivities in the World City Network,2013 [J]. Cities, 2017,60:84-90.

[17] YENIYURT S., CARNOVALE S. Global Supply Network Embeddedness and Power: An Analysis of International Joint Venture Formations [J]. International Business Review, 2017,26(2):203-213.

[18] MARQUES A. F., ALVES A. C., SOUSA J. P. An Approach for Integrated Design of Flexible Production Systems[J]. Procedia CIRP, 2013, 7:586-591.

[19] ARNDT T., LANZA G. Planning Support for the Design of Quality Control Strategies in Global Production Networks[J]. Procedia CIRP, 2016, 41:675-680.

[20] BARRIENTOS S. Corporate Purchasing Practices in Global Production Networks:A Socially Contested Terrain[J]. Geoforum, 2013,44:44-51.

[21] BUERGIN J., BLAETTCHEN P., QU C., LANZA G. Assignment of

Customer-Specific Orders to Plants with Mixed-Model Assembly Lines in Global Production Networks[J]. Procedia CIRP,2016,50:330-335.

[22] PALMER C., URWIN E. N., PINAZO-SáNCHEZ J. M., CID F. S., RODRíGUEZ E. P., PAJKOVSKA-GOCEVA S., YOUNG R. I. M. Reference Ontologies to Support the Development of Global Production Network Systems[J]. Computers in Industry, 2016,77:48-60.

[23] SCHUH G., PROTE J.-P., SCHMITZ T. Resource-Based Cost Modeling-a New Perspective on Evaluating Global Production Networks[J]. Procedia CIRP, 2017,63:64-69.

[24] MOSER E., HUSS A. K., LIEBRECHT C., LANZA G. A Portfolio Theory Approach to Identify Risk-Efficient Enablers of Change in Global Production Networks[J]. Procedia CIRP, 2017,63:768-773.

[25] AHLSTRöM J. M., PETTERSSON K., WETTERLUND E., HARVEY S. Value Chains for Integrated Production of Liquefied Bio-Sng at Sawmill Sites-Techno-Economic and Carbon Footprint Evaluation[J]. Applied Energy, 2017,206:1590-1608.

[26] NIKNEJAD A., PETROVIC D. Analysis of Impact of Uncertainty in Global Production Networks' Parameters[J]. Computers & Industrial Engineering, 2017,111:228-238.

[27] QUASTEL N. "This Is a Montreal Issue": Negotiating Responsibility in Global Production and Investment Networks [J]. Geoforum, 2011, 42 (4): 451-461.

[28] AZMEH S. Trade Regimes and Global Production Networks[J]. Geoforum, 2014,57:57-66.

[29] HäNTSCH M., HUCHZERMEIER A. Correct Accounting for Duty Drawbacks with Outward and Inward Processing in Global Production Networks[J]. Omega,2016,58:111-127.

[30] ALFORD M. Trans-Scalar Embeddedness and Governance Deficits in Global Production Networks: Crisis in South African Fruit[J]. Geoforum,2016, 75:52-63.

[31] BADA CARBAJAL L. M., RIVAS TOVAR L. A., LITTLEWOOD ZIM-

MERMAN H. F. Model of Associativity in the Production Chain in Agroindustrial Smes[J]. Contaduría y Administración,2017,62(4):1118-1135.

[32] BAKER L., SOVACOOL B. K. The Political Economy of Technological Capabilities and Global Production Networks in South Africa's Wind and Solar Photovoltaic (Pv) Industries[J]. Political Geography,2017,60:1-12.

[33] URATA T., YAMADA T., ITSUBO N., INOUE M. Global Supply Chain Network Design and Asian Analysis with Material-Based Carbon Emissions and Tax[J]. Computers & Industrial Engineering,2017,113(11):779-792.

[34] 李丹,崔日明."一带一路"战略与全球经贸格局重构[J].经济学家,2015(8):62-70.

[35] 卢锋,李昕,李双双,等.为什么是中国?——"一带一路"的经济逻辑[J].国际经济评论,2015(3):9-34.

[36] 刘卫东."一带一路"战略的科学内涵与科学问题[J].地理科学进展,2015,34(5):538-544.

[37] 曾向红."一带一路"的地缘政治想象与地区合作[J].世界经济与政治,2016(1):46-71,157-158.

[38] 邹嘉龄,刘春腊,尹国庆,等.中国与"一带一路"沿线国家贸易格局及其经济贡献[J].地理科学进展,2015,34(5):598-605.

[39] 孙楚仁,张楠,刘雅莹."一带一路"倡议与中国对沿线国家的贸易增长[J].国际贸易问题,2017(2):83-96.

[40] 种照辉,覃成林."一带一路"贸易网络结构及其影响因素——基于网络分析方法的研究[J].国际经贸探索,2017,33(5):16-28.

[41] 吴哲,范彦成,陈衍泰,等.新兴经济体对外直接投资的逆向知识溢出效应——中国对"一带一路"国家 OFDI 的实证检验[J].中国管理科学,2015,23(S1):690-695.

[42] 杨亚平,高玥."一带一路"沿线国家的投资选址——制度距离与海外华人网络的视角[J].经济学动态,2017(4):41-52.

[43] 保建云.论我国"一带一路"海外投资的全球金融影响、市场约束及"敌意风险"治理[J].中国软科学,2017(3):1-10.

[44] 魏龙,王磊. 从嵌入全球价值链到主导区域价值链——"一带一路"战略的经济可行性分析[J]. 国际贸易问题,2016(5):104-115.

[45] 孟祺. 基于"一带一路"的制造业全球价值链构建[J]. 财经科学,2016(2):72-81.

[46] 黄先海,余骁. 以"一带一路"建设重塑全球价值链[J]. 经济学家,2017(3):32-39.

[47] 徐承红,张泽义,赵尉然. 我国进口贸易的产业结构升级效应及其机制研究——基于"一带一路"沿线国家的实证检验[J]. 吉林大学社会科学学报,2017,57(4):63-75,204.

[48] BONCHI F., CASTILLO C., GIONIS A., JAIMES A. Social Network Analysis and Mining for Business Applications[J]. ACM Transactions on Intelligent Systems and Technology (TIST),2011,2(3):1-37.

[49] CONTRACTOR N. S., WASSERMAN S., FAUST K. Testing Multitheoretical, Multilevel Hypotheses About Organizational Networks:An Analytic Framework and Empirical Example[J]. Academy of Management Review,2006,31(3):681-703.

[50] RICARDO D. On the Principles of Political Economy[M]. London:J. Murray,1821.

[51] OHLIN B. Interregional and International Trade[M]. Cambridge:Harvard University Press,1935.

[52] KRUGMAN P. R. Increasing Returns, Monopolistic Competition, and International Trade[J]. Journal of International Economics,1979,9(4):469-479.

[53] FALVEY R. E. Commercial Policy and Intra-Industry Trade[J]. Journal of International Economics,1981,11(4):495-511.

[54] MELITZ M. J. The Impact of Trade on Intra-Industry Reallocations and Aggregate Industry Productivity [J]. econometrica, 2003, 71 (6):1695-1725.

[55] ARNDT S. W., KIERZKOWSKI H. Fragmentation:New Production Patterns in the World Economy[M]. Oxford:Oxford University Press,2001.

[56] KOGUT B. Designing Global Strategies:Comparative and Competitive

Value-Added Chains[J]. Sloan Management Review (pre-1986),1985,26(4):15.

[57] GEREFFI G.,KORZENIEWICZ M. Commodity Chains and Global Capitalism[M]. California:ABC-CLIO,1994.

[58] GEREFFI G.,HUMPHREY J.,STURGEON T. The Governance of Global Value Chains[J]. Review of International Political Economy,2005,12(1):78-104.

[59] BOUDEVILLE J. R.,MONTEFIORE C. G. Problems of Regional Economic Planning[M]. Edinburgh:Edinburgh University Press,1966.

[60] LUTTWAK E. N. From Geopolitics to Geo-Economics:Logic of Conflict, Grammar of Commerce[J]. The national interest,1990(20):17-23.

[61] 蒋小荣. 全球贸易网络研究及对中国地缘战略的启示[D]. 兰州:兰州大学,2018.

[62] 李敦瑞. 地缘经济学的理论流派与发展趋向[J]. 中南财经政法大学学报,2009(1):26-29,111,142-143.

[63] Э.Г.科切托夫. 世界跨文明和谐与地缘经济学范式[J]. 上海财经大学学报,2007(5):3-10.

[64] 颜鹏飞,邵秋芬. 经济增长极理论研究[J]. 财经理论与实践,2001(2):2-6.

[65] 刘军. 整体网分析讲义[M]. 上海:格致出版社,2009.

[66] BURT R. S. Structural Holes[M]. Cambridge:Harvard University Press,1992.

[67] OBASHI A. Stability of Production Networks in East Asia:Duration and Survival of Trade[J]. Japan and the World Economy,2010,22(1):21-30.

[68] ANDO M.,KIMURA F. The Formation of International Production and Distribution Networks in East Asia[R]. NBER,2005.

[69] HELBLE M.,NGIANG B.-L. From Global Factory to Global Mall? East Asia's Changing Trade Composition and Orientation[J]. Japan and the World Economy,2016,39:37-47.

[70] ATHUKORALA P. C. Production Networks and Trade Patterns in East Asia:Regionalization or Globalization? [J]. Asian Economic Papers,2011,10(1):65-95.

[71] 陈俊营,方俊智. 产品内分工视角下全球制造业生产网络的演化特征[J].

世界地理研究,2020,29(4):792-803.

[72] KIMURA F., TAKAHASHI Y., HAYAKAWA K. Fragmentation and Parts and Components Trade: Comparison between East Asia and Europe[J]. The North American Journal of Economics and Finance,2007,18(1):23-40.

[73] FUNG K., HWANG H.-C., NG F., SEADE J. Production Networks and International Trade: China, Brazil and Mexico[J]. The North American Journal of Economics and Finance,2015,34:421-429.

[74] PETRI P. A. Is East Asia Becoming More Interdependent?[J]. Journal of Asian Economics,2006,17(3):381-394.

[75] CARVALHO V. M. From Micro to Macro Via Production Networks[J]. Journal of Economic Perspectives,2014,28(4):23-48.

[76] 黎峰.全球生产网络下的贸易收益及核算——基于中国的实证[J].国际贸易问题,2014(6):14-22.

[77] 张同斌,周宗莉.国际生产网络视角下的增加值贸易结构分析与主导因素识别——以中美双边贸易为例[J].统计研究,2021,38(11):60-72.

[78] SUDER G., LIESCH P. W., INOMATA S., MIHAILOVA I., MENG B. The Evolving Geography of Production Hubs and Regional Value Chains across East Asia: Trade in Value-Added[J]. Journal of World Business,2015,50(3):404-416.

[79] LANDESMANN M. A., STöLLINGER R. Structural Change, Trade and Global Production Networks: An "Appropriate Industrial Policy" for Peripheral and Catching-up Economies[J]. Structural Change and Economic Dynamics,2019,48:7-23.

[80] WANG Z., WEI S.-J., YU X., ZHU K. Measures of Participation in Global Value Chains and Global Business Cycles[R]. National Bureau of Economic Research,2017.

[81] MILTENBURG J. Changing a Multidomestic Production Network to a Global Function Network: North America Heinz Ketchup from 1960 to 2015[J]. International Journal of Production Economics,2015,168:267-278.

[82] YANG C. The Rise of Strategic Partner Firms and Reconfiguration of Personal Computer Production Networks in China: Insights from the Emerging Laptop Cluster in Chongqing[J]. Geoforum,2017,84:21-31.

[83] 刘清,杨永春,蒋小荣.全球价值生产的空间组织:以苹果手机供应链为例[J].地理研究,2020,39(12):2743-2762.

[84] NG F., YEATS A. Major Trade Trends in East Asia: What Are Their Implications for Regional Cooperation and Growth[R]. SSRN, 2003.

[85] 刘重力,陈静,SEN S.,等.东亚垂直分工网络与技术梯度研究——基于零部件贸易的视角[J].世界经济研究,2009(6):68-73,89.

[86] 洪俊杰,商辉.国际贸易网络枢纽地位的决定机制研究[J].国际贸易问题,2019(10):1-16.

[87] 杨文龙,史文天,杜德斌.全球地缘经济合作的空间模式与空间机理——基于商品贸易规模的实证研究[J].地理科学,2021,41(11):1875-1883.

[88] 马海涛,周春山,刘逸.地理、网络与信任:金融危机背景下的生产网络演化[J].地理研究,2012,31(6):1057-1065.

[89] 周昕.东亚生产网络的形成与深化:理论和实证研究[D].天津:南开大学,2013.

[90] ROBERTSON P. E., ROBITAILLE M. C. The Tyranny of Distance and the Gravity of Resources[J]. Economic Record,2015,93(303):533-549.

[91] 范子杰.全球生产网络下国际生产分割新测度及地域特征研究[D].长沙:湖南大学,2017.

[92] DISDIER A-C., HEAD K. The Puzzling Persistence of the Distance Effect on Bilateral Trade[J]. Review of Economics & Statistics,2004,90(1):37-48.

[93] 许和连,张萌,吴钢.文化差异、地理距离与主要投资国在我国的 fdi 空间分布格局[J].经济地理,2012,32(8):31-35.

[94] 杨珍增.地理距离与跨国公司的直接投资动机——基于美国跨国公司数据的研究[J].经济经纬,2017,34(3):62-67.

[95] JONES R. W., KIERZKOWSKI H. The Role of Services in Production and International Trade: A Theoretical Framework[J]. World Scientific Book Chapters,1988:233-253.

[96] DEARDORFF A. V. Factor Prices and the Factor Content of Trade Revisi-

ted: What's the Use? [J]. Journal of International Economics, 2000, 50 (1): 73-90.

[97] 刘德伟,李连芬. 国际生产网络的空间布局与组织选择[J]. 财经科学, 2016 (7): 71-79.

[98] OZAWA T. Pax-Americana-Led Macro-Clustering and Flying-Geese-Style Catch-up in East Asia: Mechanisms of Regionalized Endogenous Growth [J]. Journal of Asian Economics, 2003, 13(6): 699-713.

[99] FURUOKA F. Japan and the 'Flying Geese' Pattern of East Asian Integration[J]. Journal of Contemporary Eastern Asia, 2005, 4(1): 1-7.

[100] LEE Y.-S., HEO I., KIM H. The Role of the State as an Inter-Scalar Mediator in Globalizing Liquid Crystal Display Industry Development in South Korea[J]. Review of International Political Economy, 2014, 21 (1): 102-129.

[101] NIEWIADOMSKI P. Global Production Networks in the Passenger Aviation Industry[J]. Geoforum, 2017, 87: 1-14.

[102] LALL S., ALBALADEJO M., ZHANG J. Mapping Fragmentation: Electronics and Automobiles in East Asia and Latin America[J]. Oxford Development Studies, 2004, 32(3): 407-432.

[103] GROSSMAN G. M., ROSSI-HANSBERG E. Trading Tasks: A Simple Theory of Offshoring[J]. American Economic Review, 2008, 98(5): 1978-1997.

[104] BERNARD A. B., JENSEN J. B., REDDING S. J., SCHOTT P. K. Intrafirm Trade and Product Contractibility[J]. American Economic Review, 2010, 100(2): 444-448.

[105] AZMEH S. Trade Regimes and Global Production Networks: The Case of the Qualifying Industrial Zones (Qizs) in Egypt and Jordan[J]. Geoforum, 2014, 57: 57-66.

[106] 中村隆英,胡企林. 日本经济史:"计划化"和"民主化"[M]. 上海:三联书店, 1997.

[107] 黎峰,曹晓蕾,陈思萌. 中美贸易摩擦对中国制造供应链的影响及应对[J]. 经济学家, 2019(9): 104-112.

[108] 刘洪钟.超越区域生产网络:论东亚区域分工体系的第三次重构[J].当代亚太,2020(5):137-158,160.

[109] 李俊久,许唯聪.价值链嵌入与东亚发展型经济体的结构性困局[J].亚太经济,2021(1):5-14,149.

[110] 高翔,徐然,祝坤福,等.全球生产网络视角下重大突发事件的经济影响研究[J].国际贸易问题,2021(7):1-20.

[111] 杨文龙,杜德斌,马亚华,等."一带一路"沿线国家贸易网络空间结构与邻近性[J].地理研究,2018,37(11):2218-2235.

[112] 程中海,屠颜颖,孙红雪.中国与"一带一路"沿线国家制造业产业内贸易网络时空特征及影响因素研究[J].世界地理研究,2022,31(3):478-489.

[113] 汪艺晗,杨谨,刘其芸,等."一带一路"国家粮食贸易下虚拟水和隐含能源流动[J].资源科学,2021,43(5):974-986.

[114] 韩梦瑶,熊焦,刘卫东.中国跨境能源贸易及隐含能源流动对比——以"一带一路"能源合作为例[J].自然资源学报,2020,35(11):2674-2686.

[115] 李轩,李珮萍."一带一路"主要国家数字贸易水平的测度及其对中国外贸成本的影响[J].工业技术经济,2021,40(3):92-101.

[116] 陈艺文,李二玲."一带一路"国家粮食贸易网络空间格局及其演化机制[J].地理科学进展,2019,38(10):1643-1654.

[117] 韩冬,李光泗,钟钰."一带一路"沿线国家粮食贸易网络核心结构演变及中国的粮食政策响应[J].农村经济,2021(5):11-21.

[118] 李优树,冉丹.石油产业链贸易网络及其影响因素研究——以"一带一路"沿线国家为例[J].经济问题,2021(9):111-118.

[119] 丛海彬,邹德玲,高博,等."一带一路"沿线国家新能源汽车贸易网络格局及其影响因素[J].经济地理,2021,41(7):109-118.

[120] 许家云,周绍杰,胡鞍钢.制度距离、相邻效应与双边贸易——基于"一带一路"国家空间面板模型的实证分析[J].财经研究,2017,43(1):75-85.

[121] 谢孟军.文化能否引致出口:"一带一路"的经验数据[J].国际贸易问题,2016(1):3-13.

[122] 张鹏飞.基础设施建设对"一带一路"亚洲国家双边贸易影响研究:基于引力模型扩展的分析[J].世界经济研究,2018(6):70-82,136.

[123] 刘似臣,支国林.数字经济背景下ICT货物贸易的影响因素分析——以

"一带一路"沿线国家(地区)为例[J]. 工业技术经济,2022,41(1):78-85.

[124] 孙泽生,严亚萍. 域外竞争、政治关系与国际贸易——以中国与"一带一路"沿线国家为例[J]. 太平洋学报,2021,29(4):66-84.

[125] 刘丹阳,黄志刚. 中美贸易摩擦影响"一带一路"倡议的出口效应吗?[J]. 经济与管理研究,2020,41(6):19-35.

[126] 周五七. "一带一路"沿线直接投资分布与挑战应对[J]. 改革,2015(8):39-47.

[127] 陈继勇,李知睿. 中国对"一带一路"沿线国家直接投资的风险及其防范[J]. 经济地理,2018,38(12):10-15,24.

[128] DUAN F., JI Q., LIU B.-Y., FAN Y. Energy Investment Risk Assessment for Nations Along China's Belt & Road Initiative[J]. Journal of Cleaner Production,2018,170:535-547.

[129] 郭周明,田云华,周燕萍. 逆全球化下企业海外投资风险防控的中国方案——基于"一带一路"视角[J]. 南开学报(哲学社会科学版),2019(6):17-27.

[130] 唐晓彬,崔茂生. "一带一路"货物贸易网络结构动态变化及其影响机制[J]. 财经研究,2020,46(7):138-153.

[131] HUSSAIN J., ZHOU K., GUO S., KHAN A. Investment Risk and Natural Resource Potential in "Belt & Road Initiative" Countries: A Multi-Criteria Decision-Making Approach[J]. Science of The Total Environment,2020,723:1-13.

[132] 赵明亮. 国际投资风险因素是否影响中国在"一带一路"国家的OFDI——基于扩展投资引力模型的实证检验[J]. 国际经贸探索,2017,33(2):29-43.

[133] 乔琴,樊杰,孙勇,等. 我国"一带一路"沿线地区风险投资时空分布及影响因素研究[J]. 科技进步与对策,2021,38(18):37-45.

[134] 李世杰,程雪琳,金卫健. 制度质量影响中国对"一带一路"沿线国家OFDI效率了吗?[J]. 宏观质量研究,2021,9(3):36-49.

[135] 许唯聪. 制度差异对中国OFDI空间布局的影响——基于双重差分空间滞后模型的分析[J]. 经济经纬,2021,38(3):44-54.

[136] 刘春艳,赵军,徐俊. "一带一路"国家设施联通对中国对外直接投资效率的

影响[J]. 中国流通经济,2022,36(3):70-79.

[137] 何俊勇,万粲,张顺明. 东道国金融开放度、制度质量与中国对外直接投资：
"一带一路"沿线国家的证据[J]. 国际金融研究,2021(10):36-45.

[138] 张亚斌."一带一路"投资便利化与中国对外直接投资选择——基于跨国面板数据及投资引力模型的实证研究[J]. 国际贸易问题,2016(9):165-176.

[139] 周杰琦,夏南新."一带一路"沿线国家投资便利化与中国对外直接投资——基于对外投资广度、深度及绩效的视角[J]. 经济问题探索,2021(11):164-178.

[140] 唐礼智,刘玉."一带一路"中我国企业海外投资政治风险的邻国效应[J]. 经济管理,2017,39(11):6-20.

[141] 朱兰亭,杨蓉. 东道国国家风险对中国在"一带一路"沿线国家直接投资的影响研究[J]. 投资研究,2019,38(6):36-46.

[142] 汪小帆,李翔,陈关荣. 网络科学导论[M]. 北京:高等教育出版社,2012.

[143] 吴钢. 人文关系网络对国际贸易网络的影响机制及效应研究[D]. 长沙:湖南大学,2014.

[144] LOVRIĆ M., DA RE R., VIDALE E., PETTENELLA D., MAVSAR R. Social Network Analysis as a Tool for the Analysis of International Trade of Wood and Non-Wood Forest Products[J]. Forest Policy and Economics,2018,86:45-66.

[145] HOU W., LIU H., WANG H., WU F. Structure and Patterns of the International Rare Earths Trade: A Complex Network Analysis[J]. Resources Policy,2018,55:133-142.

[146] 冯颖,侯孟阳,姚顺波. 中国粮食生产空间关联网络的结构特征及其形成机制[J]. 地理学报,2020,75(11):2380-2395.

[147] 王玲俐,裴瑞敏,杨梅,等. 国际合作网络演化与影响研究:CAS和MPG的比较[J]. 管理评论,2021,33(9):89-96.

[148] 孙天阳,肖皓,孟渤,等. 制造业全球价值链网络的拓扑特征及影响因素——基于WWZ方法和社会网络的研究[J]. 管理评论,2018,30(9):49-60.

[149] NEWMAN M. E., GIRVAN M. Finding and Evaluating Community

Structure in Networks[J]. Physical Review E,2004,69(2):423-433.

[150] 顾伟男,刘慧,王亮."一带一路"沿线国家科研合作网络的多元结构及形成机制[J]. 地理研究,2020,39(5):1070-1087.

[151] 刘慧,綦建红.Fta网络的企业创新效应:从被动嵌入到主动利用[J]. 世界经济,2021,44(3):3-31.

[152] 孙春晓,裴小忠.长三角纺织业创新网络的演化特征与影响因素研究——基于社会网络分析方法和空间计量模型的实证[J]. 工业技术经济,2021,40(7):28-35.

[153] 王鹤,毛雪梅.长江经济带产业结构高度化的空间网络特征与影响因素分析[J]. 西华大学学报(哲学社会科学版),2021,40(5):91-104.

[154] 张嫚,黄凌云.负面网络关注度对旅游业发展的影响——基于旅游需求的空间关联分析[J]. 旅游学刊,2021,36(7):81-91.

[155] 王群勇,王西贝.高铁网络对区域产业结构的影响——基于社会网络与空间计量模型的分析[J]. 现代经济探讨,2021(5):82-91.

[156] BUTTS C. T. Social Network Analysis:A Methodological Introduction[J]. Asian Journal of Social Psychology,2008,11(1):13-41.

[157] KEGEN N. V. Science Networks in Cutting-Edge Research Institutions:Gender Homophily and Embeddedness in Formal and Informal Networks[J]. Procedia-Social and Behavioral Sciences,2013,79:62-81.

[158] 李航飞,唐承财.广东省市域旅游联系网络结构特征及成因分析[J]. 华南师范大学学报(自然科学版),2021,53(6):96-104.

[159] LUSHER D., KOSKINEN J., ROBINS G. Exponential Random Graph Models for Social Networks:Theory, Methods, and Applications[M]. Cambridge:Cambridge University Press,2013.

[160] 许和连,孙天阳,成丽红."一带一路"高端制造业贸易格局及影响因素研究——基于复杂网络的指数随机图分析[J]. 财贸经济,2015(12):74-88.

[161] GUTIéRREZ-MOYA E., LOZANO S., ADENSO-DíAZ B. Analysing the Structure of the Global Wheat Trade Network:An Ergm Approach[J]. Agronomy,2020,10(12):1967.

[162] 贺胜兵,陈光达,周华蓉.如何加快推进"一带一路"集成电路贸易合作——基于社会网络分析的视角[J]. 财经科学,2022(1):101-115.

[163] 刘林青,闫小斐,杨理斯,等.国际贸易依赖网络的演化及内生机制研究[J].中国工业经济,2021(2):98-116.

[164] 罗超亮,符正平,刘冰,等.战略性新兴产业国际贸易网络的演化及动力机制研究[J].国际贸易问题,2022(3):121-139.

[165] SCHWEITZER F., FAGIOLO G., SORNETTE D., VEGA-REDONDO F., VESPIGNANI A., WHITE D. R. Economic Networks: The New Challenges[J]. Science, 2009, 325(5939):422-425.

[166] 吴宗柠,樊瑛.复杂网络视角下国际贸易研究综述[J].电子科技大学学报,2018,47(3):12.

[167] ESCAITH H., INOMATA S., MIROUDOT S. Evolution of Production Networks in the Asia-Pacific Region: A Vision in Value-Added and Employment Dimensions[C], Shiro A, Tom W, Asian Economic Integration in an Era of Global Uncertainty. Australia: ANU Press, 2018:155-183.

[168] ZHU Z., PULIGA M., CERINA F., CHESSA A., RICCABONI M. Global Value Trees[J]. PloS one, 2015, 10(5):126-169.

[169] 蒲岳.全球价值网络:结构特征、形成机理及影响因素[D].成都:西南财经大学,2019.

[170] 黄光灿.中国制造业在全球价值网络中的升级与治理研究[D].西安:西北大学,2021.

[171] 温尧,谢蒙莹,陈冲."一带一路"浪潮的生成——基于空间模型的分析[J].世界经济与政治,2021(2):134-154,160.

[172] 姜峰,蓝庆新,张辉.中国出口推动"一带一路"技术升级:基于88个参与国的研究[J].世界经济,2021,44(12):3-27.

[173] 刘卫东,姚秋蕙."一带一路"建设模式研究——基于制度与文化视角[J].地理学报,2020,75(6):1134-1146.

[174] 焦美琪,杜德斌,桂钦昌,等."一带一路"视角下城市技术合作网络演化特征与影响因素研究[J].地理研究,2021,40(4):913-927.

[175] 李小帆,蒋灵多."一带一路"建设、中西部开放与地区经济发展[J].世界经济,2020,43(10):3-27.

[176] ERNST D. From Partial to Systemic Globalization: International Production Networks in the Electronics Industry[R]. The Berkeley Roundtable

on the International Economy, 1997.

[177] ERNST D., GUERRIERI P. International Production Networks and Changing Trade Patterns in East Asia: The Case of the Electronics Industry[J]. Oxford Development Studies, 1998, 26(2): 191-212.

[178] BORRUS M. Left for Dead: Asian Production Networks and the Revival of Us Electronics[J]. MIT Japan Program: Science, Technology, Management, 1997: 1-38.

[179] DICKEN P., KELLY P. F., OLDS K., YEUNG W. C. Chains and Networks, Territories and Scales: Towards a Relational Framework for Analysing the Global Economy[J]. Global Networks, 2010, 1(2): 89-112.

[180] 林桂军, 汤碧, 沈秋君. 东亚区域生产网络发展与东亚区域经济合作的深化[J]. 国际贸易问题, 2012(11): 3-18.

[181] ROBINS G., PATTISON P., KALISH Y., LUSHER D. An Introduction to Exponential Random Graph (P*) Models for Social Networks[J]. Social Networks, 2007, 29(2): 173-191.

[182] 普里戈金. 从存在到演化[M]. 北京: 北京大学出版社, 2019.

[183] 段庆锋, 冯珍. 基于指数随机图模型的学术社交网络形成机制研究[J]. 情报科学, 2019, 37(7): 84-89, 145.

[184] WU G., FENG L., PERES M., DAN J. Do Self-Organization and Relational Embeddedness Influence Free Trade Agreements Network Formation? Evidence from an Exponential Random Graph Model[J]. The Journal of International Trade & Economic Development, 2020, 29(8): 995-1017.

[185] GROSSMAN G. M., ROSSI-HANSBERG E. Trading Tasks: A Simple Theory of Offshoring[J]. American Economic Review, 2008, 98(5): 1978-1997.

[186] BAS M., STRAUSS-KAHN V. Input-Trade Liberalization, Export Prices and Quality Upgrading[J]. Journal of International Economics, 2015, 95(2): 250-262.

[187] AQUINO A. Intra-Industry Trade and Inter-Industry Specialization as Concurrent Sources of International Trade in Manufactures[J]. Review

of World Economics,1978,114(2):275-296.

[188] HOANG V. The Dynamics of Agricultural Intra-Industry Trade: A Comprehensive Case Study in Vietnam[J]. Structural Change and Economic Dynamics,2019,49:74-82.

[189] WOOD J., LI Y., WU J. An Analysis of the Trends and Determinants of Intra-Industry Trade between China and Asia-Pacific Economic Cooperation Member Countries[J]. The Singapore Economic Review,2021, 66(3):743-766.

[190] LALL S. The Technological Structure and Performance of Developing Country Manufactured Exports,1985-98[J]. Oxford Development Studies,2000,28(3):337-369.

[191] GLEJSER H., GOOSSENS K., EEDE M. V. Inter-Industry Versus Intra-Industry Specialization in Exports and Imports (1959-1970-1973)[J]. Journal of International Economics,1982,12(3-4):363-369.

[192] KRUGMAN P. R. Intraindustry Specialization and the Gains from Trade [J]. Journal of political Economy,1981,89(5):959-973.

[193] 卢锋.产品内分工[J].经济学(季刊),2004(4):55-82.

[194] 冯宗宪,蒋伟杰.基于产业内贸易视角的"一带一路"国家战略研究[J].国际贸易问题,2017(3):166-176.

[195] 杜群阳,朱剑光.产业内贸易对东亚经济周期协动性影响的实证研究[J].国际贸易问题,2011(12):81-89.

[196] 程惠芳,丁小义,翁杰.国际产品内分工模式对中国工业部门收入分配格局的影响研究[J].中国工业经济,2014(7):58-70.

[197] 李建军,孙慧,田原.产品内分工如何影响发展中国家全球价值链攀升——以"丝绸之路经济带"沿线国家为例[J].国际贸易问题,2019(12):91-105.

[198] LEMOINE F., UNAL-KESENCI D. China in the International Segmentation of Production Processes[M]. Citeseer,2002.

[199] BORIN A., MANCINI M. Measuring What Matters in Global Value Chains and Value-Added Trade[R]. SSRN,2019.

[200] KOOPMAN R., WANG Z., WEI S.-J. Tracing Value-Added and Double Counting in Gross Exports[J]. American Economic Review,2014,104

(2):459-494.

[201] WANG Z.，WEI S-J.，ZHU K. Quantifying International Production Sharing at the Bilateral and Sector Levels[R]. National Bureau of Economic Research, 2013.

[202] 王直,魏尚进,祝坤福. 总贸易核算法:官方贸易统计与全球价值链的度量[J]. 中国社会科学,2015(9):108-127,205-206.

[203] 韩中. 全球价值链视角下中国出口的价值分解、增加值出口及贸易失衡[J]. 数量经济技术经济研究,2020,37(4):66-84.

[204] 徐然,高翔,夏炎,等. "一带一路"沿线国家生产网络图谱分析:基于跨国长产业链的视角[J]. 系统工程理论与实践,2022,42(8):1993-2001.

[205] OREFICE G.，ROCHA N. Deep Integration and Production Networks: An Empirical Analysis[J]. The World Economy, 2014,37(1):106-136.

[206] 卢进勇,杨杰,郭凌威. 中国在全球生产网络中的角色变迁研究[J]. 国际贸易问题,2016(7):3-14.

[207] ONNELA J. P.，SARAMäKI J.，KERTéSZ J.，KASKI K. Intensity and Coherence of Motifs in Weighted Complex Networks[J]. Physical Review E, 2005,71(6):1-5.

[208] DANON L.，DIAZ-GUILERA A.，DUCH J.，ARENAS A. Comparing Community Structure Identification[J]. Journal of Statistical Mechanics: Theory and Experiment, 2005(9):1-10.

[209] 高鹏,何丹,宁越敏,等. 长江中游城市群社团结构演化及其邻近机制——基于生产性服务企业网络分析[J]. 地理科学,2019,39(4):578-586.

[210] BARIGOZZI M.，FAGIOLO G.，MANGIONI G. Identifying the Community Structure of the International-Trade Multi-Network[J]. Physica A: Statistical Mechanics and its Applications, 2011,390(11):2051-2066.

[211] TRAAG V. A.，WALTMAN L.，VAN ECK N. J. From Louvain to Leiden: Guaranteeing Well-Connected Communities[J]. Scientific reports, 2019, 9(1):1-12.

[212] BORGATTI S. P.，EVERETT M. G. Models of Core/Periphery Structures[J]. Social Networks, 2000,21(4):375-395.

[213] EVERETT M. G., BORGATTI S. P. The Centrality of Groups and Classes[J]. The Journal of mathematical sociology,1999,23(3):181-201.

[214] 王雁斌,程宝栋,宋维明."一带一路"背景下全球中间品、资本品贸易空间格局分析——基于2000—2015年BEC分类贸易数据[J].当代经济管理,2018,40(7):68-75.

[215] 焦敬娟,王姣娥,金凤君,等.高速铁路对城市网络结构的影响研究——基于铁路客运班列分析[J].地理学报,2016,71(2):265-280.

[216] ESTRADA E., RODRIGUEZ-VELAZQUEZ J. A. Subgraph Centrality in Complex Networks[J]. Physical Review E Statistical Nonlinear & Soft Matter Physics,2005,71(5):1-9.

[217] GARLASCHELLI D., LOFFREDO M. I. Patterns of Link Reciprocity in Directed Networks[J]. Physical Review Letters,2004,93(26):2687011-2687014.

[218] 刘林青,闫小斐.国际粮食贸易网络多核集聚格局的形成机制研究[J].华中农业大学学报(社会科学版),2021(4):47-59,179-180.

[219] THURNER P. W., SCHMID C. S., CRANMER S. J., KAUERMANN G. Network Interdependencies and the Evolution of the International Arms Trade[J]. Journal of Conflict Resolution,2019,63(7):1736-1764.

[220] LEIFELD P., CRANMER S. J., DESMARAIS B. A. Temporal Exponential Random Graph Models with Btergm: Estimation and Bootstrap Confidence Intervals[J]. Journal of statistical software,2018,83:1-36.

[221] CRANMER S. J., DESMARAIS B. A., MENNINGA E. J. Complex Dependencies in the Alliance Network[J]. Conflict Management and Peace Science,2012,29(3):279-313.

[222] LEIFELD P., CRANMER S. J. A Theoretical and Empirical Comparison of the Temporal Exponential Random Graph Model and the Stochastic Actor-Oriented Model[J]. Network science,2019,7(1):20-51.

[223] 商辉."共轭环流"式国际分工格局[D].北京:对外经济贸易大学,2019.

[224] KILDUFF M., KRACKHARDT D. Interpersonal Networks in Organizations: Cognition, Personality, Dynamics, and Culture[M]. Cambridge: Cambridge University Press,2008.

[225] MAOZ Z. Preferential Attachment, Homophily, and the Structure of In-

ternational Networks,1816-2003[J]. Conflict Management and Peace Science,2012,29(3):341-369.

[226] KUKIELKA E. A.,MARTíNEZ-LóPEZ B.,BELTRáN-ALCRUDO D. Modeling the Live-Pig Trade Network in Georgia:Implications for Disease Prevention and Control[J]. PloS one,2017,12(6):e0178904.

[227] LEE T.,BAI B.-I. Network Analysis of Free Trade Agreements:Homophily and Transitivity[J]. The Korean Journal of International Studies,2013,11(2):263-293.

[228] 赵明亮.中国参与国际垂直专业化分工的经济效应研究[D].济南:山东大学,2012.

[229] DJANKOV S.,FREUND C.,PHAM C. S. Trading on Time[J]. Review of Economics and Statistics,2010,92(1):166-173.

[230] 齐军领,范爱军.东亚地区贸易时间与贸易持续优势研究[J]. 亚太经济,2012(1):59-64.

[231] MUSSA B. M.,RAMAKRISHNA G. Impact of Trade Costs on Export Performance of Ethiopia-a Ppml Panel Gravity Equation Approach[J]. Journal of International Economics,2018,9(1):32-47.

[232] 刘晓光,杨连星.双边政治关系、东道国制度环境与对外直接投资[J]. 金融研究,2016(12):17-31.

[233] 王珏,李昂,周茂.双边政治关系距离对中国出口贸易的影响:基于联合国大会投票数据的研究[J].当代财经,2019(1):96-107.

[234] 张建红,姜建刚.双边政治关系对中国对外直接投资的影响研究[J].世界经济与政治,2012(12):133-155,160.

[235] 王金波.双边政治关系、东道国制度质量与中国对外直接投资的区位选择——基于2005—2017年中国企业对外直接投资的定量研究[J]. 当代亚太,2019(3):4-28,157.

[236] 杨连星,刘晓光,张杰.双边政治关系如何影响对外直接投资——基于二元边际和投资成败视角[J].中国工业经济,2016(11):56-72.

[237] LI Q.,VASHCHILKO T. Dyadic Military Conflict,Security Alliances, and Bilateral Fdi Flows[J]. Journal of international business studies, 2010,41(5):765-782.

[238] 闫雪凌,林建浩. 领导人访问与中国对外直接投资[J]. 世界经济,2019,42(2):147-169.

[239] 杨小凯,张永生. 新兴古典经济学和超边际分析[M]. 北京:中国人民大学出版社,2000.

[240] AMITI M., JAVORCIK B. S. Trade Costs and Location of Foreign Firms in China[J]. Journal of development economics,2008,85(1-2):129-149.

[241] LEAMER E. E., STORPER M. The Economic Geography of the Internet Age[C], Location of International Business Activities:Springer,2014:63-93.

[242] 欧阳康. 全球治理变局中的"一带一路"[J]. 中国社会科学,2018(8):5-16.

[243] 裴长洪,刘斌. 中国开放型经济学:构建阐释中国开放成就的经济理论[J]. 中国社会科学,2020(2):46-69,205.

[244] 马涛,陈曦. "一带一路"包容性全球价值链的构建——公共产品供求关系的视角[J]. 世界经济与政治,2020(4):131-154,159-160.

[245] 李向阳. "一带一路"的高质量发展与机制化建设[J]. 世界经济与政治,2020(5):51-70,157.

[246] 李向阳. 亚洲区域经济一体化的"缺位"与"一带一路"的发展导向[J]. 中国社会科学,2018(8):33-43.

[247] 顾宾,徐程锦. 高质量"一带一路"国际合作机制研究:基于"蓝点网络"和MCDF的分析视角[J]. 国际经贸探索,2022,38(4):102-112.

[248] 张彦,刘德学. 从"流散"到"重塑":主导国权力嬗变与全球价值链重构[J]. 当代亚太,2022(1):4-39,157-158.

[249] 洪俊杰,商辉. 中国开放型经济的"共轭环流论":理论与证据[J]. 中国社会科学,2019(1):42-64,205.

[250] 张辉,易天,唐毓璇. 一带一路:全球价值双环流研究[J]. 经济科学,2017(3):5-18.

[251] 刘志彪,吴福象. "一带一路"倡议下全球价值链的双重嵌入[J]. 中国社会科学,2018(8):17-32.

[252] 王健. 美国对华全面战略竞争:本质、特点与内在紧张[J]. 国际问题研究,2022(2):51-69,155.

[253] 高程,王震. 大国崛起模式与中国的策略选择——基于大国崛起历史进程

的比较分析[J]. 世界经济与政治, 2020(12):4-27, 155.

[254] 吴心伯. 塑造中美战略竞争的新常态[J]. 国际问题研究, 2022(2):37-50, 154.

[255] 高程. 中美竞争与"一带一路"阶段属性和目标[J]. 世界经济与政治, 2019(4):58-78, 156-157.

[256] 黄凤志, 谭桂照. 传统地缘政治理论批判与"一带一路"的地缘政治经济蕴意[J]. 东北亚论坛, 2021, 30(6):59-78, 125-126.

[257] 连波. 追随战略的"黄昏":基于东南亚国家对中美两国战略取向的分析[J]. 当代亚太, 2019(1):88-117, 158-159.

[258] 曹玮. 选边还是对冲——中美战略竞争背景下的亚太国家选择[J]. 世界经济与政治, 2021(2):47-77, 157-158.

[259] 陈菲, 简斌华. 重塑地区秩序:拜登政府的东南亚政策及其影响[J]. 东南亚研究, 2022(2):71-91, 155-156.

[260] 韦宗友. 拜登政府"印太战略"及对中国的影响[J]. 国际问题研究, 2022(3):29-46, 123-124.

[261] 庞琴. 第三国在中美经济竞争中的选择偏好研究[J]. 世界经济与政治, 2022(4):30-61, 157.

[262] 张琨, 李配配, 朱保平, 等. 基于PAGERANK的有向加权复杂网络节点重要性评估方法[J]. 南京航空航天大学学报, 2013, 45(3):429-434.

[263] 许家云, 周绍杰, 胡鞍钢. 制度距离、相邻效应与双边贸易——基于"一带一路"国家空间面板模型的实证分析[J]. 财经研究, 2017, 43(1):75-85.

[264] BLáZQUEZ-LIDOY J., RODRíGUEZ J., SANTISO J. Angel or Devil? China's Trade Impact on Latin American Emerging Markets[R]. OECD Development Centre, 2006.

[265] CHEN J., CHEN D., YAO A. Trade Development between China and Countries Along the Belt and Road: A Spatial Econometric Analysis Based on Trade Competitiveness and Complementarity[J]. Pacific Economic Review, 2020, 25(2):205-227.

[266] VOETEN E. Data and Analyses of Voting in the United Nations General Assembly[J]. Routledge handbook of international organization, 2013(1):54-66.

[267] WOO B., CHUNG E. Aid for Vote? United Nations General Assembly Voting and American Aid Allocation[J]. Political Studies, 2018, 66(4): 1002-1026.

[268] 韩剑,许亚云. RCEP及亚太区域贸易协定整合——基于协定文本的量化研究[J]. 中国工业经济, 2021(7): 81-99.

附 录

附录1

附录1.1 "一带一路"劳动密集型行业生产网络形成的内生机制的 GOF 检验结果

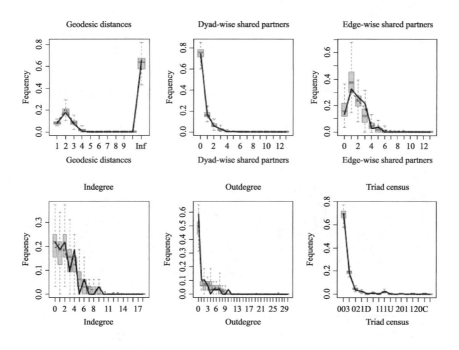

附录1.2 "一带一路"技术密集型行业生产网络形成的内生机制的 GOF 检验结果

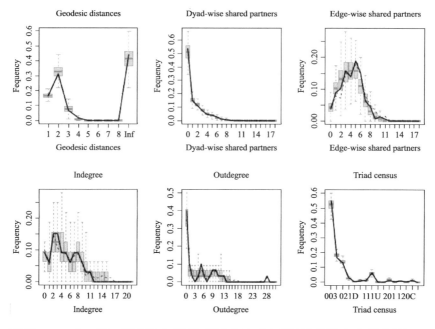

附录1.3 "一带一路"资本密集型行业生产网络形成的内生机制的 GOF 检验结果

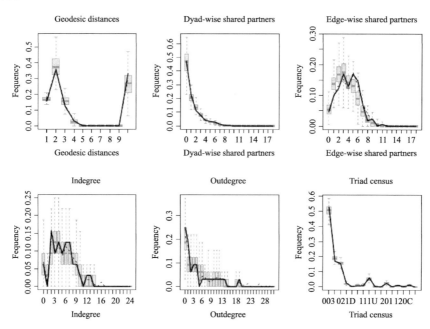

附录 1.4 "一带一路"资源密集型行业生产网络形成的内生机制的 GOF 检验结果

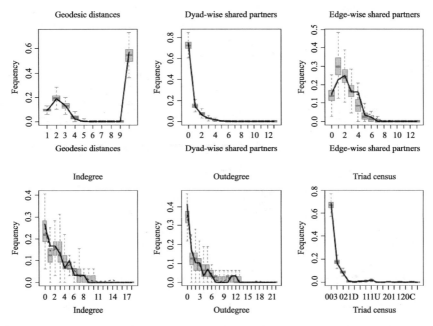

附录 1.5 "一带一路"采矿和采石行业生产网络形成的内生机制的 GOF 检验结果

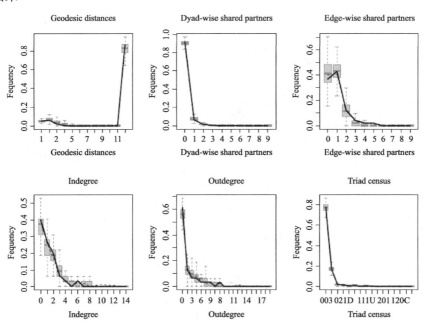

附录1.6 "一带一路"基本金属及金属制品行业生产网络形成的内生机制的 GOF 检验结果

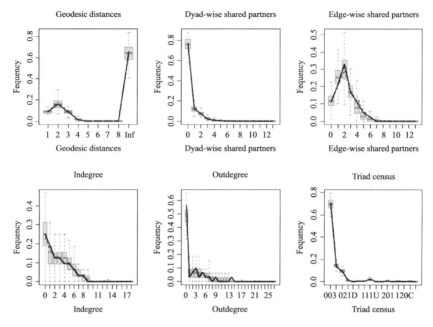

附录1.7 "一带一路"电气和光学仪器行业生产网络形成的内生机制的 GOF 检验结果

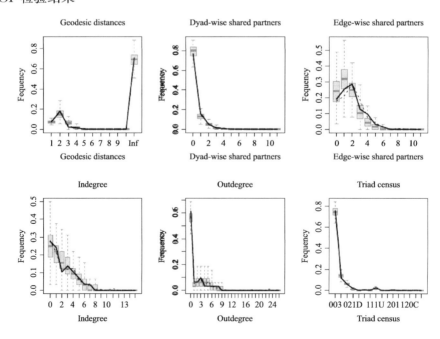

附录 2

附录 2.1 "一带一路"劳动密集型行业生产网络形成的外生机制的 GOF 检验结果

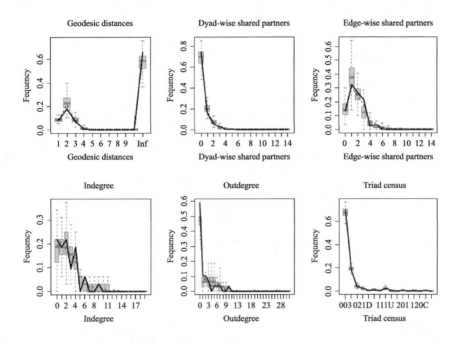

附录 2.2 "一带一路"技术密集型行业生产网络形成的外生机制的 GOF 检验结果

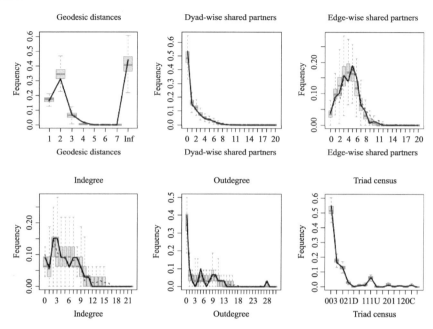

附录 2.3 "一带一路"资本密集型行业生产网络形成的外生机制的 GOF 检验结果

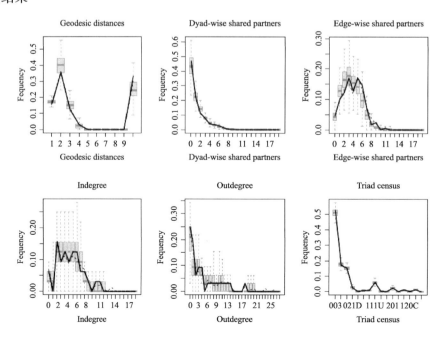

附录 2.4 "一带一路"资源密集型行业生产网络形成的外生机制的 GOF 检验结果

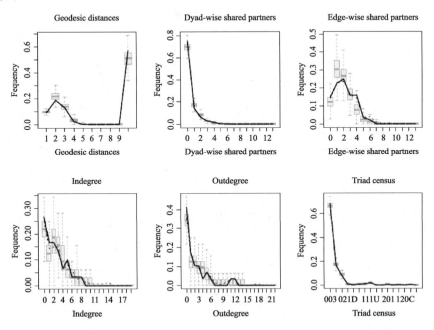

附录 2.5 "一带一路"采矿和采石行业生产网络形成的外生机制的 GOF 检验结果

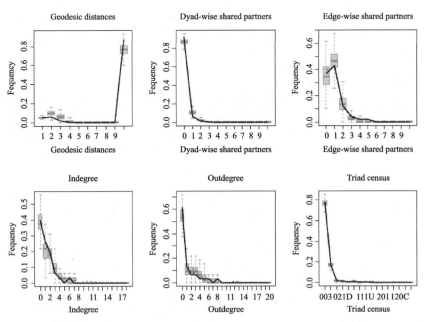

附录 2.6 "一带一路"基本金属及金属制品行业生产网络形成的外生机制的 GOF 检验结果

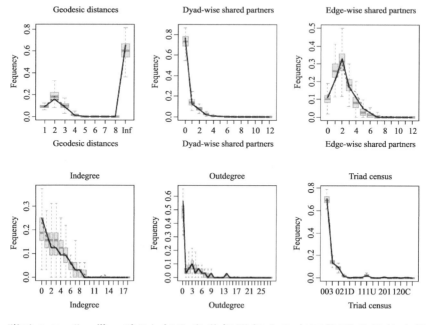

附录 2.7 "一带一路"电气和光学仪器行业生产网络形成的外生机制的 GOF 检验结果

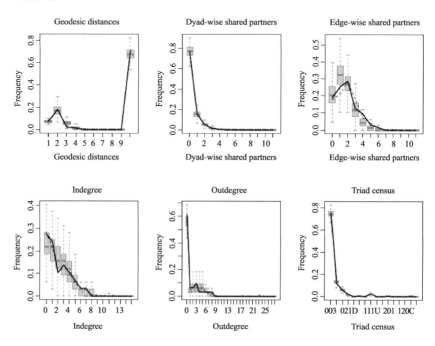